普通高等学校"十四五"规划文化
资源与文化产业专业数字化精品教材

The Study of Cultural
Resources Theories and Cases

文化资源学

理论与案例

主　编◎李　林　　副主编◎杨亚茜

华中科技大学出版社
http://www.hustp.com
中国·武汉

内容提要

本书立足文化资源学的理论与实践,旨在剖析文化资源与文化产业的内在本质和演进逻辑,解析文化资源理论的落地实践与典型案例。本书是普通高等学校"十四五"规划文化资源与文化产业专业数字化精品教材,适用于文化及文化产业相关专业,以及传统文化、文化遗产、文化旅游、创意设计、文化策划、文化管理、文化传播等相关专业的本专科生、研究生,可供政府、企业相关培训班学员使用,也可供广大感兴趣的读者自学或参考。本书配套了数字案例、教学大纲、教学课件和资源推荐等数字资源内容,可为相关教学提供重要保障,加快文化产业学科建设。

图书在版编目(CIP)数据

文化资源学:理论与案例/李林主编. —武汉:华中科技大学出版社,2021.9(2024.2重印)
ISBN 978-7-5680-7567-1

Ⅰ.①文… Ⅱ.①李… Ⅲ.①文化产业-教材 Ⅳ.①G114

中国版本图书馆 CIP 数据核字(2021)第 195281 号

文化资源学:理论与案例 　　　　　　　　　　　　　　　　　李　林　主编
Wenhua Ziyuanxue:Lilun yu Anli

策划编辑:周晓方　杨　玲
责任编辑:苏克超
封面设计:原色设计
责任校对:张汇娟
责任监印:周治超

出版发行:华中科技大学出版社(中国·武汉)　　电话:(027)81321913
　　　　　武汉市东湖新技术开发区华工科技园　　邮编:430223
录　　排:华中科技大学惠友文印中心
印　　刷:武汉市洪林印务有限公司
开　　本:787mm×1092mm　1/16
印　　张:13.75　插页:2
字　　数:346千字
版　　次:2024年2月第1版第3次印刷
定　　价:58.00元

本书若有印装质量问题,请向出版社营销中心调换
全国免费服务热线:400-6679-118　　竭诚为您服务
版权所有　侵权必究

前言
Preface

文化资源是人类社会演进过程中改造自然、利用自然、维系社会规范和塑造人类自身实践过程中所形成的重要资源,是凝结了人类无差别劳动成果的精华和丰富思维活动的物质及精神的产品或活动。在现代社会中,文化资源是形成文化资本、文化产业、文化产品的基础资源和重要条件。"文化资源学"是一门专门研究文化资源的属性、分类、管理、保护、开发及发生发展规律的科学,如今已成为高校文化及文化产业相关学科和专业开设的一门重要基础课程。

随着文化产业的繁荣发展以及各类新兴文化产业类别的涌现,加强文化资源学研究、构建更加完善的文化资源学学科体系愈发紧迫。华中师范大学国家文化产业研究中心是国内较早开设"文化资源与文化产业"交叉学科专业的院校,在长期的学科建设和"文化资源学"教学实践中,我们发现理想的《文化资源学》教材较难觅,现行教材中多偏重于理论概述,涉及案例实践较少,也多缺乏时效性,因而尝试从学科建设、教学现实和学生需要出发,编撰一本理论与实践结合的文化资源学教材。《文化资源学:理论与案例》力求突破传统文化资源学教材既定框架,既保留文化资源学理论部分的完整体系,同时又注重理论与文化产业实践的结合,注重教材的可读性与资料性,为读者呈现丰富的文化资源产业化具体案例,提供相关知识拓展等阅读内容,同时也配套了相应的数字化内容及更新链接。

全书共分上下两篇,"上篇"是对文化资源进行理论阐释与解读,包括:第一章 文化资源概述;第二章 文化资源分类;第三章 文化资源调查与价值评估;第四章 文化资源管理;第五章 文化资源保护;第六章 文化资源的产业化开发。"下篇"是围绕文化资源理论而开展的实践探讨,包括:第

七章 文化资源与动漫产业;第八章 文化资源与游戏产业;第九章 文化资源与音乐产业;第十章 文化资源与电影产业;第十一章 文化资源与电视产业;第十二章 文化资源与演艺产业;第十三章 文化资源与旅游产业;第十四章 文化资源与创意设计服务业。每章都包含"学习目标""导言""正文""本章小结""本章思考题""知识拓展"等内容,力求全面介绍文化资源、文化产业相关的新思想、新理论、新实践。

由于编者能力与精力有限,书中还有很多不尽如人意之处,恳切希望得到读者朋友的反馈与批评指正。

目录
Contents

上篇：文化资源学理论

第一章　文化资源概述 /3
- 第一节　文化概述 /3
- 第二节　文化资源的界定及特性 /7
- 本章小结 /18

第二章　文化资源分类 /20
- 第一节　文化资源分类概述 /20
- 第二节　文化资源的主要类型 /24
- 本章小结 /36

第三章　文化资源调查与价值评估 /38
- 第一节　文化资源调查 /38
- 第二节　文化资源价值评估 /45
- 本章小结 /52

第四章　文化资源管理 /55
- 第一节　文化资源管理概述 /55
- 第二节　国外文化资源管理 /60
- 第三节　我国文化资源管理 /65
- 本章小结 /70

第五章　文化资源保护 /73
- 第一节　文化资源保护概述 /73
- 第二节　文化资源保护的历程与成效 /77
- 第三节　文化资源保护的策略 /82
- 本章小结 /86

/ 89　　**第六章　文化资源的产业化开发**

/ 89　　　　第一节　文化资源产业化概述
/ 96　　　　第二节　文化资源产业化思路
/ 98　　　　本章小结

下篇：文化资源产业化案例

/ 103　　**第七章　文化资源与动漫产业**

/ 116　　**第八章　文化资源与游戏产业**

/ 130　　**第九章　文化资源与音乐产业**

/ 141　　**第十章　文化资源与电影产业**

/ 156　　**第十一章　文化资源与电视产业**

/ 170　　**第十二章　文化资源与演艺产业**

/ 184　　**第十三章　文化资源与旅游产业**

/ 197　　**第十四章　文化资源与创意设计服务业**

/ 212　　**参考文献**

/ 216　　**后记**

上篇
文化资源学理论

导　言

　　文化资源学理论是围绕文化和资源构建的理论学说,是对文化资源的理论阐释与解读,旨在剖析文化资源的内在本质和演进逻辑,推动文化资源的创造性转化、创新性发展,更好地服务国家文化产业的发展、文化事业的繁荣,实现文化资源经济效益和社会效益相统一,推动经济社会高质量发展。1990年,随着"文化资源"概念进入学者的视野,关于文化资源学理论的研究从未停止,不同学科背景的学者借助异质性视域搭建起了维度多元、内容丰富的文化资源理论体系,文化资源学理论取得了较快发展:一是研究内容不断深化,基本形成了一套符合我国国情的文化资源理论体系;二是研究方法日趋多元,越来越多的学者尝试将多学科研究方法综合运用到理论研究中;三是研究方向更加融合,文化资源本身就是文化和资源的融合,具有很强的包容性、复合性,在实际研究过程中,文化资源理论也常常与其他学科理论交叉融合,尤其是当前数字经济以其强大的泛在性优势深刻影响着文化资源的演进发展,极大地加速了文化资源学的跨界融合。

第一章 文化资源概述

学习目标

通过对本章的学习,应做到以下几点:
(1) 了解文化与资源的概念;
(2) 掌握文化资源的几种界定方式;
(3) 理解文化资源的特性;
(4) 理解文化资源与文化资本、文化产业、文化产品等基础概念以及相互之间的关系。

文化资源是人类在长期历史发展中积淀而成的一种特殊资源,是文化产业的资源基础。随着社会经济的发展,文化资源的意义日益凸显。习近平总书记强调,中华民族伟大复兴需要以中华文化发展繁荣为条件。文化资源作为文化发展繁荣的基础要素,是实现中华民族伟大复兴的强大动能。当前,关于文化资源的研究不断丰富,新的外部环境又给文化资源的内涵和外延带来了新的变化。本章通过介绍文化资源概念、特性以及文化资源与文化资本、文化产业、文化产品的关系,以期进一步加强对文化资源的认识。

第一节 文化概述

文化是文化资源的基础,是剖析和阐释文化资源的前提。关于文化的研究由来已久,但由于不同的自然环境、社会变迁以及知识背景等因素,人们对文化的理解和诠释各有差异。随着时空的变化,人们对于文化的研究和解读也越来越深入、系统,从而衍生出不同的"文化"学说,从众多学说中,探析文化的词源,理清文化的界定,对于理解文化资源意义重大。

一、文化的词源

在古汉语中,"文"通"纹",指纹理、痕迹或轨迹。《易·系辞下》载"物相杂,故曰文",《礼记·乐记》称"五色成文而不乱",这些典籍所记载的"文"都有纹理、痕迹之意。"化",本为事物形态或性质的变化与改变,有生成、造化之意,又可进一步引申为教行迁善之义。《周易》载"天地氤氲,万物化醇;男女构精,万物化生",《黄帝内经》写有"化不可代,时不可违",《礼记》则有"可以赞天地之化育",其中的"化"都包含有变化、教化之意。

我国"文"与"化"两字一起出现,较早是在《周易·贲卦·象传》中:"刚柔交错,天文也;文明以止,人文也。观乎天文,以察时变;观乎人文,以化成天下。"面对茫茫苍穹,古人认为日月星辰相互交错运行时会留下轨迹、痕迹和纹理,人们可以依据这些轨迹、痕迹和纹理来推测天象,即天文;而人与人相处相交时所表现出来的态度、行为、举止、言语等,即人文。这里的"文"即从纹理之义演化而来,较为完整地论述了"文化是什么"。后来,从"人文化成"简化而来的"文化"一词便不断被使用。

从西汉开始,"文化"便作为一个正式词汇出现在古籍中。如西汉《说苑·指武》中写有"凡武之兴,为不服也;文化不改,然后加诛",西晋《补亡诗·由仪》中写有"文化内辑,武功外悠"。两处所载"文化"有一个共同之处,即都是与"武"并行提出,其本义主张发挥文化的文治教化作用,提倡用先文后武、内文外武、文武并施的理念治理天下,这里的"文化"更多地被认为是一种社会治理的政治手段。到了近代,随着西学在中国的传播,文化的内涵日趋复杂、广泛,对文化的理解较古代也更加丰富。

【知识拓展】

甲骨文中的"文"与"化"

认识文化,可以先从中国的文字说起。在中国已发现的最早文字——甲骨文中,"文"和"化"是两个会意字。"文"字像人身有花纹,本义为文身,可引申为后天所形成的品德、修养,含有增加、繁多的意思,如文化、文人、文章、文采、文辞。

甲骨文　　金文　　小篆　　楷体

"化"字形似二人相依。"化"的本义是改易,既包括从无到有的"造化",也包括宇宙生成以后的"演化"和"分化",如"化为乌有""化险为夷""化民成俗"等成语中的"化",有演化、教化之意。

甲骨文　　金文　　小篆　　楷体

在西方，文化(culture)作为较复杂的词汇之一，是从拉丁语"colere"一词派生出来的，本意是农作物或动物的耕种和培育，可引申为崇拜、尊重、居住。英文单词"agriculture"（农业）和"horticulture"（园艺）作为"culture"的合成词，含有"culture"的耕种、培育之意。古罗马哲学家西塞罗也曾使用过"culturamentis"（耕耘智慧）①与"cultura animi philosophia"（哲学是对心灵的教化）②，这使"文化"一词具有了比喻的意义。17世纪伊始，"culture"一词主要指对人身体的训练和培育，随后又用于对人的心灵、情操、道德等方面的培养。到了19世纪，伴随着人类学、社会学等新兴人文学科的兴起，"文化"所包含的心灵、道德培育思想逐渐被公众广泛认同，内涵也随之不断扩大。后来，人类的知识、精神和美学等内容也逐渐被涵盖在内，"文化"一词开始具有现代意义。1871年，"人类学之父"爱德华·泰勒将"culture"的人类学新用法引入了英语学界③，在其所著的《原始文化》中首次对文化做出了定义。1878年，在法国辞书编纂家利特雷编纂的《法语词典》中，文化被解释为"文学、科学和美术的修养"。此后，"文化"一词逐渐被作为与文明相对应的词汇而被广泛运用，只不过文明是大量的实用性技术知识，而文化则是一套规范性的原则、价值和理想——概言之，也就是精神。④

从以上中西文化词源的历史演变可知，西方语言中的"culture"和汉语中"文化"的差异在于：中国的"文化"从一开始就专注于人的修养，强调"文治教化""以文教化"等精神领域的意义；而西方的"culture"是从人类的物质生产活动即耕种、栽培出发，继而引申到精神活动领域，即人的性情的陶冶和品德的教养。从这层意义上分析，西方"culture"的内蕴比中国"文化"的内蕴更为宽广，而与中国语言系统中的另一词汇"文明"更加切近。从中西"文化"概念的历史演变可见，中国的"文化"从始至终就具有感性的精神本义，而西方的"culture"却经历了词义的理性演变。

二、文化的界定

文化的界定究竟有多少种？没有人能确切回答这个问题。国内外学者都曾先后从各自学科的角度对"文化"予以不同的界定与解释。有学者认为，有多少人研究文化，就有多少种界定，可谓"仁者见仁，智者见智"。之所以会如此，一方面与文化及其内涵的复杂性有关，另一方面则与研究视角的不同有关。

在目前所有关于文化的定义中，当属1871年英国人类学家爱德华·泰勒在《原始文化》一书中所提出的关于文化的界定最经典、最具影响力，不断被后来的研究者们学习借鉴。他认为："文化，或文明，就其广泛的民族学意义来说，是包括知识、信仰、艺术、法律、道德、风俗以及作为社会的一员所掌握的任何其他能力和习惯的复合总体。"⑤1944年，英国的文化功能学派创始人之一马林诺夫斯基从文化的功能系统出发，发展了泰勒对文化的定义。他指出："文化是人类生活的手段，包含了物质、精神、语言和社会组织四个方面，作为一个不可分割的整体包容和调节着一切社会科学。"⑥

---

① Goddard C. The Lexical semantics of culture[J]. Language Sciences, 2005(27).
② 费尔南·布罗代尔. 文明史纲[M]. 肖昶, 等译. 桂林：广西师范大学出版社, 2003.
③ Goddard C. The Lexical semantics of culture[J]. Language Sciences, 2005(27).
④ 徐行言. 中西文化比较[M]. 北京：北京大学出版社, 2004.
⑤ 爱德华·泰勒. 原始文化[M]. 连树声, 译. 上海：上海文艺出版社, 1992.
⑥ 马林诺夫斯基. 文化论[M]. 费孝通, 等译. 北京：中国民间文艺出版社, 1987.

1952年，美国人类学家阿尔弗雷德·克罗伯和克拉克洪在合著的《文化：一个概念定义的考评》一书中，对1871年至1952年以来的161种关于文化的定义进行了分析，并将文化的定义归纳为六类：①指文化所包含的内容，洋洋大观，不一而足；②文化的特征之一是社会遗传性；③文化专指有特色的生活方式；④文化主要是人的一种活动，包括人类为适应社会所做的种种努力；⑤文化作为抽象的价值体系，为特定的社会成员所共有；⑥文化的起源、存在和延续。同时，他们还进一步指出："文化存在于各种内隐和外显的模式之中，借助于符号的运用得以学习与传播，并构成人类群体的特殊成就，这些成就包括他们制造物品的各种具体样式。文化的基本要素是传统（通过历史衍生和由选择得到的）思想观念和价值，其中尤以价值观最为重要。"

1959年，美国学者莱斯利·怀特从符号学角度对文化做出了界定。他认为："文化是依赖于符号的使用而产生的，是以符号为其特征，包括物体、行为、思想及态度。"符号作为一种可感知、可体验、可分析的事物，是最表层的文化构成要素，符号能够帮助我们更好地理解文化，并将文化研究落到实处。

20世纪60年代，法国人类学家克罗德·列维·斯特劳斯把结构主义引入社会文化的研究中。他指出："文化是一组行为模式，在一定时期流行于一群人之中，并易于与其他人群之行为模式相区别，且显示出清楚的不连续性。"这一界定从人的行为规范与行为模式入手，关注事物之间的联系，对文化的结构与体系的问题进行了剖析，强调文化是由各种要素或文化特征构成的稳定体系。

埃德加·沙因将文化分为显性文化和隐性文化两种类型，认为："文化通常被比喻为冰山，露出水面的小部分是容易被人们感知的显性文化，包括语言、建筑、文学、音乐、戏剧、服饰和饮食等。而支撑这些显性文化的基础是巨大的隐藏在水面下不易被察觉的隐性文化，包括历史、习俗、价值观和信仰等。"①

中国学者梁漱溟认为："所谓文化不过是一个民族生活的种种方面，具体又包含了物质生活方面（如宗教、哲学、艺术等）、精神生活方面（如社会组织、伦理习惯、政治制度及经纪关系等）、社会生活方面等多个方面。"②

总的来看，学者们从文化功能、价值认定、行为模式、符号学等研究视角对文化做出了多种界定，可谓蔚为大观、包罗万象。从广义的角度来看，文化是指人类社会在历史实践过程中创造的物质财富和精神财富的总和，包含了人类社会所创造的一切，即"大文化"。而从狭义的角度来看，文化则是指除物质生产外的人类精神生产活动及其结果，主要表现为价值观念、思维模式、行为准则、生活方式、风俗习惯等内容，即"小文化"。

【知识拓展】

文明与文化

文明与文化两个概念之间有着千丝万缕的联系，有的学者认为文明即文化，有的学者则认为文明是发展程度较高的文化，是文化的一种特殊形态。从联系的角

---

① Schein E H. Organizational: culture and leadership[M]. San Francisco: Jossey Bass Inc. Publication, 2004.
② 梁漱溟. 梁漱溟全集[M]. 济南：山东人民出版社，1989.

度看,文化是文明的基础,文明的进步离不开文化的发展,文化的发展必然会在客观上促进文明的进步。同时,文明与文化又存在区别:从词源来看,"文化"表示农耕,引申为培育心灵和锻炼等含义;而"文明"的词源表示"城市国家、市民",后来引申出了"对市民的礼仪端正的关注"这一意义,以及"城市化""被锤炼"等词义。

  文化和文明不能画等号。文明是社会进步的概念,是表明社会进步的一种尺度,它与野蛮、蒙昧相对应,包含了物质文明、制度文明与精神文明等内容;而文化则是一种已形成的行为模式。文明大体上沿着社会形态的变化而变化,是一种文明代替另一种文明的前进、上升的过程。人类社会发展经历了原始社会文明、奴隶社会文明、封建社会文明、资本主义文明、社会主义文明,而文化不能简单地按社会形态分类。

(根据《社会学教程新编》①相关内容整理而成)

第二节　文化资源的界定及特性

一、文化资源的界定

  文化是文化资源的基础,但并不是所有的文化都能成为文化资源,究其原因,文化资源本身也是一种新型资源,只有理解了资源的概念后,才能进一步理解和认识文化资源的内涵。

(一) 资源的概念

  资源作为一个经济学名词,是人类在生产实践过程中,对可资利用的自然条件和物质基础提出来的概念。有关资源的定义多种多样。《现代汉语词典(第8版)》将资源定义为"生产资料或生活资料的天然来源";《辞海》将资源定义为"资财的来源,一般指天然的财源";《大英百科全书》将资源定义为"人类可以利用的自然生成物及生成这些成分的环境";联合国环境规划署将资源定义为"在一定时间和技术条件下,能够产生经济价值、提高人类当前和未来福利的自然环境因素的总称"②。

  综上可知,资源是一种广泛地存在于自然界和人类社会中,且能够被开发和利用,给人类带来财富的客观存在物和精神的综合体。从广义的角度来看,资源包含人类生存发展所需要的一切物质与非物质要素,具体可分为自然资源和社会资源两大类。前者包括阳光、空气、水、矿藏、植物、动物等自然界中的物质要素,后者包括人力资源、信息资源、技术资源、知识以及经过劳动创造的各种物质财富。从狭义的角度来看,资源仅指自然界赋予的自然资源。

---

① 胡俊生.社会学教程新编[M].2版.武汉:武汉大学出版社,2016.
② 李京文,方汉中.国家技术经济比较——大国的过去、现在和未来[M].北京:中国社会出版社,1990.

尽管关于资源概念的界定表述各异,但可被称之为资源的物质应该具备以下几个特点:一是能够为人类的生产实践提供基础,即具备实用性;二是必须被人们开发和利用,即具有需求性;三是资源并非随处可及,即具有稀缺性。这三者缺一不可。因此,人类的能力和需要,而不仅仅是天然的存在,创造了资源的价值。①

关于资源内涵的界定是一个不断变化的过程。随着时代的进步与社会的发展,新型资源也逐渐被发现,如信息资源、文化资源和历史文化资源等概念的出现,使资源的内涵和外延都发生了明显的变化。

(二)文化资源的界定

文化资源既包含了文化的多元属性,又继承了资源的多重特质,造就了其本身的包容性、复杂性、多样性,研究视域的差异又使得人们对文化资源概念的理解不尽相同。从20世纪90年代开始,文化资源的概念就进入了学者的视野。然而对文化资源的界定标准,学术界尚未形成统一的认识,目前主要有资源总和说、精神产物说、生产要素说等。

1. 资源总和说

陈国强指出,文化资源是包括文化遗产在内的人类创造的各种物质文明和精神文明的总和。② 丹增认为,人类发展进程中所创造的一切含有文化意味的文明成果以及承载着一定文化意义的活动、物件、事件以及一些名人、名城等,都可以认为是某种形式的文化资源。③ 王子平等指出,文化资源是一切可以用来开发生产,从而创造出财富的文化活动形式及其成果。④ 马海霞指出:"文化资源是人类所创造的物质文化、制度文化和精神文化遗产的总和,它对人类社会的意义,就像生物多样性对于人类的生存和发展一样重要。"⑤综上可知,资源总和说认为文化资源是各种资源的总和,可供主体开发与利用,并能够为人们进行文化生产与其他文化活动提供资源。

2. 精神产物说

田川流认为,文化资源是指人类自身创造的、能为人类的生存和发展服务的一切优秀的物质成果和精神成果的统称。⑥ 王晨和章玳认为,所谓文化资源,是指凝结了人类精神劳动的产物,包括精神活动所产生和凝结而成的精神内容,以及精神活动作用于自然对象而产生的结果。精神内容、人文历史遗迹、抽象符号以及赋予内容的自然对象都可成为文化资源。⑦ 吴圣刚认为,文化资源是人类生存与发展需要的、以一切文化产品和精神现象为指向的精神要素。⑧ 胡惠林和李康化指出:"只要是体现人类追求和满足人类精神需求的产品或活动,均应划入文化资源的范畴。"⑨综上可知,精神产物说认为,相较于自然资源而言,文化资源是一种相对特殊的资源,以精神内涵为主要存在形式,凝结着人类无差别的精神劳动成果,是实践者智慧的结晶。

---

① [英]丽丝.自然资源:分配、经济学与政策[M].蔡运龙,等译.北京:商务印书馆,2002.
② 陈国强.简明文化人类学词典[M].杭州:浙江人民出版社,1990.
③ 丹增.文化产业发展论[M].北京:人民出版社,2005.
④ 王子平,冯百侠,徐静珍.资源论[M].石家庄:河北科学技术出版社,2001.
⑤ 马海霞.文化资源与文化产业理论研究[J].新疆师范大学学报(哲学社会科学版),2008(1).
⑥ 田川流.艺术管理学概论[M].南京:东南大学出版社,2011.
⑦ 王晨,章玳.文化资源学[M].南京:南京大学出版社,2014.
⑧ 吴圣刚.文化资源及其利用[J].山西师大学报(社会科学版),2005(6).
⑨ 胡惠林,李康化.文化经济学[M].上海:上海文艺出版社,2003.

3. 生产要素说

花建认为,文化资源是人们从事文化产业活动所利用的各种资源。[①] 胡惠林和李康化认为,文化资源就是人们从事文化生产、文化活动所需的可供利用的各种文化生产要素,包括物质文化资源、精神文化资源和文化人才资源三类。[②] 程恩富认为,文化资源是人们从事文化生产或文化活动所利用的各种资源的综合。[③] 唐明月认为,文化资源是指那些具有文化内涵的资源,通过对其进行资本投资能够直接带来经济效益的生产性资本,文化资源要进行开发,才能转化为文化资本、文化产品或服务行为。杜超和王松华认为,文化资源就是文化产业资源。[④] 综上可知,生产要素说认为,文化资源作为人们从事文化生产或文化活动的基础和前提,可以通过产业化的开发利用,使其能够在产业领域内创造出经济价值,进而实现从文化资源到文化资本的转变。虽然每一种类型的定义各有其侧重,但也存在着一些共性,即文化资源在形成的过程中始终存在人的痕迹,人始终在文化资源的形成过程中占据主体地位。

二、文化资源的特性

文化资源除了具有效益性、共享性、消费性、融合性、可利用性等一般资源的特征外,还具有一些独特的性质。吴圣刚认为,文化资源具有无形性、传承性、稳定性、共享性、持久性、效能最大性、递增性等特征。[⑤] 李树榕、王敬超和刘燕认为,可用于文化产业的资源,具有存在样态的丰富性、社会历史的记录性、精神价值的承载性,又具有地域或民族的独特性、可资利用的无限性。[⑥] 胡兆量认为,文化资源具有潜在性、滞后性、整体性和区域性。[⑦]

本书将从文化资源的精神性、传承性、共享性、整体性、区域性和符号性等特性入手,对文化资源的特性进行分析。

(一)精神性

文化资源作为一种具有文化属性的资源,在与其他资源相比时表现出明显的无形性、隐形性和潜在性。虽然文化资源的构成中也有物质的、有形的部分,但其意义并不是依赖其所具有的物质属性,而是通过附着于其中的精神、观念、理论、情感等内容来呈现。因此,它的影响主要存在于其所蕴含的精神文化内涵中,且主要是以精神的形态存在。

文化资源对个体及社会的精神气质的塑造是一个潜移默化的渗透性过程,影响着人们的人生观、世界观和价值观的形成。优秀的文化资源给人以美感、激情和力量,具有强烈的冲击力、震撼力和感召力,能够升华思想,激扬精神,淳化道德,陶冶灵魂。[⑧] 这类文化资源不但是维系国家统一和民族团结的纽带,更是国家和民族生存和发展的重要基础。

---

① 花建.经济全球化与中国文化产业的发展导向[J].上海改革,2000(12).
② 胡惠林,李康化.文化经济学[M].上海:上海文艺出版社,2003.
③ 程恩富.文化经济学通论[M].上海:上海财经大学出版社,1999.
④ 杜超,王松华.文化资源转化与文化产业业态创新[J].同济大学学报(社会科学版),2008(4).
⑤ 吴圣刚.文化资源及其特征[J].河南师范大学学报(哲学社会科学版),2002(4).
⑥ 李树榕,王敬超,刘燕.文化资源学概论[M].南京:东南大学出版社,2014.
⑦ 胡兆量.文化资源论[J].城市问题,2006(4).
⑧ 胡兆量.文化资源价值的三个特性[J].北京联合大学学报(人文社会科学版),2004(1).

(二) 传承性

文化资源的传承性是指文化资源世代传递,是文化在时间上的表现形态,有学者将这一过程称为"遗传基因"。作为经过长期历史积淀而形成的文化资源,其会随着历史的演进而不断生长、不断递进,并对现存的经济、政治、文化产生一定的影响。这种传承性使得文化资源在保持一定的稳固性的同时,又可以作为某种文化要素实现不断创新。

一个国家可以通过文化资源的传承,实现自己民族文化的传承,比如民族精神、民族心理等一经形成就深深地刻印在一个民族的精神世界,进而推动人类社会不断地向前发展。以我国传统节日为例,其作为一种较为稳固的文化资源,经过长期的历史积淀形成,并随着现代社会的发展不断演进,产生新的内涵。文化资源呈现的是一种历史与现实相互统一的文化,人们既不能强调社会发展的现代性而抛弃传统,更不能全盘接收传统而舍弃现代性。时代在变,人们在传承中不断推陈出新,人类文化就会得到丰富与发展。

(三) 共享性

作为一种不受时空限制、不具有排他性的公共精神文化,文化资源一经形成即为全人类所共有,是可供全人类共享的精神财富。在互联网技术普遍应用的时代背景下,文化资源的共享性尤为突出。但这并不意味着文化资源没有产权归属,与自然资源一样,文化资源也存在着明确的产权归属,在信息化、数字化时代,知识产权问题变得更为突出。当然,随着人类文明演进,文化资源的利用和产业化进程加速,文化资源产权归属将趋于淡化和模糊化,并逐渐走向全人类共享。

在数字化时代,知识、信息传播速度的加快让文化资源的共享程度进一步提高。值得注意的是,在知识共享的时代,如果一味地强调文化资源的富饶,不采取有效的措施对其加以整合与创造性开发,就会被别人无偿地借用,从而造成文化资源的流失。①

【知识拓展】

好莱坞"拷贝"中国:从《花木兰》到《功夫熊猫》

1998年,迪士尼根据中国古老的花木兰替父从军故事拍摄了动画片《花木兰》,第一次把目光投向中国。影片上映后,西方观众的认可和中国观众的诟病对比鲜明。10年后,美国梦工厂利用中国"熊猫"和"功夫"等元素拍摄了动画片《功夫熊猫》,掀起了一阵全球功夫熊猫热,获得口碑与票房的双赢。

从《花木兰》到《功夫熊猫》,两部动画片的创作灵感都来自中国。虽然10年间两部动画片在中国获得的反响不同,但是《花木兰》和《功夫熊猫》都是在中国元素外衣的包装下,植入了美国式的价值观。好莱坞并没有简单地复制、呈现中国,而是在片中巧妙地注入了美国元素。这种东方取向与价值观的共谋形成了近年来好莱坞"拷贝"中国的一种模式。

在全球化语境下,好莱坞采取融合中国文化的策略将家喻户晓的中国女英雄搬上了荧幕,将熊猫与功夫进行了结合。这是好莱坞利用他国题材,通过全方位植

---

① 吴圣刚.文化资源及其特征[J].河南师范大学学报(哲学社会科学版),2002(4).

入其他文化元素,实现国际认同、获取商业利益的一种手段。

《功夫熊猫》和《花木兰》本质上仍是好莱坞影片,并不肩负主动传播中华文化的使命。两部动画片传递的核心价值观完全是美式的主流观念,东方取向只是服务于美式价值观的塑造和传递,是西方文化眼中被动的他者。花木兰是中国的,熊猫是中国的,功夫是中国的,可是,荧幕上的熊猫和花木兰却是美国的。

(根据《好莱坞"拷贝"中国:从〈花木兰〉到〈功夫熊猫〉》[①]一文整理而成)

(四)整体性

文化资源作为人类在长期实践过程中创造的各类文化的总和,其存在不是孤立的,而是与周围的自然环境和社会环境密切相关。文化资源的整体性具体包括三个方面的含义,即建筑风貌的整体性、自然背景的整体性、社会活动的整体性。[②] 文化资源的存在是以特定的自然环境作为衬托,表现为一种整体的景观。此外,文化资源的存在还与周围的产业发展、文化传统、政治因素等社会环境息息相关。例如,民俗文化资源是一种包含了建筑、服饰、习俗、歌舞等综合要素的文化资源,破坏其中任何一个要素都有损于民俗文化资源品相的整体性。因此,只有树立整体观念才能更好地实现文化资源内涵的充分表达。

(五)区域性

文化资源的形成离不开文化资源所处的自然地理环境、社会人文环境。所谓"一方水土养一方人",一个地区的文化资源正是在一定的政治、经济和社会等条件的共同作用下形成的,表现出强烈的本土性。人们的审美标准和欣赏情趣不但具有普遍性的一面,更具有地区和民族差异性的一面,对不同地区的文化价值,会产生不同的主观感受和评价,这就决定了文化资源具有显著的地域性特征。[③] 以当前地域文化与城市形象塑造问题为例,城市文化作为一个城市形象的灵魂所在,对解决千城一面问题、塑造各具特色的城市形象具有重要意义。如多彩贵州、老家河南、好客山东等城市宣传口号的提出,正是基于对地域文化资源的梳理。又如《云南印象》等大型歌舞剧也是以区域民族元素为依托创作出的文艺作品,通过融入民族文化特点,充分展现出了区域内少数民族的特质。

(六)符号性

符号是某种口语的或非口语的事物,在一个特定的语言或文化中,用以代表某些其他事情。文化是符号的,人类学家怀特认为,当我们的祖先获得使用符号的能力时,就是文化萌芽时。文化资源是文化的转化和阐释,是一种特殊资源。它存在于特定历史时期的特定区域,反映了特定人群的生产、生活方式和精神特质,涵盖了有关历史、民俗、技艺、文学等资源,这些资源又通过丰富的符号系统表现出来。文化资源呈现为各类文化符号的不同功能,或为实用功能,在生产生活过程中起操作、沟通、表达的作用;或为审美价值,在群体的生活中起扩展、传播、表现的作用;或为价值意义,在维护群体的生存发展中起引导、取向、协调的作用。

---

① 苏兴莎.好莱坞"拷贝"中国:从《花木兰》到《功夫熊猫》[J].艺术百家,2015(5).
② 胡兆量.文化资源论[J].城市问题,2006(4).
③ 胡兆量.文化资源论[J].城市问题,2006(4).

三、文化资源相关概念辨析

文化资源源于文化的转换和延展,文化资源又是文化资本、文化产业、文化产品等其他形态的基础资源。在实际生产生活中,文化资源与文化资本、文化产业、文化产品的理论边界和转换界限相对模糊,相关概念经常被混淆。因此,对文化资源相关概念进行辨析,对我们深层次理解文化资源的内涵尤为重要。

(一)文化资源与文化资本

1. 文化资本的界定

马克思认为,资本是一种由剩余劳动堆叠形成的社会权力。作为一个经济学概念,资本主要包含三种类型,即物质资本、人力资本和自然资本。文化资本不是文化学上"文化"概念与经济学上"资本"概念的简单拼凑,而是由"文化"和"资本"两个范畴交叉而形成的,既有经济学意义,又有文化学意义。对文化来说,文化资本是文化中的资本,具有文化的形式;对资本来说,文化资本是资本中的文化形态。文化资本明显不同于另外三种类型的资本,又被称作第四种资本。

"文化资本"(cultural capital)一词是20世纪80年代由法国社会学家皮埃尔·布迪厄在《资本的形式》《实践与反思》等著作中最早提出的。他将经济学领域内的资本概念应用到了社会学和教育学领域,对以资本形式存在的社会资源和权力及其再生产进行了结构分析。他认为,资本作为一种劳动积累,主要表现为四种基本类型,即经济资本、文化资本、社会资本和象征资本。文化资本作为在文化生产场域中的劳动积累,是"能够通过时间和代际传递而在社会场域中积累、转换和传承的资本形式",是个人获得的上层社会文化素养,用以解释出身于不同社会阶级的孩子取得不同学术成就和社会地位的原因。他还进一步将这种文化资本划分为三种存在形式。第一种形式是嵌入状态的文化资本,即文化能力。它主要是指通过家庭教育以及教育投资而积累和嵌入于个体的知识、教养、技能等文化形式。第二种形式是客观化的文化资本,即客观化为具体物质载体的文化产品,当文化资本转变成像"图片、书、辞典、乐器、机器之类的东西的时候,那么文化资本就是以这种客观化的状态而存在"。第三种形式是体制化状态的文化资本,即文化制度,它是由体制认可的关于某种文化能力的资格或证书,如学术资格、毕业文凭、资格证书等。[①]

文化资本作为一个学科综合性很强、极具研究潜质的学术概念,自布迪厄提出以后,便在学界引起了广泛关注。詹姆斯·费雪强调文化资本的价值增值作用,他认为文化资本是人们为了价值增值而在教育、技能等方面进行投资时获得的文化能力,这种能力获取的主要方式是教育投资。戴维·思罗斯比从经济学的角度指出,文化资本是以财富形式具体表现出来的,可以引起物品和服务不断流动的文化价值的积累。同时,他还最早提出了文化资本积累的模型,强调文化资本对经济增长的重要作用,认为文化价值系统支撑着经济的可持续运转,影响着人们的行为方式及决策。伯克斯和福尔克从人类发展学的角度入手,认为文化资本是一种能力资本,诸如伦理道德、宗教信仰等都是人类为了改造和利用自然环境、社会

---

① 包亚明.文化资本与社会炼金术——布尔迪厄访谈录[M].上海:上海人民出版社,1997.

环境而进化出的文化适应能力。① 国内学者中,郝大海从社会学的角度强调文化资本是对上层社会文化熟悉并习得的行为习惯,包括各种符合上层文化的行为、习惯和态度。② 牛宏宝则认为,文化并非资本的一部分,是由知识产权、创造文化知识产权的人力资本和产业组合结构所蕴含的组织资本构成,而文化之所以能够成为经济主体可操控的文化资本,是现代产权制度架构下的知识产权制度安排的结果。③ 高波和张志鹏运用文化资本与文化成本范式对文化现象进行了经济解释,认为文化资本就是人们所习得的能够为其未来带来收益的特定价值观体系。④

目前有关文化资本概念的论述已较为丰富,相关研究主要集中在社会学与经济学领域,兼顾具象和抽象、物质和精神等方面。但到目前为止,学界对文化资本仍无明确且统一的界定。综合来看,文化资本是以财富的形式展现文化价值的积累,既是人文价值与经济价值的互融,也是文化能力、文化产品和文化制度在内的文化资源的总和。

【知识拓展】

布迪厄的文化资本理论

布迪厄是法国当代著名的哲学家和社会学家,也是结构主义、马克思主义和批判马克思主义的代表人物之一,学术思想极为丰富,社会实践理论是他哲学思想的集中体现,其中文化资本理论是其社会学思想的重要内容。

文化资本概念源于布迪厄对法国教育系统的研究,最初提出这个概念是为了解释不同社会阶层出身的学生在学业上的差异。布迪厄关注文化资本,主要是因为在现代发达社会,文化日益成为一种权力资源,资本投入者在文化市场中谋求利润的倾向已达到前所未有的程度,高等学校已经成为形塑和复制社会分层的关键。

在布迪厄看来,不同的资本是可以进行转换的,对于理想的文化资本,具体化的文化资本、客观化的文化资本、体制化的文化资本三种形式应是统一的,但实际上三种形式总处于分离状态,可以相互转换。内部不同形式间的转换是社会确认的必然要求,而造成分离的原因是其他资本的影响。

此外,布迪厄认为文化资本还可以进行再生产。这种再生产其实是一种社会化的结果,通过社会化,不同家庭背景的子女,继承他们父辈的文化资本,从而使社会成员之间的差异代际传递。

(根据《布迪厄的社会实践理论》⑤和《布迪厄的文化资本理论》⑥整理而成)

2. 文化资源与文化资本的关系

文化资源并非文化资本,从文化资源到文化资本的转变,是进行文化产业开发的前提和

---

① Berkes F, Folke C. A systems perspective on the interrelations between natural, human-made and cultural capital [J]. Ecological Economics, 1992, 5(1).
② 郝大海. 流动的不平等:中国城市居民地位获得研究(1949—2003)[M]. 北京:中国人民大学出版社, 2010.
③ 牛宏宝. 文化资本与文化(创意)产业[J]. 中国人民大学学报, 2010(1).
④ 高波, 张志鹏. 文化资本:经济增长源泉的一种解释[J]. 南京大学学报(哲学·人文科学·社会科学), 2004(5).
⑤ 宫留记. 布迪厄的社会实践理论[J]. 理论探讨, 2008(6).
⑥ 李全生. 布迪厄的文化资本理论[J]. 东方论坛(青岛大学学报), 2003(1).

基础。丰富的文化资源只有通过创造性转换,才能转化成产业经营的文化资本。文化资源优势如果不能转化成文化资本优势,不能产生新的价值形态,就很难推进文化和文化产业的发展。[1] 由此可见,从文化资源到文化资本的转化具有重要的意义。

文化资源向文化资本转化的本质就是文化资源的产业化,是实现文化的资源存量向资本总量转变的过程。[2] 为此,必须要遵循相应的原则。一是整合优化原则。为实现文化价值的最优化,可以通过资源的合理配置、组合、交融等方式对不同的文化内容、文化形式进行优化整合,使得那些文化含量高、文化价值大的资源以最优的方式展示出来。二是可持续性原则。为了充分发挥文化资本所蕴含的多重价值,就必须要正确处理好社会效益与经济效益、经济建设与文化保护、眼前利益与长远利益等关系,坚持可持续的科学发展思路,避免短视的开发利用行为。三是创新驱动原则。创新是文化产业发展的灵魂,从文化资源向文化资本的转化必须要重视内容创新、体制创新、管理创新、技术创新等多个层面的创新。为此,必须要深入挖掘文化资源的内涵,注重差异化发展和品牌塑造,重视文化资源的积累与再造,努力创造富有历史底蕴、民族特色、时代气息的文化产品,创新传播方式,形成自身特色和竞争优势。

文化资源是文化资本形成和发展的基础,文化资本是文化资源产业化的价值体现,两者互为因果,推动着文化生产力的发展。[3] 文化资源作为文化产业的基础,只有经过社会的交易、流通、服务等环节,以文化产品的形式满足人们的需求,从而产生增量效应的那部分文化资源,才可称为文化资本。[4] 为此,可从以下几个方面入手推动文化资源向文化资本转变:首先,要在潜心挖掘文化资源内涵的基础上,整合优化配置各类文化资源,推动文化资源的科学开发与利用;其次,要建立健全现代文化市场体系,以市场需求为导向,在促进各类资源合理流动的基础上,增强政府对文化市场的监管和调控,规范文化产业运营,明确文化市场主体权责;最后,要不断完善包含投融资、生产管理、人才培养、政策扶持等在内的文化产业发展机制,促使文化资源向文化资本转变。

(二) 文化资源与文化产业

1. 文化产业的界定

20世纪初期,法兰克福学派的霍克海默和阿多诺为了与"大众文化"相区别,提出了"文化工业"(culture industry)概念,并首次出现在他们合著的《启蒙辩证法》一书中,用来指代大批量生产文化产品和推动文化产品生产的商业体系,其后这一界定被普遍认为是"文化产业"概念的来源。

文化产业是一个内涵和外延都极为丰富的词汇,创意产业、文化创意产业、内容产业、版权产业等都是与文化产业相关的概念,各概念之间有联系交叉,又有所区别。

联合国教科文组织在《文化、贸易和全球化》报告中,将文化产业定义为"按照工业标准,进行生产、再生产、储存以及分配文化产品和服务的一系列活动"。目前关于文化产业的界

---

[1] 胡惠林.文化资本:现代文化产业和谐发展的能源形态[J].探索与争鸣,2007(1).
[2] 王秀伟,汤书昆.从文化资源到文化资本的转化——产业融合视角下的艺术授权思路[J].民族艺术研究,2015(6).
[3] 贾松青.论文化资源转变为文化资本的现实途径[M]//侯水平.四川文化产业发展报告 No.1(2006).北京:社会科学文献出版社,2006.
[4] 姚伟钧.文化资源学[M].北京:清华大学出版社,2014.

定主要有"精神产品和服务"说、"内容产业"说、"版权产业核心"说、"工业标准"说、"文化娱乐集合"说等,几种说法各有侧重,分别从不同的角度入手揭示了文化产业的本质。但通俗来讲,文化产业就是生产和销售文化产品和文化服务的活动。

随着互联网时代的到来,以"互联网+"为依托的文化新业态不断涌现,并日益成为新的经济增长点。为满足文化体制改革和文化发展规划的需要,2018年国家统计局印发了《文化及相关产业分类(2018)》。新分类在《文化及相关产业分类(2012)》的基础上将原来的10个大类调整为9个大类,分别是新闻信息服务、内容创作生产、创意设计服务、文化传播渠道、文化投资运营、文化娱乐休闲服务、文化辅助生产和中介服务、文化装备生产、文化消费终端生产。将50个中类调整为43个中类,其下还设置了146个小类。新的分类标准反映了我国文化产业发展的新情况、新变化,为文化体制改革和文化产业发展的宏观决策提供了重要依据。

随着文化产业的蓬勃发展,"文化产业""创意产业""文化创意产业""内容产业"等相关概念被广泛运用于实践中。但目前国内外学界对这些概念尚没有清晰统一的定义。实际上,这些概念的出现和使用具有特定的历史和现实背景,强调了不同的产业核心要素,指代对象也因有所侧重而具有不同的内涵,在外延上包含的产业类别虽相互交叉重叠却又不尽相同(见表1-1)。

表1-1 各国与国际组织对文化产业、创意产业等概念的界定与类别划分[①]

国家/国际组织	产业名称	定义或归类标准	类别
英国	创意产业	是指从个人的创造力、技能和天分中获取发展动力的企业,以及那些通过对知识产权的开发来创造潜在财富和就业机会的活动	广告、建筑、艺术与文物交易、工艺品、设计、流行设计与时尚、电影与录像带、互动休闲软件、音乐、表演艺术、出版、软件与计算机服务业、电视与广播
澳大利亚	创意产业	是指以"创意个人"这个劳动力输入为特征的产业	影片前后期制作、广播服务、音像出版、书籍与报刊出版、游戏出版、付费电视、在线广播、新媒体通信在线服务、电子商务、广告、建筑与设计服务、健康与教育、视觉艺术、表演艺术
美国	版权产业	是指创意内容在产业产出的文化和经济价值中居于中心地位的产业部门,包括创意过程中各阶段(产品理念的产生、产品产出及产品的最初展示涉及的企业与个人)	广告、电影与电视、广播、出版、建筑、设计、音乐、视觉艺术、表演艺术

---

① 朱自强,张树武.文化创意产业概念及形态辨析[J].东北师大学报(哲学社会科学版),2012(1).

续表

国家/国际组织	产业名称	定义或归类标准	类别
中国	文化产业	是指从事文化产品生产和提供文化服务的经营性活动	新闻信息服务、内容创作生产、创意设计服务、文化传播渠道、文化投资运营、文化娱乐休闲服务、文化辅助生产和中介服务、文化装备生产、文化消费终端生产
联合国教科文组织	文化产业	是指按照工业标准,生产、再生产、储存以及分配文化产品和服务的一系列活动	印刷、出版与多媒体、视听、录音与录像制作以及工艺与设计
欧盟	内容产业	那些制造、开发、包装和销售信息产品及其服务的产业	各种媒介上所传播的印刷品内容(报纸、书籍、杂志等)、音像电子出版物内容(联机数据库、音像制品服务、电子游戏等)、音像传播内容(电视、录像、广播和影院)、用以消费的各种软件等

【知识拓展】

文化产业本质再研究——基于结构化理论视角

本质是指事物本身所固有的、决定事物性质、面貌和发展的根本属性。文化产业并非自诞生之日起便反映了"人与社会一切文化关系的总和",但它自诞生起就在"工业化"机制的作用下推动了文化的传播、普及,进而影响了民主化进程与主体性的普遍激发。基于"结构化"理论视角对文化产业本质的再研究,是要将时间维度纳入动态机制的呈现中,也是要在文化产业与人的相互作用中重申人的主体性和能动性。在这个意义上,文化产业的本质是物化的精神生产互动于人与社会再生产的现代系统。这里可以从三个方面进行说明。

第一,文化产业对文化价值扩张的推动固然以其"工业化"特征为动力原点,但并非仅仅指向技术对文化产品生产能力的提升,它还根植于文化产品与人的相互作用中。这种相互作用表现为人既是文化产品的生产主体,同时又在文化产品的消费过程中实现自身的再生产。这种再生产不是繁衍意义上身体的再生产,而是心力、智力上的再生产,是对能动主体的再生产,也是借由符号系统使人在不在场的情况下依然得以认知社会结构、习得共有知识,并由此影响社会实践开展的重要机制,是社会结构内化于人的过程。

第二,承认文化产业作用于人的再生产,但这并不表明因此而贬损普通的行动者,实际上,普通民众不仅在文化产品解读过程中具有能动性,他们也正在成为文化生产者和传播者,在文化生产上更多地展现主体能动性,也是造成"万花筒"效应的一个重要原因。文化产业对人的再生产的作用并不仅仅体现在微观层面,即个体对文化产品承载的符号和意义的解读与内化,而且体现在宏观层面,即对普遍的主体能动性的激发。这种力量根植于文化产业内在的技术-资本结构,由之牵动的社会变迁在政治维度表现为民主进程的推进,在经济维度体现为市场经济和消费社会的发展,在文化维度体现为大众文化的兴起。这个进程以制度、资源等结构性要素的形式反作用于文化产业,同时也在文化产品的生产和传播中内化于社会实践。

第三,文化产业内在的技术-资本结构是现代社会精神生产的物化机制,有其自身的运转逻辑,这构成"文化"与"产业"间的张力,也是社会系统论视角下卢曼所说的"子系统"难以避免的"自主性"的体现。文化价值异化现象即是其印证,但其实并非技术或资本自行完成,它依然依托于内化了结构的社会实践。要从价值批判走向价值回归的具体实践,需理解这种"自主性"的内在逻辑,由此而生的解决之道则指向能动实践对结构再生产的调整。

(根据《文化产业本质的再研究:基于"结构化"理论的视角》[①]整理而成)

2. 文化资源与文化产业的关系

文化资源是文化产业发展的重要依托,如果没有丰富的文化资源和深厚的文化底蕴作为基础,文化产业就会成为无源之水、无本之木。文化产业的发展过程,实质上是文化资源不断转化为文化产品与文化服务的过程。在实际的操作过程中,并不是所有的文化资源的优势都能直接转化为文化产业的优势,创新、创意能力的强弱才是决定文化资源占有多寡和开发利用成效大小的关键。[②] 像具有中国元素的电影《花木兰》《功夫熊猫》被好莱坞制作出品,就表明拥有文化资源不代表可以独占文化资源。如何才能以丰富的文化资源为依托推动文化产业发展呢?实践表明,要想充分发挥文化资源的价值,促进文化产业发展,就必须走创新发展道路,即通过文化内容创新与载体手段等创新的有机结合加快文化资源的产业化。这对维护国家安全,发展先进文化生产力,满足人民多样化的精神文化需求,提高精神文化素养具有重要意义。

(三)文化资源与文化产品

1. 文化产品的界定

文化产品作为一种可供消费的商品,是物质生产发展到一定阶段的产物,主要以物质的形式存在,用于满足人们的精神生活需求。在布迪厄看来,所谓文化产品,正是客观的文化资本和经济资本的统一。文化产品既可以表现出物质性的一面,也可以表现出符号性的一面。在物质性方面,文化产品预先假定了经济资本,而在符号性方面,文化产品则预先假定了文化资本。王天玺认为,文化产品是用来交换的劳动产品。具体而言,文化产品是指生产经营者通过市场交换,向消费者提供的文化商品或文化服务,它包括两个方面的形态:实物形态的文化商品和服务形态的文化服务。[③] 由此可知,文化产品既具有商品属性,又具有意识形态属性。李全生认为,文化产品是文化资本的客体化形式,一种文化产品总包含着一定的文化价值,其价值是由具有文化能力的个体根据其内化的文化内容赋予的。[④]

---

① 刘素华.文化产业本质的再研究:基于"结构化"理论的视角[J].福建论坛(人文社会科学版),2019(10).
② 丹增.发展文化产业与开发文化资源[J].求是,2006(1).
③ 王天玺.文化决定价值[J].当代贵州,2012(26).
④ 李全生.布迪厄的文化资本理论[J].东方论坛(青岛大学学报),2003(1).

2. 文化资源与文化产品的关系

文化资源是指能用来开发利用，并取得经济效益和社会效益的那一部分文化，其在一定条件下可以转换成文化产品。文化产品的开发离不开文化资源，在这个过程中，文化资源的文化内涵和价值是决定文化产品形式、级别和生命力的重要因素。[1] 利用文化资源支撑文化产品的生产就是在文化资源的基础上形成文化创意，再将文化创意转化为文化产品的过程。[2]

同时，文化产品又可反作用于文化资源，文化产品可使文化资源的价值实现最大化。文化产品一旦被开发出来，在某种程度上社会文化资源的总量就增加了，由此而言，人类文化成果的不断积累和增长正是由于文化产品的不断生产而形成的。总之，文化资源可以借助文化产品实现自身的开发与利用，文化产品可以借助文化资源丰富产品的精神内涵。

本章小结

（1）文化是文化资源的基础，其词源历史悠久，内容包罗万象。从词源演变上看，我国文化多含有文治教化之意，西方文化既包括耕种、栽培等物质活动，也包括性情陶冶、品德教养等精神活动。从概念界定上看，文化既可以是人类社会在历史实践过程中创造的物质财富和精神财富的总和，即大文化，也可以是除物质生产外的人类精神生产活动及其结果，即小文化。

（2）文化资源内涵丰富，它不仅是各种资源的总和，也是实践者的智慧结晶，还是社会重要的生产要素。文化资源除了具有一般资源的特征外，还具有精神性、传承性、共享性、整体性、区域性和符号性等独特的性质。总之，文化资源由于其本身的复杂性、动态性，目前对于文化资源的界定尚无统一的标准，同时也使文化资源的特性日趋繁杂。

（3）文化资源与文化资本、文化产业、文化产品关系密切。文化资源是文化资本、文化产业、文化产品的资源基础，决定了文化资本、文化产业、文化产品的外在形式和内在属性。文化资本、文化产业、文化产品是文化资源的创新性开发，它们既是文化资源保护和发展的重要手段，同时在一定条件下又是新型的文化资源。

1. 什么是文化？
2. 文化资源具有哪几种界定方式？
3. 文化资源的特性有哪些？
4. 如何理解文化资源与文化资本、文化产业、文化产品等概念之间的关系？
5. 从国家文化安全的角度，谈谈应如何理解文化资源的内涵及价值。

---

[1] 张淑梅.论草原文化资源的产业化开发过程[J].实践(思想理论版),2012(4).
[2] 郭燕.图书情报技术:文化产业发展的重要支撑[J].河北经贸大学学报(综合版),2009(2).

【知识拓展】

文化资源与自然资源的联系与区别

文化资源和自然资源是生产生活中的重要资源,理清二者的关系对我们更深层次地理解和掌握文化资源的内涵具有至关重要的作用。

1. 文化资源与自然资源的联系

文化资源和自然资源都是能够创造出财富或资产的要素的总和,它们在一定条件下可以相互转换,并且可以产生一种或多种新的功能和价值。从资源的属性来看,文化资源和自然资源在一定的社会历史条件下具有稀缺性,它们天然地形成了一个国家和民族独有的财富。从历史的发展来看,它们又同时兼有可再生性和不可再生性等特点。在某些条件下,自然资源可以延伸至文化资源领域,同样文化资源也可以吸收自然资源的元素作为己用,它们处于一种相辅相成、共同发展的状态。从传播途径来看,文化资源和自然资源都会受到时间和空间的限制,表现出一定的地域特征,因此文化资源又被赋予了知识产权的标志,自然资源则被赋予了地理位置的标志。

2. 文化资源与自然资源的区别

首先,文化资源具有文化属性,是人类通过有意识的劳动和加工创造实现的,这种创造活动与人类的思想观念联系在一起,因而被赋予了某种精神内涵。文化资源的传承主要依靠人类的主观能动性进行有意识的传承,而自然资源的传承主要依靠自然规律。所以,文化资源是人类创造的一种资源,它从一开始就具有很明确的目的性和社会功用性,这是它不同于以天然形态表现出来的自然资源的突出特点。

其次,文化资源通常以文化形态存在于自然界和人类社会中。很多文化形态本身不但是一种文化,而且是文化的载体。如语言和文字,它们不仅代表着一个国家或一个民族的独特文化,同时也作为一种载体记录着该国家或民族的文化内容。因此,文化资源既有内容属性(文化内涵),又有形式属性(文化载体)。研究文化资源,一定要兼顾这两种属性。自然资源则往往以天然形态存在于自然界,它是一种未经人类有意识加工的资源,如土地、水、生物、能量和矿物等。

最后,从对人类社会的作用来看,文化资源对人类社会的发展具有方向性、支撑力、凝聚力、推动力的作用。而自然资源是满足人们生理需求的必需品,是人类起源的重要前提,没有自然资源作为支撑,也就不会有生命的存在,更不可能有文化资源的出现与发展。因此,自然资源对人类社会起着基本而又极其重要的作用。

(摘自《文化资源学》[①])

---

① 胡郑丽.文化资源学[M].北京:光明日报出版社,2016.

第二章 文化资源分类

学习目标

通过对本章的学习,应做到以下几点:
(1) 了解文化资源分类的意义;
(2) 理解文化资源分类的原则;
(3) 熟悉文化资源分类的主要方式;
(4) 掌握文化资源的主要类型,了解以网络文化资源为代表的各类新型文化资源。

文化资源分类是在深层次理解文化资源内涵和外延的基础上,依据一定的标准和原则,完成文化资源门类归集的方式。分类是文化资源研究、保护、管理工作的基础,具有重要意义,它不仅可以帮助我们深入理解文化资源的本质规律,而且有助于推动文化资源的产业化开发。当前,由于分类标准不够科学、分类原则不够严谨,许多文化资源分类存在重叠、混淆的问题。本章通过介绍文化资源分类的原则、方式以及主要类型等知识,以期更加系统地把握文化资源的内在本质与发展规律,实现文化资源的科学分类。

第一节 文化资源分类概述

文化资源在时空上形态各异,凡是承载了人类实践过程的资源,都具备"文化"的属性以及成为文化资源的可能性,这就造成了学理上对文化资源进行分类的艰巨性。[1] 理解文化资源分类的意义、原则,掌握文化资源分类的主要方式,有助于实现对文化资源的科学分类。

---

[1] 李树榕. 怎样为文化资源分类[J]. 内蒙古大学艺术学院学报, 2014(3).

一、文化资源分类的意义

随着社会的发展,各种新型文化资源不断涌现使得文化资源内涵不断丰富,同时,新技术的发展又促使文化资源分类的标准和方式不断增多,因此强化文化资源分类至关重要。

一是深入理解文化资源的本质规律。分类是认识问题、解决问题的起点。构建科学合理的文化资源分类标准,一方面,能够更加深入、系统地认识文化资源;另一方面,能够在分类对比的过程中更好地把握文化资源的本质与发展规律,帮助我们科学界定文化资源的内涵,为文化资源理论研究奠定基础。此外,文化资源分类还可以为人们提供更加精准的文化供给,有效满足各类群体的精神文化需要。

二是推动文化资源的产业化开发。分类不仅仅是进行归类,而且意味着依据特定的关系对这些类别加以安排。[①] 文化资源的分类是以文化产业的发展需要为逻辑起点的,一个国家和地区只有对自身文化资源的类型有充分了解,才能进行针对性的保护和开发。在这个过程中,首先需要甄别哪些文化资源是可以进行产业化开发的,哪些是不能进行产业化开发的,即要注意区分文化资源的可开发性与不可开发性。只有从产业发展层面对文化资源进行科学划分,才能为文化资源产业化开发提供决策依据。

二、文化资源分类的原则

文化资源分类的原则不仅直接影响分类的效果,还间接影响后期文化资源的调查、评估、保护、管理和产业开发的成效。因此,要依据文化资源属性,制定合适的分类原则,以提高文化资源分类的有效性。

一是科学性原则。科学是具有普遍概括性结构的连贯系统知识的综合,其目的是能进行合理的解释和理性的预测。[②] 为保证文化资源分类的合理性,必须使用科学的方法论来构建科学完善的研究范式。为此,应以现有的关于文化资源的实践探索和理论成果为基础,用系统化的方法整合概括文化资源的自身特性、存在问题和发展实际,从而提出较为科学且符合各国实际情况的分类体系。

二是实用性原则。实用性是指文化资源的分类要符合自身特点且能够满足实际需要。文化资源具有精神性、文化性、共享性等特性,不同主题的文化资源具有不同的价值表现,在保护和利用的方面也各有侧重。现有的文化资源分类方法大都是从类型、属性、历时性等角度出发,这样的分类方式较为简单,在实际运用过程中不能很好地满足不同主体的实际需要。因此,要加强文化资源分类的实用性研究,探索满足不同主体需求的文化资源分类体系。

三是全面性原则。全面性主要包含两个层面:一是文化资源的主要表现形式要尽可能地涵盖全部的文化资源,同时要能合理预测未来可能出现的文化资源并界定其归属问题;二是要具体到每一类别的文化资源,即完善每一类别文化资源下的二级、三级分类,具体到文化资源的各个层面,尤其是对非物质形态文化资源的分类既要包括本体,也要包含其活动的空间与环境。

---

① 罗兵,温思美.文化产业与创意产业概念的外延与内涵比较研究[J].甘肃社会科学,2006(5).
② 曾世宏,徐元国.政治经济学体系重构原则与马克思主义经济学原理的教学创新[J].经济与社会发展,2002(6).

四是开放性原则。随着人们认识水平的提高、理论研究的深入以及实践的发展,文化资源的内涵也在不断丰富。因此,在进行文化资源分类时,我们应当明确一个事实,即文化资源的分类体系应具有开放性和扩充性。只有这样,一些现在尚未被认识但将来可能出现的文化资源,才能更容易地被纳入文化资源分类体系。

三、文化资源分类的主要方式

随着社会的发展,对文化资源的分类也在不断深化。目前学者们主要从文化资源的主题、表现形态、属性等角度,对文化资源进行了诸多有益的分类尝试,使得文化资源的分类体系日趋完善。

(一)根据文化资源的主题划分

根据文化资源的主题划分的方式比较灵活,分类结果也比较清晰,是目前学者们比较偏爱的一种分类方式。但由于研究视角的不同,根据文化资源的主题进行分类的结果也各有不同。学者张胜冰将文化资源主要分为乡村文化资源、都市文化资源、传统文化资源、现代文化资源、海洋文化资源、民族文化资源、企业文化资源、社区文化资源等。[①] 姚伟钧则进一步细化文化资源的主题,将文化资源分为历史文化主题、红色文化主题、名人文化主题、商业文化主题、民俗风情主题、民族文化主题、海洋文化主题、宗教文化主题、城市文化主题、乡村文化主题等。[②] 牛淑萍依据不同主题将文化资源分为历史文化资源、民族文化资源、民俗文化资源、宗教文化资源、红色文化资源等。[③] 胡郑丽将文化资源划分为历史文化资源、民俗文化资源及新型文化资源,其中,新型文化资源又包括网络文化资源、校园文化资源、红色文化资源、女性文化资源等。[④] 根据文化资源的主题进行划分的分类方式,有其自身的优势和特点,但是也有学者对此提出了批评,认为"以'主题'为标准划分文化资源的门类,是缺乏学理的严谨性的"[⑤]。

(二)根据文化资源的表现形态划分

根据文化资源的表现形态划分是从感知角度出发,重点突出文化资源外部特征的分类方式。赵秀玲根据文化资源价值的外在表现形式将文化资源分为直接可视型文化资源和间接可知型文化资源两类。直接可视型文化资源的价值已经凝聚成了具体的物质形态,主要包括现代艺术品、文化遗产等;间接可知型文化资源的价值则内隐于物质实体之内,主要指价值观、精神等。[⑥] 刘吉发、岳红记和陈怀平把文化资源提炼为四类表现形态:第一类是符号化意义的文化资源,指记录在物质载体上的图案、语言等;第二类是经验型的技能文化资源,主要是运用在文化活动中或文化生产过程中的技艺技能;第三类是垄断型的文化资源,主要指文化遗址;第四类是创新型的智能文化资源,指人的独创性思维和实践能力,体现为创意、灵感等。[⑦] 姚伟钧将文化资源高度概括为符号化(具体的文化要素)与精神性的非物

---

① 张胜冰.文化资源与文化产业[M].长沙:湖南文艺出版社,2008.
② 姚伟钧.文化资源学[M].北京:清华大学出版社,2014.
③ 牛淑萍.文化资源学[M].福州:福建人民出版社,2012.
④ 胡郑丽.文化资源学[M].北京:光明日报出版社,2016.
⑤ 李树榕.怎样为文化资源分类[J].内蒙古大学艺术学院学报,2014(3).
⑥ 赵秀玲,等.城镇化进程中的文化支持研究[M].北京:人民日报出版社,2004.
⑦ 刘吉发,岳红记,陈怀平.文化产业学[M].北京:经济管理出版社,2005.

态文化内涵、经验性的文化技能和创新性的文化能力三种形态。① 赵尔奎和杨朔总结出文化资源的六种表现形态,即文献形态的文化资源、造型艺术形态的文化资源、表演形态的文化资源、技能技艺形态的文化资源、节庆活动形态的文化资源和现代形态的文化资源。② 综上可知,按照文化资源表现形态来划分,文化资源主要包含可视性的物态文化资源、精神性的非物态文化资源、技能文化资源以及智能文化资源等类别。

(三) 根据文化资源的属性划分

根据文化资源的属性进行划分,是从文化资源本质特征出发,提炼文化资源的不同性质的分类方法。目前,这一划分方式在文化资源的分类中占有一定的比重。学者程恩富从性质的角度出发,将文化资源划分为物质文化资源和精神文化资源。③ 于平从文化资源的社会属性入手,将文化资源分为具有公共产品性质的文化资源(如图书馆、博物馆等)、准公共产品性质的文化资源(如主流的报纸、传统戏剧等)、私人产品性质的文化资源(如电影院、娱乐节目等)。④ 王晨和章玳从文化资源的经济属性入手,将文化资源分为经营性的文化资源和公共文化资源。其中,经营性的文化资源是指能够通过市场进行产业化开发,并满足公众不同层次需求的文化资源,其多由私人或者企业主导;公共文化资源是政府主导提供的,为满足公众基本文化需求和精神需要的文化资源,包括文化基础设施(如图书馆、博物馆及乡村文化站等)和历史文化遗产(如传统民俗、戏曲等需要政府推动传承与保护的资源)等。⑤ 综上可知,从文化资源的经济、社会、精神等属性入手可以将文化资源划分为公共性的文化资源与市场性(或经营性)的文化资源、物质性的文化资源和精神性的文化资源等类别。

(四) 从文化资源的产业化视角划分

随着文化资源产业化开发的展开,从产业发展的视角对文化资源进行分类的方法不断涌现。花建从文化资源在文化产业的用途视角切入,将文化资源分为四类:一是资本资源,它是文化产业运作的动力源泉;二是技术资源,包括文化商品生产和服务所需的能源、原材料、技术和装备等;三是专利资源,包括著作权、专利权、商标权等,广义地说还包括形象特许使用经营权等;四是智能资源,它是决定文化产品和服务中文化含量的人力投入,包括三种形态——符号化的文化知识、经验型的文化技能、创意型的文化能力,其中创意型的文化能力是最有价值和最稀缺的文化资源。⑥ 姚伟钧从文化资源开发频率的角度入手,将其分为充分开发的文化资源、一般开发的文化资源、开发不够的文化资源。⑦ 丹增从文化产业发展的角度,将文化资源划分为可开发资源和不可开发资源等。综上可知,根据文化资源产业化发展状况进行划分的方法,更多地关注文化资源与文化产业之间的关系,将文化资源与文化产业联系起来,这有利于更好地推动文化资源的产业化开发。⑧

---

① 姚伟钧,等. 从文化资源到文化产业——历史文化资源的保护与开发[M]. 武汉:华中师范大学出版社,2012.
② 赵尔奎,杨朔. 文化资源学[M]. 西安:西安交通大学出版社,2016.
③ 程恩富. 文化经济学通论[M]. 上海:上海财经大学出版社,1999.
④ 于平. 论文化资源的"三分法"与产业化[J]. 北方经贸,2013(9).
⑤ 王晨,章玳. 文化资源学[M]. 南京:南京大学出版社,2014.
⑥ 花建. 经济全球化与中国文化产业的资源开发战略[J]. 上海社会科学院学术季刊,2001(1).
⑦ 姚伟钧. 文化资源学[M]. 北京:清华大学出版社,2014.
⑧ 丹增. 发展文化产业与开发文化资源[J]. 求是,2006(1).

（五）其他划分方式

除了以上分类方法外，还有学者从文化资源的可持续性、历时性等角度入手，对文化资源的分类进行了积极的探索和研究。唐月民从文化资源的可持续性入手，将其分为可再生文化资源与不可再生文化资源，其中可再生文化资源是文化资源中的主流，主要包含物质文化资源和精神文化资源两种表现形态。[①] 周正刚、吕庆华从文化资源的历时性角度出发，以文化资源的历史发展脉络为依据，以"历史"与"现实"为界将文化资源分为文化历史资源和文化现实资源两类。[②][③] 李树榕从获取文化资源的途径入手，将文化资源分为物质实证性文化资源、文字与影像记载性文化资源、行为传递性文化资源。其中，物质实证性文化资源主要指历史建筑、历史文物及现代造型艺术；文字与影像记载性文化资源包括语言文字、历史要籍、文学经典、影像资料等；行为传递性文化资源包括文化资源的生产行为、承载文化传统的生活行为、传承思想观念的学习行为、彰显民族性格的娱乐行为及表达感恩和敬畏的节庆行为等。[④] 王婧将文化资源划分为两种：一种是遗产形态的文化资源，包括各种物质与非物质文化遗产资源，以及部分自然遗产资源；另一种是公共性质的文化资源，其形成主要是基于当下社会的主动生产，其意义在于为当下及未来社会的人们提供精神文化活动所需的基本服务，并满足人们的基本文化需求，具体指可以提供公共文化服务的基础文化设施与机构。[⑤]

总的来说，关于文化资源的分类日趋完善，已经形成了比较健全的分类体系，这对于深入理解文化资源内涵、挖掘文化资源潜力具有重要作用。但目前的分类也存在一些问题：一是纵向的深度有待加强，随着新技术的进步，文化资源细分领域越发细微，一些新领域也在不断涌现，这极大增加了文化资源纵向划分的难度，冲击着目前的文化资源分类体系；二是横向的广度有待明确，近年来，文化资源分类在横向方面不断延伸，许多异域资源随着领域的交叉渗透，逐渐成为新的文化资源，这也带来了不同类别间的资源划分界限问题，如何进一步厘清资源的内涵和边界已成为文化资源分类的重要课题。

第二节　文化资源的主要类型

对文化资源进行分类是学习文化资源理论、推动文化资源保护和开发的前提。随着社会的发展，文化资源在表现出相对稳定性的同时，又呈现出动态性与递增性，如各类网络文化资源、文化智能资源、当代人文景观等新型文化资源不断涌现。为了较为全面地对现有的文化资源进行分类，本书按照文化资源所产生的历史时代性，把文化资源大体划分为历史文化资源与当代文化资源，在此基础上对这两类文化资源进行较为详细的阐述。

---

① 唐月民.论文化资源的开发和利用[J].齐鲁艺苑,2005(4).
② 周正刚.论文化资源的可持续开发[J].求索,2004(11).
③ 吕庆华.文化资源的产业开发[M].北京：经济日报出版社,2006.
④ 李树榕,王敬超,刘燕.文化资源学概论[M].南京：东南大学出版社,2014.
⑤ 王婧.重塑文化产业空间关系：长江三角洲文化产业发展研究[M].上海：上海人民出版社,2015.

一、历史文化资源

历史文化资源是文化资源的重要构成部分,包括历史与文化的联系,历史与文化的内容,历史文化与资源的结合,由此构成文化资源中一个独立的资源类别,是历史、文化和资源三者的有机组合体,其典型代表是文化遗产。李林和吴天勇[1]、向志学和向东[2]等认为,历史文化资源是指在人类历史文化遗存诸多实体当中具有独特功能、现代资材功能,能够科学合理地开发利用,甚至进行扬弃升华的部分。牛淑萍认为,历史文化资源是人类在自身发展过程中创造的物质和精神财富的深厚积淀。[3] 赵东认为,历史文化资源是指人类过去发生的事物所产生的影响而成为满足人们精神需求的精神要素以及附着在物质上的精神要素。[4] 从学者们对历史文化资源内涵的界定看,深入理解历史文化资源的内涵,必须要把握好两个方面的内容:一是必须要加强对文化资源内涵的认识;二是要抓住"历史文化"这一基本特征。

历史文化资源内涵丰富、种类多样,在不同的分类视角与标准下会产生不同的分类结果。吕庆华按照历史文化资源是否有实物形态将其划分为有形文化历史资源和无形文化历史资源。[5] 牛淑萍将历史文化资源分为有形历史文化资源和无形历史文化资源,其中,有形历史文化资源主要是以历史遗迹和历史建筑为表现形式,无形历史文化资源则以无形的文化遗产为表现形式。[6] 通过对历史文化资源的分类研究可以发现,历史文化资源大体可以分为有形历史文化资源和无形历史文化资源,或物质文化遗产与非物质文化遗产两类。本书将按照物质文化遗产与非物质文化遗产两类对历史文化资源进行具体介绍。

(一)物质文化遗产

联合国教科文组织颁布的《保护世界文化和自然遗产公约》《世界文化多样性宣言》以及我国颁布的《中华人民共和国文物保护法》《国务院关于加强文化遗产保护的通知》等文件,都对物质文化遗产内容做出了详细描述。

《保护世界文化和自然遗产公约》将"文化遗产"界定为:

在本公约中,以下各项为"文化遗产":文物——从历史、艺术或科学角度看具有突出的普遍价值的建筑物、碑雕和碑画、具有考古性质成分或构造物、铭文、窟洞以及景观的联合体;建筑群——从历史、艺术或科学角度看在建筑式样、分布均匀或与环境景色结合方面具有突出的普遍价值的单立或连接的建筑群;遗址——从历史、审美、人种学或人类学角度看,具有突出的普遍价值的人类工程或自然与人联合工程,以及考古地址等地方。

《中华人民共和国文物保护法》规定,受国家保护的文物包括:

(一)具有历史、艺术、科学价值的古文化遗址、古墓葬、古建筑、石窟寺和石刻、壁画;(二)与重大历史事件、革命运动或者著名人物有关的以及具有重要纪念意义、教育意义或者史料价值的近代现代重要史迹、实物、代表性建筑;(三)历史上各时代珍贵的艺术品、工艺美术品;(四)历史上各时代重要的文献资料以及具有历史、艺术、科学价值的手稿和图书资料

---

[1] 李林,吴天勇.武汉历史文化资源的保护与旅游开发[M].武汉:华中师范大学出版社,2017.
[2] 向志学,向东.谈谈资源和历史文化资源[J].武汉大学学报(人文科学版),2006(3).
[3] 牛淑萍.文化资源学[M].福州:福建人民出版社,2012.
[4] 赵东.资源内涵的新拓展:历史文化资源[J].人文杂志,2014(4).
[5] 吕庆华.文化资源的产业开发[M].北京:经济日报出版社,2006.
[6] 牛淑萍.文化资源学[M].福州:福建人民出版社,2012.

等;(五)反映历史上各时代、各民族社会制度、社会生产、社会生活的代表性实物。

《国务院关于加强文化遗产保护的通知》给出了物质文化遗产的权威界定:

物质文化遗产是具有历史、艺术和科学价值的文物,包括古遗址、古墓葬、古建筑、石窟寺、石刻、壁画、近现代重要史迹及代表性建筑等不可移动文物,历史上各时代的重要实物、艺术品、文献、手稿、图书资料等可移动文物;以及在建筑式样、分布均匀或与环境景色结合方面具有突出普遍价值的历史文化名城(街区、村镇)。

综合目前关于物质文化遗产的定义与分类可知,物质文化遗产即传统意义上的"文化遗产",主要包含古遗址、古建筑、古墓葬、近现代重要史迹及代表性建筑等不可移动文物以及可移动文物等类别。

1. 古遗址

古遗址是指人类和自然界遗留下来的非移动性文化载体,见证了人类历史发展的演进过程,反映了当时的社会状况,有助于获取历史发展信息,主要包含古人类活动遗址、古城遗址、古代手工业遗址、古代交通遗址等内容。

1) 古人类活动遗址

古人类活动遗址又称史前人类活动遗址。远古时期没有正式的文献记载,除了流传至今的传说,能够见证人类发展早期阶段历史的就是史前遗址。按照时间先后顺序,可以将古人类活动遗址划分为旧石器遗址和新石器遗址。目前,我国较为著名的史前人类活动遗迹主要有云南元谋人遗址、北京周口店遗址、陕西西安半坡遗址、浙江余姚河姆渡遗址、山东泰安大汶口遗址、湖北荆门屈家岭遗址等。

2) 古城遗址

古城遗址是指历朝历代遗留下来的城市遗址。作为世界城市的发源地之一,我国广阔的土地上保留有大量的古城遗址,这些遗址共同铸就了辉煌灿烂的城市文明,集中体现了中华民族悠久的历史与文化。我国具有代表性的古城遗址有殷墟遗址、汉长安城遗址、汉魏洛阳城遗址、唐长安城遗址等。

3) 古代手工业遗址

古代手工业遗址主要包含陶瓷、矿冶、盐业、酿酒、造船、采石、造纸等门类,其中尤以陶瓷窑址居多,如景德镇湖田古瓷窑址、钧窑遗址、耀州窑遗址。景德镇是我国著名的瓷都,现遗留有30多处陶瓷文化遗址,我国现存规模最大、延续烧造时间最长的湖田古瓷窑址也在其中。它们在反映景德镇制瓷技艺、展现我国制瓷历史方面具有重要意义,堪称瓷都历史的缩影。此外,我国还遗存有大量其他古代手工业遗址,如安徽亳州古井贡酒酿造遗址、四川成都水井街酒坊遗址、四川宜宾五粮液老窖池遗址等酿酒遗址,以及湖北大冶铜绿山古铜矿遗址、四川自贡吉成井井盐矿业遗址、山东省潍坊丰台盐业遗址群等。

4) 古代交通遗址

古代交通遗址是指古代人们流动(主要是商贸往来)时所留下的通道,主要包含道路、关隘、桥梁、码头、仓储遗址等,如秦直道遗址、茶马古道遗址、剑门蜀道遗址、徽杭古道等,反映了古代人民的贸易往来和文化交流,具有极高的文化价值、考古价值和旅游价值。以陆上丝绸之路为例,其为西汉时期张骞出使西域所开辟,历经数个世纪的发展,逐渐形成了以长安为起点,途径甘肃、新疆、中亚、欧洲等地的文化交通路线。古代交通遗址以其跨越时空的大布局,在加强贸易往来、文化交流过程中推动沿线地区的共同繁荣与发展。

2. 古建筑

古建筑是指在历史上遗留下来的具有一定价值的建筑物,主要包含宗教建筑、宫殿建筑、园林建筑、民居建筑等类型。

1)宗教建筑

宗教建筑涵盖的内容极为广泛,并以其独特性、丰富性在我国数量众多的历史文化资源中占据重要的地位。按照宗教类型的不同,可将宗教建筑分为佛教寺庙、道教宫观、基督教教堂、伊斯兰教清真寺等类型。我国保存有大量富有特色的宗教建筑,如龙门石窟、云冈石窟、敦煌莫高窟等佛教石窟寺,四川都江堰青城山、湖北武当山建筑群及福建泉州天后宫等道教宫观,广州光塔寺、泉州清净寺、杭州凤凰寺、扬州仙鹤寺等伊斯兰教清真寺。它们都是我国宗教建筑史上的重要印迹,彰显出我国宗教建筑特色。

2)宫殿建筑

宫殿建筑又称宫廷建筑。古代帝王为巩固自己的统治、突出皇权的威严,往往会修建规模宏伟的宫殿建筑,如秦始皇统治时期修建的阿房宫,汉代的长乐宫、未央宫、建章宫,唐代的大明宫,以及明清故宫等。宫殿建筑凝聚了中华传统历史建筑的精华,展现出了我国悠久的传统建筑文化。

3)园林建筑

园林建筑大都构思独特巧妙,完美地将自然景观与人文艺术融为一体,是古代建设发展史上不可多得的精品之作。根据用途、功能及造园艺术等特点,园林可大致划分为宫苑、私家园林、书院、书屋园林、寺观园林等类型。如北京城内的西苑、西郊的圆明园、畅春园、香山静宜园、玉泉山静明园、万寿山清漪园等皇家及王府园林,狮子林、拙政园、沧浪亭等私家园林。

4)民居建筑

民居建筑是地方建筑的代表,凝聚着地方文化特色,表现出多元文化的特点。我国的民居建筑既有以黛瓦、粉壁、马头墙为特征的徽派建筑,又有造型独特、规模宏大、结构奇巧的福建土楼。受地域文化和地理位置等因素的影响,我国幅员辽阔的地域中有许多别具一格的特色建筑,形成了各地独有的文化资源。

3. 古墓葬

中国古代高度重视帝陵的修建,上可追溯到远古帝王陵、秦汉帝王陵,下可发展到明清帝王陵。现今保存下来的规模宏大、气势雄伟、装饰精美的古墓葬大都为古代帝王和王公贵族墓。按照所葬对象的不同,古墓葬可被划分为帝王墓葬、王侯墓葬、名人墓葬、民间墓葬等类型。以位于陕西西安骊山北麓的秦始皇陵为例,《史记》记载:"始皇初即位,穿治骊山,及并天下,天下徒送诣七十余万人,穿三泉,下铜而致椁,宫观百官奇器珍怪徙臧满之。令匠作机弩矢,有所穿近者辄射之。以水银为百川江河大海,机相灌输,上具天文,下具地理。以人鱼膏为烛,度不灭者久之"。1974年,秦始皇陵兵马俑被发现,后经考古挖掘,先后发现了三座大型兵马俑的葬坑,总面积达2万平方米,共整理出7000多件与真人真马一般大小的陶制车马和兵俑以及上万件实用兵器。据统计,截至目前,秦始皇陵陵区已发现各类陪葬坑、陪葬墓600多处,工程之浩大、气魄之宏伟,创历代封建统治者奢侈厚葬之先例。1987年,秦始皇陵及兵马俑坑被联合国教科文组织列入《世界遗产名录》,世界遗产委员会给出了这样的评价:

毫无疑问，如果不是1974年被发现，这座考古遗址上的成千件陶俑将依旧沉睡于地下。秦始皇，这个第一个统一中国的皇帝，殁于公元前210年，葬于陵墓的中心。在他陵墓的周围环绕着那些著名的陶俑。结构复杂的秦始皇陵是仿照其生前的都城——咸阳的格局而设计建造的。那些略小于人形的陶俑形态各异，连同他们的战马、战车和武器，成为现实主义的完美杰作，保留了极高的历史价值。

4. 近现代重要史迹及代表性建筑

以1840年鸦片战争为标志，中国历史开启了近现代篇章。在一百多年的时间里，中国的社会性质、社会矛盾、阶级关系等发生了深刻的变化，经历了由封建社会到半殖民地半封建社会，再到社会主义社会的巨变。近现代重要史迹及代表性建筑作为这段历史的实物见证，是近现代文物的主要组成部分，在我国文物资源中占有相当大的比例。从时间上看，近现代重要史迹及代表性建筑的时间范畴一直比较明确，即1840年至今。从内容上看，1982年《中华人民共和国文物保护法》中明确规定，受国家保护的文物包括与重大历史事件、革命运动或者著名人物有关的，以及具有重要纪念意义、教育意义或者史料价值的近代现代重要史迹、实物、代表性建筑。具体包含重大历史事件发生地、工业遗产、近现代代表性建筑（群）等内容。

1）重大历史事件发生地

在我国近现代史上发生的历史事件不计其数，遗留下了众多重大历史事件发生地，如鸦片战争时期的林则徐硝烟池与虎门炮台旧址、三元里平英团遗址，太平天国运动时期的金田起义地址，甲午中日战争时期的刘公岛甲午战争纪念地，辛亥革命时期的武昌起义军政府旧址，以及中国共产党第一次全国代表大会会址、遵义会议会址等。这些重大历史事件发生地，刻印着历史的痕迹，见证了历史的变迁，蕴藏着独特的革命传统，对于新时期加强社会主义精神文明建设具有重要意义

2）工业遗产

2003年7月，国际工业遗产保护联合会在下塔吉尔审议通过的《下塔吉尔宪章》[①]中对工业遗产的内涵做出了明确的界定，认为："工业文明的遗存，它们具有历史的、科技的、社会的、建筑的或科学的价值。包括建筑、机械、车间、工厂、选矿和冶炼的矿场和矿区、货栈仓库，能源生产、输送和利用的场所，运输及基础设施，以及与工业相关的社会活动场所，如住宅、宗教和教育设施等遗存。"据此可知，近现代工业遗产主要包含矿山、工厂、船坞、铁路、车站、水电站等遗址以及邮政、商业、金融等设施，如福建船政建筑、开滦唐山矿早期工业遗存、武汉大智门火车站、上海邮政总局、洛阳涧西苏式建筑群、大庆第一口油井等。

3）近现代代表性建筑（群）

中国近现代建筑紧随世界建筑发展的潮流，结合民族特色，形成了独具风格的建筑艺术体系，既有传统建筑的延续，亦有西式建筑的引进。例如，以天津开滦煤矿公司办公大楼、上海汇丰银行、北京清华学堂大礼堂、天津劝业场等为代表的西方古典形式建筑，以上海沙逊大厦、上海国际饭店、上海百老汇大厦、天津渤海大楼等为代表的西方现代主义形式建筑，以南京中山陵、广州中山纪念堂、北京燕京大学、南京原国民党中央博物馆、北京协和医院等为

[①] 《下塔吉尔宪章》是由国际工业遗产保护协会发起，然后提交给国际古迹遗址理事会批准，并最终由联合国教科文组织正式批准。

代表的中国民族形式建筑,以北京和平宾馆、重庆人民大会堂、北京儿童医院为代表的20世纪50年代后其他建筑形式。[①]

5. 可移动文物

可移动文物是人类历史的见证者,也是研究古代社会的重要实物资料。根据《中华人民共和国文物保护法》对可移动文物的界定,可移动文物主要包含:历史上各时代珍贵的艺术品、工艺美术品;历史上各时代重要的文献资料以及具有历史、艺术、科学价值的手稿和图书资料等;反映历史上各时代、各民族社会制度、社会生产、社会生活的代表性实物。按照不同的分类标准,可移动文物可以被划分为不同类型。如根据时间不同可将其划分为古代文物、近现代文物,根据珍贵程度不同可将其划分为珍贵文物和一般文物,根据质地不同可将其划分为石器、青铜器、陶器、玉器等。2012年10月,国务院印发了《关于开展第一次全国可移动文物普查的通知》,要求对我国可移动文物的数量、类型、分布和收藏等基本信息进行全面的调查、认定和登记。截至2016年10月31日,第一次全国可移动文物普查结果显示,全国可移动文物共计108154907件(套)。其中,按照普查统一标准登录文物完整信息的为26610907件(套)[实际数量64073178件(套)],全国各级综合档案馆馆藏纸质历史档案81544000卷(件)。通过此次文物普查工作,全面摸清了我国可移动文物家底的情况和保存现状,积极推动了普查成果的转化利用,这对于更好地发挥文物信息的价值和作用并服务人民群众,有着重要意义。

(二)非物质文化遗产

非物质文化遗产是文化资源的重要组成部分。随着近年来非物质文化遗产保护工作的开展,国内外对非物质文化遗产的分类也在不断完善,目前使用较多的分类方法主要有五分法、六分法和十分法等。十分法作为官方的分类方法在我国非物质文化遗产保护实践和理论研究中具有规范和引导意义,具体将非物质文化遗产分为民间文学,传统音乐,传统舞蹈,传统戏剧,曲艺,传统体育、游艺与杂技,传统美术,传统技艺,传统医药,以及民俗等十大类。本书将按照十分法对非物质文化遗产进行具体介绍。

1. 民间文学

民间文学又称口头文学,主要是以农民和手工业者为主体的广大底层民众以幻想的、艺术的方式对客观世界、社会生活和心灵世界进行反映的一种口头语言艺术,主要包括神话、传说、故事、歌谣、史诗、长诗、谚语、谜语、其他等九大类。在漫长的社会历史进程中,这些民间文学内容通过口口相传的方式传承下来,并发展成为现代文化生活中的重要组成部分。如中国四大爱情传说故事《牛郎织女》《梁山伯与祝英台》《孟姜女哭长城》《白蛇传》,以及中国三大少数民族史诗《格萨尔王传》《玛纳斯》《江格尔》等。

2. 传统音乐

传统音乐主要分为民间歌曲、器乐曲、舞蹈音乐、戏曲音乐、曲艺音乐和其他(如部分民间祭祀仪式音乐)。以陕北民歌为例,它是陕北地区的传统民歌,分为劳动号子、信天游、小调三类,劳动号子又包括打夯歌、打硪歌、采石歌、吆牛歌、打场歌等。这些自成体裁又各具特点的传统民歌,从多方面反映了社会生活,唱出了陕北人民的苦乐和爱憎。

---

① 卜德清,等.中国古代建筑与近现代建筑[M].天津:天津大学出版社,2000.

3. 传统舞蹈

传统舞蹈包含宫廷舞蹈和民间舞蹈等内容。在社会历史变迁的过程中,我国传统舞蹈文化大量失传,尤其自宋朝以后,作为独立表演的宫廷舞蹈便逐渐走向式微,现今流传下来的传统舞蹈主要以传统民间舞蹈为主。以藏族三大民间舞蹈之一的锅庄舞为例,跳锅庄舞是藏族先民在祭祀神灵时与神灵沟通的一种方式。在藏族先民的原始信仰中,锅庄、火塘是神灵集聚之地,是维系个人和家庭命运的所在。因此,人们常常通过祭祀等取悦鬼神的形式来进行自我安慰和取得信心。随着时代变迁,锅庄舞的社会功能已经逐步由娱神转向了娱人。

4. 传统戏剧

传统戏剧是指中国各地区、各民族人民创造的传统戏曲艺术。戏曲艺术综合了文学、音乐、舞蹈、绘画、雕塑、杂技、武术等元素[①],大致可分为七类:曲牌体制的戏曲剧种、板腔体制的戏曲剧种、曲牌板腔综合体制的戏曲剧种、少数民族的戏曲剧种、民间小戏剧种、傩及祭祀仪式性的戏曲剧种、傀儡戏曲剧种等。以汉剧为例,作为中国地方戏曲剧种之一,汉剧旧名楚调、汉调,形成于清代中叶的湖北地区,原以秦腔经襄阳南下演变出来的西皮为主要腔调,后在发展的过程中形成了荆河、襄河、府河、汉河四支流派,俗称路子。清嘉庆、道光年间,汉调传入北京,加入徽调班社演唱,逐渐融合演变成京剧,故而汉剧又有"京剧唱腔之祖"的美誉。

5. 曲艺

曲艺是我国民间说唱艺术的总称,是一种由民间口头文学和歌唱艺术经过长期演化发展而成的艺术形式,也是一种以"说唱"为表现形式来叙述故事的表演形式。以布依族八音(又称"布依八音")坐唱为例,所谓布依八音,是指流传于贵州省黔西南布依族苗族自治州兴义市沿江乡镇及南盘江流域部分地区的传统说唱曲艺,其原型属于宫廷雅乐,以吹打为主,因用牛腿骨、竹筒琴、直箫、月琴、三弦、芒锣、葫芦、短笛等8种乐器合奏而得名,千百年来一直在南盘江流域的村寨中传承、延续。

6. 传统体育、游艺与杂技

传统体育、游艺与杂技类非遗内容呈现多样性特征,国家级的传统体育、游艺与杂技项目大略可分为竞技、表演、竞技表演三类。以武当武术为例,其以太极拳、形意拳、八卦掌为主体,具有重要养生健身价值,经过历代武术家不断创新、充实、积累,形成中华武术一大流派——武当派,因此有"北崇少林,南尊武当"之盛名。2006年,武当武术入选第一批国家级非物质文化遗产名录。

7. 传统美术

传统的剪纸、版画、年画、雕塑(竹、木、石雕等)等可以纳入传统美术的范畴。这些传统美术是在以农耕、畜牧业为主的社会时期,为适应当时社会生产和人们生活需求而自然衍生的传统艺术形式,反映了人与自然和谐相处、热爱生活、表现生活、创造生活的现象,体现了中国的东方美学精神和民族文化形态。

8. 传统技艺

传统技艺是非物质文化遗产中的重要类别,包含技能、技巧、诀窍、经验、洞察力、心智模

---

① 王文章.非物质文化遗产概论[M].北京:教育科学出版社,2008.

式、群体成员的默契等文化形态,与人们的衣食住行用等日常生活和社会生产劳动密切相关。其既具有现实的日用价值、经济价值,又具有很高的审美艺术价值、科学人文价值及历史价值。

9. 传统医药

传统医药大致可分为生命与疾病认知方法、养生、诊法、疗法、针灸、方剂、药物、医事民俗、医药文献九类。以针灸为例,针灸是针法和灸法的总称,其在形成、应用和发展的过程中带有鲜明的文化特征与地域特征,是基于中华民族文化和科学技术产生的宝贵遗产,构成了东方医学的重要组成部分。

10. 民俗

民俗是包含传统文化表现形式以及与传统文化表现形式相关的文化场所,主要涵盖礼仪、节庆活动、有关自然界和宇宙的知识和实践。以农历二十四节气为例,它是中国人通过观察太阳周年运动,认知一年中时令、气候、物候等方面变化规律所形成的知识体系和社会实践,是一种用来指导农事的补充历法,也是古代中国劳动人民长期经验的积累和智慧的结晶。二十四节气衍生的文化内容既包括相关的谚语、歌谣、传说等,又有传统生产工具、生活器具、工艺品、书画等,还包括与节令关系密切的中国节日文化、生产仪式等。

二、当代文化资源

当代文化资源是相对于历史文化资源而言的,指在当代社会实践过程中,为了满足当代人日益增长的生产生活需求而创造出来的新型文化资源,包含了文化智能资源、网络文化资源、当代人文景观等内容。当代文化资源的出现不仅能够满足人们对精神文化生活的需求,而且对于推动文化创新,增强发展动力,塑造文化形象等都具有重要的现实意义。本部分将围绕文化智能资源、网络文化资源、当代人文景观等内容对当代文化资源进行阐释。

(一) 文化智能资源

文化智能资源是文化资源的重要组成部分,主要指人类劳动创造的物质成果的转化,包含知识和智力两个核心要素。文化智能资源作为稀缺性的新型文化资源,具有一定的延伸性和整合性,能够与其他文化资源以新的方式组合起来,并通过产业化开发,形成相应的文化产业门类——版权产业和文化创意产业,进而创造出巨大的文化财富。按照存在形态的不同,可将文化智能资源分为外显性文化智能资源和内隐性文化智能资源。

1. 外显性文化智能资源

外显性文化智能资源,是指一切可以带来价值或效用的智力成果,其核心要素是符号化的文化知识,包括发明、专利、著作、作品、商标、声誉、有偿信息等[①],在文化产业的发展过程中主要表现为对版权资源、品牌资源的保护与利用。版权作为一种无形资产,是指出版者复制和销售出版物的权利,在文化产业发展中占据至关重要的地位,并日益成为互联网产业发展的重要基础性资源。

版权资源作为文化企业市场的核心资源,是文化企业核心竞争力的重要组成部分,可以说没有版权的文化产业必然走向空心化和边缘化。对于版权内容的生产、管理、流通和运营,构成了文化产业运营的主体。国家统计局发布的《文化及相关产业分类(2018)》,对文化

---

① 吕庆华. 文化资源的产业开发[M]. 北京:经济日报出版社,2006.

产业的分类进行了修订,具体包含新闻信息服务、内容创作生产、创意设计服务、文化传播渠道、文化投资运营、文化娱乐休闲服务、文化辅助生产和中介服务、文化装备生产、文化消费终端生产等九大类,这些基本都与版权经营存在直接关系。在《2018年中国版权产业经济贡献》的调研报告中显示,2018年中国版权产业的行业增加值为6.63万亿元人民币,同比增长9.0%,占GDP的比重为7.37%。报告还进一步指出,新闻出版、广播影视、软件、广告与设计等新业态融合发展速度加快,推动了核心版权产业快速发展。① 在知识付费的时代,版权资源的价值日益凸显,展现出十分广阔的发展前景。

2. 内隐性文化智能资源

内隐性文化智能资源,是指减去体力劳动后的人力资本,即以智力为核心要素的脑力资产,具有很强的整合性、主观能动性和开发性,包括经验型的文化技能和创新型的文化能力两个部分。经验型的文化技能指由人掌握的文化活动的技能,如写作、歌唱、舞蹈、绘画、演奏、设计等技巧;创新型的文化能力是指文化创造者突破前人模式的独创性思维和实践能力,体现为创意、主题、构思、决策能力等。②

当前,对内隐性文化智能资源的利用主要表现为创意产业的开发。创意是指一种创新性的思维意识,具有可持续、可再生、价值高、能动性强等特点,它可以通过与技术、信息、资金以及其他要素的集合,调动外显性文化智能资源,还可以挖掘和创造新的资源组合方式来实现价值的提升和财富的创造。英国是世界上最早提出"创意产业"这一概念的国家,也是世界上创意产业占GDP比重最高的国家。近年来,越来越多的国家开始重视文化智能资源,密集发展创意产业,不断通过创意产业盘活历史资源、创造文化财富、调整产业结构。

(二)网络文化资源

随着互联网的产生和发展,尤其是近年来"互联网+文化"的深入融合,推动文化新形态竞相涌现,文化资源数字化趋势不断加强,表现出强大的生长空间和应用前景,日趋成为我国文化产业发展的重要内容,甚至决定着文化产业的发展方向。网络文化是以网络为媒介,以文化为内核,在网络开放的虚拟空间实现多元文化信息、多样艺术形式创造,并能够影响与改变现实社会的行为方式和思维方式。网络文化资源是网络文化中可以作为资源进行积累、存储,并具有开发利用价值的部分,它是网络社会与现实社会互动的产物,也是网络中各种主体互动的过程与结果的总和,形态独特、类型多样、数量庞大,具体包含网络文学资源、网络动漫资源、网络游戏资源、网络影视资源、网络音乐资源等内容,又被称为信息文化资源。

1. 网络文学资源

网络文学是指以网络为渠道发布的文学作品,包含了传统文学的文本数字化、直接在互联网上首次发表的原创文学作品以及通过计算机创作或生成的文学作品。网络文学网站是专门传播与发布文学信息和资源的网络节点,是文学在网络虚拟空间的集散地,也是网络文学的具体传播载体。我国网络文学发展迅速,截至2020年3月,我国网络文学用户规模达4.55亿,较2018年底增长2337万,占网民整体的50.4%;手机网络文学用户规模达4.53亿,较2018年底增长4238万,占手机网民的50.5%;文学网站已有上千个,其中,较有影响

---

① 刘彬.2018年中国版权产业增加值占GDP 7.37%[N].光明日报,2020-01-06.
② 吕庆华.文化资源的产业开发[M].北京:经济日报出版社,2006.

力的文学网站有晋江文学城、起点中文网、榕树下、潇湘书院、惊语中文网、纵横中文网、落秋中文网、红袖添香网、幻剑书盟等;产生了一大批较有影响力的网络文学作品,如《间客》《三生三世十里桃花》《琅琊榜》《步步惊心》《全职高手》《诛仙》《斗罗大陆》《繁花》《鬼吹灯》《明朝那些事儿》等;涌现出阅文、掌阅、纵横等网络文学企业,引领国内网络文学行业发展。自1998年中国网络文学发轫伊始,到今天已经走过高速发展的20年,当前中国网络文学已经进入超级IP时代,诸多网络文学作品被改编成电影、电视剧、动漫、游戏,成为炙手可热的大IP,并逐渐走出国门,在海外产生了一定的影响力。日渐规范的网络文学不仅变革了人们的书写和阅读方式,还以其独特的可塑性、开放性和延展性,成为新型文化产业链的主要产品。

2. 网络动漫资源

网络动漫是指最初或主要通过互联网发行、传播的动漫产品。20世纪90年代末,用Flash软件制作的各种动画短片在网络上火爆起来,出现了中国网络动漫第一次高峰。近年来,随着互联网、三维动画技术、数字多媒体技术等不断发展,涌现出了以《十万个冷笑话》《秦时明月》《这不是DOTA》《风云决》《魁拔》《死灵编码》《全职高手》等为代表的一大批国产原创网络动漫,并形成了一批稳定的观众群体和消费群体,引领我国第二次网络动漫高峰的到来。以国产动漫《秦时明月》系列为例,其是2007年由杭州玄机科技信息技术有限公司发行的大型3D武侠历史动画,该系列灵感来源于温世仁的原著小说。时代背景从秦国东出崤关,一统天下开始,到咸阳被楚军攻陷结束,时间跨度30年,讲述了一个体内流淌英雄之血的少年——天明,逐渐成长为盖世英雄,影响历史进程的热血励志故事。已完结的《秦时明月之百步飞剑》《秦时明月之夜尽天明》等5部共175集动漫作品,新媒体点击量已累计突破20亿次,制作并衍生出包含《秦时明月》系列动画剧、《秦时明月》小说、《秦时明月》游戏、《秦时明月》图书、《秦时明月》真人电视剧等众多产品内容,并日趋发展成为中国较具影响力的原创动画品牌之一。

3. 网络游戏资源

网络游戏是指借助互联网通信技术,多人同时参与的公共平台电脑游戏,包含PC客户端游戏、PC网页游戏、移动游戏等类型,具有内容丰富、形式多样、可重复利用等特点。网络游戏起源于欧美国家的电子游戏,随后在中国等获得迅速发展。2005年左右,网易《大话西游online》、盛大《传奇》、九城《魔兽世界》等知名游戏的问世,标志着我国网络游戏开始进入飞速发展阶段,随后涌现出腾讯游戏、网易游戏、三七互娱、完美世界等网游巨头。近年来,伴随着移动网络技术和手机硬件性能的提升,我国的移动游戏市场呈现出爆发式增长态势,并成为游戏产业的核心驱动力。2019年中国游戏总收入达到2308.8亿元,同比增长7.7%。用户数量达到6.4亿人,增幅2.5%[1],标志着我国网络游戏的发展迈上了新台阶。网络游戏作为一种内容产品,在移动游戏经历高速增长之后,内容的创新和研发能力的提升必将成为网络游戏产业的核心竞争力要素。

4. 网络影视资源

网络影视是伴随着网络的普及以及电影电视市场的繁荣而发展起来的新型网络资源。狭义的网络影视资源主要包括微电影、网络节目、网络自制剧等,广义的网络影视资源泛指传统影视剧网络化和数字化的产物。随着互联网的迅速崛起,网络平台以其触及度深、便捷度高的媒介特性在传统的电视、电影院之外,为影视作品打开了广阔的市场空间,网络影视

---

[1] 2019年中国游戏总收入达2308.8亿元[N].新京报,2019-12-20.

得到迅速发展。就网络时代的观众而言,电影院和电视不再是观看影视剧的唯一选择,越来越多的人选择在网上看剧看电影,并逐渐成为人们生活中重要的娱乐方式之一。目前我国的网络影视发展仍处于初级阶段。在网络剧集方面,2014年是我国网络自制剧的元年,《盗墓笔记》的横空出世拉开了网络自制剧的序幕。之后,《白夜追凶》《无证之罪》《长安十二时辰》《不完美的她》《隐秘的角落》等一系列平台自制剧播出,大获成功。在网络电影方面,网络电影以其制作周期短、上线快、市场反馈及时等特点,吸引了众多制片方和创作者进行尝试,推动网络影视行业进一步发展。

5. 网络音乐资源

网络音乐是指通过互联网平台制作并以有线或无线的方式传播的网络音乐作品。网络音乐资源内容丰富,类型多样,存储量大,包含Flash音乐、MIDI音乐、电子贺卡音乐、网络游戏音乐、网络广告音乐、网站背景音乐、网络MP3音乐、视频音乐、彩铃音乐等内容,并以其多样性、重复性、再现性、远程性、开放性、交互性、共享性等特点,在数字化时代得到迅猛发展,并逐步发展成为拉动文化产业发展的重要引擎。截至2020年3月,我国网络音乐用户规模达6.35亿,较2018年底增长5954万,占网民整体的70.3%;手机网络音乐用户规模达6.33亿,较2018年底增长7978万,占手机网民的70.5%。国内网络音乐行业格局基本确立,版权竞争和泛娱乐生态融合趋势得到延续,线上线下音乐产业联系更加密切。当前,以酷狗音乐、酷我音乐、QQ音乐、网易云音乐等为代表的国内音乐厂商引领我国网络音乐产业向前发展,并通过与社交媒体、短视频等其他新业态的融合,展现出巨大的市场潜力,成为行业未来新的增长点。

网络文化作为大众文化的重要内容,通过自身的影响力和辐射作用于社会文化,进而影响到人们的文化选择和价值取向。2016年4月,习近平总书记在网络安全和信息化工作座谈会上指出,我们要本着对社会负责、对人民负责的态度,依法加强网络空间治理,加强网络内容建设,做好网上正面宣传,培育积极健康、向上向善的网络文化,用社会主义核心价值观和人类优秀文明成果滋养人心、滋养社会,做到正能量充沛、主旋律高昂,为广大网民特别是青年人营造一个风清气正的网络空间,这为我们加强网络文化建设提供了重要遵循。

(三)当代人文景观

近年来,以当代人文景观资源为依托的休闲旅游表现出巨大的发展潜力,吸引着大批游客前往参观。当代人文景观作为重要的人文旅游资源,是人类在现代社会实践过程中物质文明与精神文明高度发展的智慧结晶与直接体现,主要以现代城市风貌为代表,包含建筑景观、街道景观、商业景观、交通景观,以及以文体场馆为代表的文化景观和以游乐为目的的游乐景观等内容。当代人文景观不仅具有很强的实用功能,能够满足现代人生产生活的需要,还具有较高的审美功能和人文内涵,对于彰显城市个性、提升城市魅力、增强城市活力等都具有重要意义。

1. 建筑景观

当代建筑景观是人类在充分认识城市自然与历史环境基础上的独特创造,作为展示城市风貌的重要载体,人们可以通过城市建筑的造型、高度、色彩等最直观地感知城市的特色与形象。当代建筑景观数量众多、类型多样,有的自建成就成为区域性的标志性景点,如悉尼的歌剧院,北京的鸟巢、水立方、中央电视台大楼,上海的东方明珠广播电视塔、环球金融中心,广州电视塔,天津津门津塔,台北101大厦,香港环球贸易广场等。当代建筑景观不仅具有实用价值,还具有景观、艺术与象征价值。以上海标志性建筑东方明珠广播电视塔为例,此塔坐落于上海外滩浦东新区陆家嘴,始建于1991年,1994年建成并投入使用,集广播电视信号发射、观光娱乐、游览购物、历史陈列等多重功能于一体。塔高468米,塔身造型独具特色,由十一个大小不一、高低错落的球体构成塔体的主体,呈现出"大珠小珠落玉盘"的意境。

2. 交通景观

交通景观是指在一个特定区域内或城市范围内的交通系统、设施布局及建设整体情况,主要由交通主要设施、交通辅助设施(如站牌、候车亭)、交通线路等内容组成,具体又可分为水陆交通景观、轨道交通景观、城市道路景观等类型,如桥梁、公路、立交、轻轨、隧道、索道、机场、码头等。作为推动城市发展的一种功能性景观,交通景观不仅能够发挥交通枢纽的基础性功能为市民生活带来便利,还兼具优化生态环境、展示城市景观形象、疏解民众情绪等多重功能。在所有城市景观类型中,交通景观与我们的日常生活联系最为密切,随处可见的城市轻轨、立交桥、过江索道、乡间小路等已成为当前城乡风貌建设中的重要组成部分。例如,重庆李子坝轻轨吸引着众多游客前去"打卡","夜游江汉"观光轮渡成了市民一览江城夜景的选择。交通景观是一种兼具多重功能的综合性景观,未来我们在关注交通景观给我们带来的便利的同时,更应注重对其所承载的审美理念和独特的人文内涵的诠释与理解。

3. 文体康娱景观

文体康娱景观是用来满足居民日常文化休闲娱乐需求的一类景观,主要包含以各种文体场馆及活动为代表的文化景观和以游玩娱乐休闲为目的的游乐景观。按照属性的不同,文体康娱景观又可以分为公益性的文化广场、博物馆、图书馆、美术馆、展览馆、体育馆、剧院、城市公园,以及产业化的影视拍摄基地、文化产业园区、主题公园等类型。以博物馆、展览馆、文化广场等为代表的各类公益性文体场馆,作为开展各类公共文化服务的基础性场所,主要通过举办多样化的公共文化活动,提供优秀的公共文化产品,进而来保障公众基本文化权益,丰富民众的文化生活,提高民众的文化素养。而以主题公园等为代表的文体康娱景观则兼具文化属性和产业属性,与一般的城市公园有着显著的区别。作为一种重要的人文旅游景观,主题公园是以特定的文化内涵为主题,通过对既定主题的拟态环境的塑造,进而来满足民众个性化的休闲体验与文化娱乐需求的人造景观。目前,国内外比较有名的主题公园主要有迪士尼乐园、杭州宋城、西安大唐芙蓉园、横店影视城等。

4. 节庆景观

随着社会的发展,众多新兴节庆如雨后春笋般涌现。现代节庆作为传统节庆在当代的一种延伸与再创造,是人类在现代社会中新创造的节日庆典活动,主要包括各类旅游节、文化节、冰雪节、服装节、电影节、音乐节、商贸节、体育节、购物节等,如桂林国际山水文化旅游节、长春冰雪旅游节、吉林国际雾凇冰雪节、曲阜国际孔子文化节、宁波国际服装节、中国东盟博览会、洪泽湖国际大闸蟹节、平遥国际摄影大展、上海国际电影节、中国金鸡百花电影节、北京国际音乐节、中国国际动漫节、山东潍坊国际风筝节、"双十一"购物狂欢节等。按照性质的不同,又可以将现代节庆分为自然风光类、历史文化类、民风民俗类、工业产品类、农业产品类、商业贸易类、饮食特产类、旅游会展类、文学艺术类、影视传播与科技创新类、体育休闲类等类别。① 在新的时代语境下,现代节庆呈现出新的面貌,正在经历一个从节庆文化

---

① 范建华,郑宇,杜星梅.中国节庆文化与节庆文化产业[M].昆明:云南大学出版社,2018.

到节庆经济,从节庆经济到节庆产业的演变过程。① 以"双十一"购物狂欢节为例,其本是由天猫在2009年发起的一场网络促销活动,经过十多年的发展,目前已经成为全民的年度购物狂欢盛会。2020年"双十一"全球网购狂欢节期间,天猫、京东总交易额达到7697亿元,表现出惊人的消费力。

本章小结

(1) 文化资源归类是文化资源调查、评估、保护、管理及产业化开发的前提。实现文化资源的有效分类,需要坚持一定的分类原则,比如科学性、实用性、全面性、开放性等原则。目前,学界从文化资源的主题、表现形态、属性、产业化等角度,对文化资源进行了诸多有益的分类尝试,文化资源的分类体系日趋完善。

(2) 随着社会的发展,文化智能资源、网络文化资源等新型文化资源不断涌现,在丰富文化资源类别的同时,也给文化资源再分类带来了挑战。其中,文化智能资源主要包括外显性文化智能资源、内隐性文化智能资源,网络文化资源主要包括网络文学资源、网络动漫资源、网络游戏资源、网络影视资源、网络音乐资源。

1. 文化资源分类的意义是什么?
2. 在开展文化资源分类时应该把握哪些原则?
3. 文化资源分类的主要方式有哪些?
4. 结合课内外知识,谈谈数字经济与文化资源分类的关系。

【知识拓展】

不同主题下文化资源的分类方式

按照文化资源的不同主题,有学者将我国的文化资源划分为历史文化资源、民族文化资源、民俗文化资源、宗教文化资源、红色文化资源、乡村文化资源、城市文化资源等类别。结合本章知识,这里重点对民族文化资源、宗教文化资源、红色文化资源、乡村文化资源、城市文化资源进行介绍。历史文化资源、民俗文化资源本章前文已有涉及,不再赘述。

1. 民族文化资源

民族文化资源从物质文化到制度文化,再到观念形态文化,构成了一个庞大的认知体系。从内容上而言,民族文化资源包括各民族民间的语言文字、文学艺术、生活习惯、风俗观念、宗教信仰、生产技术等内容。在形态上,民族文化资源包括有形的物质文化资源和无形的精神文化资源。具体而言,民族物质文化资源是指各民族创造的物质产品和赖以生存的物质资料和物质环境,如民族服饰、民族建筑、民族环境等。有形的物质文化资源可划分为三个部分:一是不可移动的,如古代遗址、建筑物等;二是可移动的,如传统生产工具、手工产品、生活用具、传统服饰器具

---

① 范建华,郑宇,杜星梅.中国节庆文化与节庆文化产业[M].昆明:云南大学出版社,2018.

等;三是半可移动的,即介于可移动与不可移动二者之间,本质上可以移动,但又受到某些条件限制,如某些手工作坊等。

2. 宗教文化资源

宗教是人类社会发展进程中特殊的文化现象,是人类传统文化的重要组成部分。千百年来,宗教文化作为我国传统文化的重要组成部分,不仅在广大信众的精神生活中发挥着作用,还对社会的精神文化生活产生了一定影响。宗教在漫长的发展历程中,产生了浩繁的书籍、绘画、建筑、音乐、舞蹈等宝贵文化资源。具体来说,宗教文化资源包括指导思想(宗教信仰)、组织结构(宗教组织,如教会)、行为规范(宗教组织内的活动,如祭祀、礼仪)、文化内容(宗教建筑、宗教绘画、宗教音乐)等方面的内容。同时,宗教在其形成和发展的过程中不断吸收人类的各种思想文化成果,与政治、哲学、法律、文化(包括文学、诗歌、建筑、艺术、绘画、雕塑、音乐、道德)等相互渗透、相互包容,成为世界丰富文化资源的重要组成部分。

3. 红色文化资源

红色文化是具有中国特色的先进文化,是物质文化、制度文化和精神文化三者的有机统一体。物质文化一般包括革命战争遗址、纪念地等实物;制度文化指的是新民主主义革命时期形成的革命理论、纲领、路线、方针、政策等革命文献作品;精神文化即新民主主义革命时期形成的革命精神、革命道德传统等。中国共产党在艰苦奋斗的革命岁月中,孕育诞生了伟大的井冈山精神、长征精神、延安精神、西柏坡精神等精神财富,催生了新中国成立后的大庆精神、雷锋精神、"两弹一星"精神、抗洪精神、抗震救灾精神等。

4. 乡村文化资源

乡村文化也可称为乡土文化,是属于民间形态的文化资源。乡村文化是人类早期农耕文明的反映,是与现代都市文明并存的一种文化形态。乡村文化存活于日常的田间地头,是生活于乡村的广大人民群众日常生活方式和精神世界的反映。乡村日常生活中的饮食男女、居住、耕作、交往、礼仪、习惯、邻里关系、婚姻家庭、节庆活动等,构成了乡村文化的基本内容。乡村文化资源是构成人类社会其他文化资源的重要资料,为人类社会文化提供了许多丰富多彩的文化来源。

5. 城市文化资源

城市是在长期历史发展进程中形成的、由众多不同物质类型的子系统构成的巨大系统。在这一系统中,各种社会资源要素以自己的存在方式和运行轨迹实现着自身的角色功能,完成着自己的角色和形态转化,并由此推进城市的发展演变和城市化进程的量变与质变。城市文化资源是城市建设的财富,是城市文化产业的基石,是文化产业发展的重要资源,城市文化资源包括城市文化遗产、景观、风情、艺术、精神等。

(摘自《文化资源学》[①])

---

① 牛淑萍.文化资源学[M].福州:福建人民出版社,2012.

第三章 文化资源调查与价值评估

学习目标

通过对本章的学习,应做到以下几点:
(1) 了解文化资源调查的类型与原则;
(2) 掌握文化资源调查的程序和方法;
(3) 认识文化资源的价值构成与特点;
(4) 理解文化资源价值评估的意义和原则;
(5) 掌握文化资源价值评估的方法。

文化资源调查和评估是调查者在既定目标驱动下,有计划开展的收集、记录、整理、分析和评估文化资源价值的活动。调查和评估是认识文化资源的重要方式,具有重要意义,它不仅能够实现对资源的描述、有效诊断、预测和管理,还可明确文化资源的开发重点,为文化经营管理提供决策依据。随着文化资源的内容不断丰富,以及调查与价值评估方式日趋多样,如何提升调查和评估成效成为当前面临的重要问题。本章通过介绍文化资源调查和评估的原则、方法、程序以及文化资源的价值构成等,以提高文化资源调查和评估的效率和质量。

第一节 文化资源调查

调查是实现文化资源有效评估的前提,调查的原则和类型决定了调查的主体方向,调查的方法和程序决定了调查的具体实施路径,因而要依据文化资源特性,制定科学有效的调查原则、类型、方法和程序,以保证文化资源得到客观公正的评估。

一、文化资源调查的原则与类型

（一）文化资源调查的原则

在文化资源的调查过程中，应根据各地的实际情况，结合具体的调查任务，遵循客观公正、科学合理、综合系统、重点突出的原则，系统性地展开各项调查工作。

1. 客观公正

客观公正是开展任何一项调查工作的基本要求，也是确保调查结果真实、可靠的重要基础。客观公正的调查原则要求调查者应从调查区域的具体情况出发，掌握区域文化资源的真实状况，充分把握各地文化资源的差异和特点，进行客观呈现。同时，在对调查资料进行整理分析、总结的过程中，调查者要以真实、客观、可信的调查信息服务于文化资源保护与产业化开发工作，避免主观地篡改调查结果。

2. 科学合理

科学合理是指文化资源调查要按照一定的调查步骤、调查方法来开展，这是结果真实可信的重要保障。在调查工作开始前，需要对调查区域内文化资源的空间分布、资源状况及特征进行了解，做好前期的资料收集与准备工作。在调查实施阶段，要根据具体的调查内容、调查目标等选择合适的调查方法进行有针对性的调查。最后，在对调查结果进行描述、解释和总结时，应采取定性分析和定量分析相结合的方式，科学合理、论据充分地撰写调查报告。

3. 综合系统

综合系统即要求在进行文化资源调查时要确保调查工作的整体性、全面性，要全方位、全过程讲求综合及协调平衡。从调查的内容来看，应坚持采录的全面覆盖，不仅要对文化资源本身的发展演变历程展开调查，还要对文化资源所依托的社会经济文化环境等客观状况进行调查和分析。从调查的方法来看，要坚持定性描述与定量分析相结合、文献查阅与实地考察相结合的方法。从调查人员的组成来看，要坚持调查组成员与当地的文化爱好者、地方专家相结合，注意调查小组人员不同的学术背景，根据调查任务和个人专长对参加调查的人员做出合理的分工，做到各司其职、互相配合。

4. 重点突出

重点突出是指在文化资源调查过程中，调查者应在普遍调查的基础上，结合具体的调查目标，有所选择、突出重点。首先，对于那些具有重要价值和开发潜力的文化资源应做重点清查。其次，要关注那些具有区域代表性、民族特色的文化资源，它们往往能够发挥特殊的功能。最后，对于那些濒临灭绝或亟待保护，但保护条件不充分的文化资源也要作为调查重点，应对其进行定时清查，并选择适当的方式加以保护。

（二）文化资源调查的类型

在文化资源调查工作的开展过程中，应结合具体的工作需要，遵照一定的调查原则，通过概查、普查、典型调查、抽样调查等方式展开各项有针对性的调查工作。

1. 概查

概查是指在一定区域内进行的一种精度相对比较低的调查活动。作为一种粗略性调查活动，概查通常是在较大的区域范围内所展开的一种较为简单的初步调查，常用在对文化资源的类型、规模、分布和开发等整体状况的现状调查工作中，一般不成立专门的调查小组，也不必制定严密的调查方案,研究成果多用于较大范围的宏观决策中,有时也直接作为后期专项调查任务开展前的基础性支撑材料。

2. 普查

普查是一种为了解调查对象的总体状况所进行的专门性的全面调查,如人口普查、工业普查、农业普查、文物普查等。文化资源的普查作为普查的一类,是对区域内不同类别的文化资源所进行的全面、细致的综合性盘查活动。在普查工作的具体开展过程中,通常需要组建一支由拥有专业学科背景人员构成的调查工作小组,调查组会按照事先制定好的调查方案、调查程序,有计划地对区域内文化资源的整体状况进行盘查。普查活动对人、财、物等方面的消耗比较大,所需时间也比较长,因此,一般多由政府部门组织牵头。一般情况下,普查的调查成果也较为丰富、全面、准确,可为区域文化资源的规划、保护、传承与开发提供依据。

【知识拓展】

全国人口普查

为全面掌握全国人口的基本情况,我国每10年会进行一次人口普查工作。人口普查采用全面调查的方法,以户为单位进行登记,主要调查人口和住户的基本情况,内容包括姓名、性别、年龄、民族、国籍、受教育程度、行业、职业、迁移流动、社会保障、婚姻、生育、死亡、住房等情况。从新中国成立至今,我国分别在1953年、1964年、1982年、1990年、2000年、2010年和2020年共进行过七次全国人口普查。下面以第七次全国人口普查为例进行简要介绍。

1. 普查内容方面

这次普查主要调查人口和住户的基本情况,包括姓名、居民身份证号码、性别、年龄、民族、受教育程度、行业、职业、迁移流动、婚姻生育、死亡、住房等情况。值得一提的是,为了提高普查数据质量,在这次人口普查中首次采集普查对象的身份证号码。由于公众对采集身份证号码极其敏感,普查组对身份证号码信息进行了保密处理,严禁向任何机构、单位、个人泄露。

2. 普查对象方面

这次人口普查对象与第六次全国人口普查的对象相同,是指普查标准时点在中华人民共和国境内的自然人以及在中华人民共和国境外但未定居的中国公民,不包括在中华人民共和国境内短期停留的境外人员。在境内居住的港澳台居民和外国人也属于普查对象,需要进行普查登记。

3. 普查技术方面

为尽可能获取更为翔实的信息,提高普查数据质量,减轻广大普查对象和基层普查人员负担,在这次普查中,普查组采取电子化方式开展普查登记,探索使用智能手机采集数据。同时广泛应用部门行政记录,推进大数据在普查中的应用,提高普查数据采集处理效能。

4. 时间安排方面

这次人口普查的标准时点是2020年11月1日零时。按此规定,此次普查工作拟分三个阶段进行。

一是准备阶段(2019年10月—2020年10月)。这一阶段的主要工作为:组建各级普查机构,制定普查方案和工作计划,进行普查试点,落实普查经费和物资,开展普查宣传,选聘培训普查指导员和普查员,实施普查区域划分和制图,进行户口整顿,开展摸底等。这些工作都将在2020年10月31日前全部完成,以确保普查登记工作的如期进行。

二是普查登记阶段(2020年11月—12月)。这一阶段的主要工作为:普查员入户登记,进行比对复查,开展数据质量抽查等。这是整个普查工作中最为关键的环节,也是工作量最大、动员力量最多、直接决定普查数据质量的重要阶段。

三是数据汇总和发布阶段(2020年12月—2022年12月)。这一阶段的主要工作为:数据处理、评估、汇总,发布主要数据公报,普查资料开发利用等。

5. 措施保障方面

一是强化组织领导。为强化组织领导、提高数据质量,国务院成立了第七次全国人口普查领导小组,负责人口普查组织实施中重大问题的研究和决策。普查领导小组办公室设在国家统计局,具体负责人口普查的组织实施。地方各级人民政府设立相应的普查领导小组及其办公室,认真做好本地区普查工作。

二是强化执纪问责。国务院人口普查办公室将成立专门的执法检查组,负责受理普查违法行为的举报,依法对重大违法案件进行直接调查,并督促各级统计机构依法开展执法检查。各级人民政府统计机构要加大对普查工作中违法违纪行为的查处和通报曝光力度,坚决杜绝人为干扰普查工作的现象。

三是强化质量控制。建立健全普查全过程质量控制办法,通过科学制定普查方案,认真培训普查人员,严格执行普查方案,全面采用电子化数据采集方式,充分利用部门行政记录,切实加强质量抽查和工作检查,全面提高普查工作质量。通过加大宣传力度,让普查对象深入了解普查,理解普查,进而配合普查,切实提高普查数据申报质量。

3. 典型调查

典型调查是调查者根据一定的调查目的、调查任务,选取一个或若干个具有代表性的对象展开的一种集中调查活动。此类调查形式较为灵活、涉及对象较少,通常适用于对个别或少数情况进行较为深入、全面、细致的专项调查,通过典型调查可以获得较为丰富的第一手资料。但此类调查方法在对象选择上具有一定的主观性,调查对象会较为集中,因此,其调查对象的代表性也会存在局限。这就要求我们在使用典型调查法时,需特别注意所选对象的代表性与典型性,应能够较为集中、有效地体现主要问题。

4. 抽样调查

抽样调查是按照随机抽取的原则,从总体中选取部分作为样本展开调查,进而推断出总体状况的一种调查方式。此类调查多适用于一些全面调查无法解决的问题,或者是在人力、财力资源有限的情况下使用。抽样调查作为一种非全面性的调查活动,样本的抽取在整个调查工作中十分重要。抽样调查有利于提高调查工作的时效性,降低调查成本,相对比较灵活,是一种行之有效的调查方法。但抽样调查也存在样本数量多、调查时间短、实施起来比较复杂等问题,在调查的广度与深度方面往往会受到较大的限制。

二、文化资源调查的方法与程序

(一) 文化资源调查的方法

文化资源调查方法选取是否得当,是整个调查工作能否顺利实施的关键。一般来说,文化资源调查方法包括文献调查法、访谈调查法、实地观察法、分类比较法、网络调查法等。

1. 文献调查法

文献调查法是一种围绕着既有资料所开展的收集、摘录、整理与分析的调查方法。作为一种间接调查法,其通常是以统计年鉴、地方志、档案等各种历史文献资料为研究对象,在收集、整理与分析的基础上,帮助我们了解文化资源的历史与现状,了解与调查课题有关的已有成果,以及政策和法律等信息。[1] 作为一般社会调查的前导,文献调查法是保证整个调研工作顺利开展的基础。

【知识拓展】

文献检索工具——爬虫技术与数据库技术

网络爬虫是一种自动抓取互联网信息的应用程序,简言之,它按一定的规则访问网页,并将所访问的页面保存下来,以便搜索引擎事后生成索引,供用户搜索。根据程序结构和实现技术的不同,网络爬虫主要可分为通用爬虫、主题爬虫(又称聚焦爬虫)、增量式爬虫和深度爬虫,其中前两种爬虫(通用爬虫和主题爬虫)更为常用并且相关研究更为成熟。

通用爬虫是通用搜索引擎(如谷歌、百度等)的关键组成部分,主要分为URL(统一资源定位器,俗称网址)种子、网页下载模块、网页解析模块、数据库四个部分。通用爬虫将一个或若干个URL种子作为起始访问点,调用下载模块获得当前URL对应的网页,再调用解析模块提取网页上所包含的超链接(即新的URL)并加入"待访问URL列表",同时提取网页内容并加入数据库,供搜索引擎使用。然后爬虫程序继续访问列表中的新URL并进一步扩充列表,如此循环往复直至程序满足某种停止准则。主题爬虫不追求广泛的网页覆盖,它专注于抓取和某一主题内容相关的网页,从而满足用户的定制需求。主题爬虫具有较高的运行效率。由于主题爬虫的专题性,许多特定的语言处理和语义理解技术得以应用其中,从而进一步提高了查询质量。它与通用爬虫的主要区别是在网页解析模块之后增加了主题分析模块,该模块的功能可细分为链接主题评估和网页主题辨识。前者用于引导后续的URL访问,避免像通用爬虫那样陷入大量与主题无关的网页,后者用于筛选与主题相关的网页内容并存入数据库。

爬虫技术可以帮助我们更准确、便利地找到相关数据。完成文献资源调查收集的第一步后,如何对这些区别于传统纸质资源的数字资源加以保护,按照时间、地域、族别和语言等规则进行排序、归类和整理,为今后学界在该领域的研究提供资料的便利,则涉及电子数据库的数字仓储形成和数据库管理问题。数据库管理

---

[1] 万崇华,许传志. 调查研究方法与分析[M]. 北京:中国统计出版社,2016.

系统是用于管理数据库的软件系统,通过数据库管理系统,用户可以方便地定义、新建、维护和查阅数据库。常用的数据库管理系统有 Microsoft SQL 等。关系型数据管理是数据库管理系统的主流模式,它使用关系模型管理数据,通过二维表格的形式来表述数据结构。

(根据《多点民族志的探索与实践——对少数民族文学资源的网络调查及保护》[①]整理而成)

2. 访谈调查法

访谈调查法是调查者通过对被调查者访谈询问的方式直接收集信息的一种方法,通常可以实地访问、问卷调查、电话访问、座谈等方式进行。在访谈调查过程中,调查人员应预先做好准备、设计好询问内容,并选择具有一定代表性的调查对象进行访问,针对访谈过程做好详细记录,避免出现遗漏。通过访谈询问,调查人员一般可以从行政部门、当地居民以及其他受众处了解到比较深入、可靠和具体的材料信息。访谈调查法在文化资源调查中是一种比较有效的方法,具有适应面广、灵活度高、容易实施等优点,在实际的文化资源调查中经常使用。

3. 实地观察法

实地观察法是调查者在现场对被调查对象进行直接观察来获取信息的一种调查方法。文化资源是在自然和人文等特定环境作用下的产物,有其生存的地域空间。因此,只有深入现场,通过对调查区域的综合考察、全面系统分析,才能对文化资源的数量特点、类型结构、功能价值、分布位置、变化规律等信息实现整体了解。实地观察一般按照选择观察对象、选择观察时间和地点、准备观察工具、做好观察记录、整理分析观察资料等步骤展开。为确保调查活动的顺利开展,在进行实地观察时,调查者应该努力与被观察者建立良好的关系,尽可能减少对被观察者的影响,并对所观察到的现象和问题进行客观真实的记录。

4. 分类比较法

分类比较法是按照事物的性质、内容、范围等标准对所收集到的信息进行分类、归纳与比较,进而区分事物的特征,揭示事物本质的调查方法。通过对区域内文化资源的分类比较,调查人员能够在整体上对该区域内文化资源的共性和个性特征有所把握,这对于实现文化资源分类保护和合理开发具有重要意义。

5. 网络调查法

网络调查法是借助互联网的信息传播与远程交互功能,以网民为调查对象,在网络上发布问题,收集、记录、整理、分析和公布网民反馈信息的调查方法。网络调查的方法多种多样,主要有基于网页的问卷调查、电子邮件调查、弹出式调查、基于论坛的调查、网上固定样本调查、在线深度访谈等。[②] 网络调查法既能利用互联网直接进行问卷调查,收集第一手资料,又能利用互联网的媒体功能收集整理第二手资料,增强调查的时效性,降低调查成本,扩大调查范围,弥补常规调查方法的不足。

---

① 杨一.多点民族志的探索与实践——对少数民族文学资源的网络调查及保护[J].广西民族大学学报(哲学社会科学版),2020(2).

② 万崇华,许传志.调查研究方法与分析[M].北京:中国统计出版社,2016.

五种常用文化资源调查方法的简要比较如表 3-1 所示。

表 3-1 五种常用文化资源调查方法的简要比较

类 型	优 点	缺 点
文献调查法	(1)能摆脱时空条件的束缚； (2)可以获得稳定信息； (3)实施起来省时、省钱、效率高	(1)难以保证所获文献信息的质量； (2)缺乏对得到的文献信息的体验性； (3)需要研究者具有较高的文化水平
访谈调查法	(1)访问具有很大的灵活性； (2)可亲身验证资料的信度与效度； (3)访问的回答率较高	(1)组织工作复杂； (2)资金成本较高； (3)访谈者参与意愿难以掌控
实地观察法	(1)资料直观性强； (2)资料可靠性强； (3)与被观察者直接接触	(1)观察现象具有表面性和偶然性； (2)应用范围具有局限性； (3)观察结果具有主观性
分类比较法	(1)资料直观性强； (2)资料归纳性强； (3)操作简单	(1)对操作人员专业素养要求较高； (2)分类标准影响分类效果； (3)分类结果具有主观性
网络调查法	(1)组织简单，辐射范围广； (2)访问速度快，信息反馈及时； (3)匿名性好	(1)网络安全制约； (2)网民意见的代表性存疑

（二）文化资源调查的程序

为保证调查的质量与效率，调查工作必须在一定调查程序的规范下有序推进。一般来说，文化资源调查要按照调查准备阶段、调查实施阶段、调查总结阶段等程序展开。

1. 调查准备阶段

准备阶段作为整个调查的起始阶段，准备充分与否将关系到整个调查工作的成败。在此阶段需要进行的工作主要有成立调查小组、明确调查方向、制定调查方案和计划、拟定调查提纲、制定文化资源单体调查表、对调查人员进行培训等。调查方案和计划是开展调查工作的具体实施依据，应该尽量详细，具体应包括调查目的、调查范围、调查对象、调查地点、调查任务、主要调查方式、调查步骤与时间安排、调查人员分工等内容。调查提纲是供调查者进行调查时参考的具体化、纲目化的内容，可结合调查计划来书写。在调查过程中，调查者还可根据实际情况适当予以修改与补充。文化资源单体调查表应结合区域内文化资源的类型、特征等信息合理设计，应包括调查文化资源单体的详细信息，如文化资源单体的序号、名称、所属区域、性质与特征、保护与开发状况等。

2. 调查实施阶段

调查实施阶段是整个调查工作的重中之重。在这一阶段，要因地制宜、因时制宜，根据调查计划和调查提纲完成对相关资料、数据的收集工作，具体包含以下几个方面：一是对区域内与文化资源单体及其依托环境有关的各类文字材料、口头资料、图片影像资料等的调查与收集；二是在了解一般情况后，通过重点走访、抽样调查、召开小型座谈会等方式深入掌握相关信息；三是认真填写文化资源单体调查表，并做好调查记录。

3. 调查总结阶段

在调查总结阶段需要进行的工作主要有两个方面：一是对前期收集到的各种信息、数据进行整理分析；二是完成调查报告的撰写。首先，应按照细致严谨、准确客观的工作要求，对收集到的资料、数据进行甄别、分类、归档和分析整理。其次，在调查报告撰写过程中，要对调查成果做出合理的评估，应结合调查计划和调查提纲对各项调查结果逐一叙述、具体分析，做到数据真实、内容翔实、结构合理。

第二节　文化资源价值评估

文化资源价值评估是在完成文化资源调查之后，对文化资源价值进行的全面分析与评价。在进行价值评估之前，需要充分理解文化资源的价值构成和特点，然后按照相应的价值评估原则，选取合适的评价方法，完成文化资源价值评估。

一、文化资源的价值构成与特点

（一）文化资源的价值构成

文化资源作为人类社会实践的产物，是多维价值的复合体，文化资源价值主要包括社会价值、经济价值、历史价值、艺术价值和研究价值等。

1. 社会价值

文化资源的社会价值主要包含教育、情感、记忆等内容，特指文化资源在知识的记录和传播、文化精神的传承、社会凝聚力的形成、促进社会和谐稳定等方面所具有的社会效益和价值。主要体现在以下几个方面：首先，文化资源作为一种特殊的资源，构成了区域文化特有的底蕴，对维系历史、延续文明起着重要作用；其次，文化资源的产业化开发能够为精神文明建设提供服务。文化资源不同于一般的资源，其内在的意识形态属性存在于人们的情感之中，反映在人们的行为上。以圆明园遗址资源为例，作为近代中国被侵略、被殖民的历史见证，圆明园遗址对于培育国民的爱国主义精神具有重要意义。

2. 经济价值

经济价值是指文化资源作为生产要素向资本和产业转化过程中所产生的消费价值和资源竞争力。按照是否以货币的形式展现，文化资源的经济价值可以分成显性和隐性两种。显性经济价值是指文化资源作为推动地区经济社会发展的重要动力资源，通过旅游业、文化产业等相关产业的发展，将文化资源优势转化为具有商业价值的文化产品和文化服务，从而刺激文化消费，产生直接的经济效益，带动地方经济发展，形成区域经济新的增长点。隐性经济价值是指文化资源作为重要的精神要素、创意来源，能够为社会经济发展提供精神动力和智力支持，它们通常不直接以货币的形式实现，但对增加当地居民收入，促进当地经济发展起着非常重要的作用，能够带来间接经济效益。

3. 历史价值

历史价值是指文化资源作为历史见证的价值。文化资源作为特定历史时期的产物，集中展现了一定时期内的物质生产、生活方式、思想观念、风俗习惯和社会风尚等状况,能够为我们研究当时的社会发展状况提供重要的历史依据。如陈列在广阔大地上的古迹、陈列在博物馆里的文物,作为人类各项社会实践活动的产物,能够从时间、空间等多层维度展现出人类的历史演进,为我们了解历史社会发展状况提供重要的参考,是后世珍贵的文化财富。正是因为这些文化资源的传承和发展,后世才能对人类文明演进具有更加深入全面的理解。

【知识拓展】

"南湖红船"的历史价值

1921年7月21日,中共"一大"在上海秘密召开,因遭到上海法租界巡捕袭扰被迫中断。8月2日上午,"一大"代表毛泽东、董必武、陈潭秋、王尽美、邓恩铭、李达、张国焘、刘仁静、周佛海、包惠僧等,由李达的夫人王会悟作向导,从上海乘火车转移到嘉兴的一艘游船上。泛舟于"轻烟漠漠雨疏疏"的南湖之上,十多位青年从中午11时开会直到傍晚6时,通过了《中国共产党党纲》《关于当前实际工作的决议》,选举产生了党中央领导机构,中国共产党由此诞生!红船由此名扬天下。

新中国成立后,为纪念中国共产党第一次全国代表大会在嘉兴南湖胜利闭幕这一重大历史事件,党中央决定建立嘉兴南湖革命纪念馆。1959年10月1日,嘉兴南湖革命纪念馆建成开放,以湖中烟雨楼作为馆址,按照当年中共"一大"代表乘坐的游船样式仿制的红船正式下水,向世人展出。建成的画舫长约16米、宽3米,船头宽平,内有前舱、中舱、房舱和后舱,右边有一条夹弄贯通,当时中共一大就是在画舫的中舱内召开的。中舱内摆着几张椅子,一张方桌,仿照当时的布置还放了茶壶和茶杯,在开会的画舫后面系着一艘小拖梢船。

习近平总书记指出:中国共产党第一次全国代表大会在浙江嘉兴南湖的一条游船上胜利闭幕,庄严宣告中国共产党的诞生。这条游船因而获得了一个永载中国革命史册的名字——红船。伟大的革命实践产生伟大的革命精神。"红船精神"正是中国革命精神之源:中国共产党历史上形成的优良传统和革命精神,无不与之有着直接的渊源关系。红船,见证了中国历史上开天辟地的大事变,成为中国革命源头的象征。

(根据《"一大"代表所乘红船是啥模样 南湖红船复原记》①和《红船精神永放光芒》②整理而成)

4. 艺术价值

文化资源的艺术价值是指文化资源作为反映人类艺术创作、审美趣味、特定时代典型风格的实物见证的价值,主要包括审美、欣赏、愉悦、借鉴以及美术史料等价值。文化资源尤其是某些物化有形的文化资源大都是人类在发展过程中,依照美的观念和规律创造出来的,其本身体现和传承着人类对美的追求,展现出一种历史之美、艺术之美。如雕刻、绘画及各类

---

① 丁谨之."一大"代表所乘红船是啥模样 南湖红船复原记[N].浙江日报,2016-06-21.
② 齐卫平.红船精神永放光芒[J].红旗文稿,2021(5).

建筑艺术、景观艺术、造型艺术,以生动的艺术造型、独特的艺术魅力传递给人以美的享受,表达出广大民众的社会认知、道德观念、生活理想及审美情趣。

5. 研究价值

文化资源作为人类社会发展的产物,凝结着人类的智慧,蕴含着重要的科学研究价值,不仅能够反映一定历史时期的科技发展水平,而且能够为后人获取研究信息提供重要来源,帮助人类探索社会发展的趋向。所以,不论是文化资源本身,还是其反映出来的相关信息,都具有一定的研究价值。比如《红楼梦》作为中国古典小说的巅峰之作,不断吸引着人们开展相关文化的研究,并由此产生了一门独立研究学科——"红学"。

(二)文化资源的价值特点

文化资源的形成和发展环境,以及自身的内在属性决定了其多样化的价值特点。文化资源价值特点主要包括潜在性、滞后性、时代性、延展性等。

1. 潜在性

潜在性是指文化资源的价值是客观存在的,却是潜在的。文化资源价值的潜在性决定了有的文化资源可以进行计量估价,而有的则不能。[①] 文化资源数量众多、类型多样,量化是实现其价值计算的前提,对于那些看得见、摸得着的物质文化遗产而言,往往可以进行计量估价,如一座建筑、一幅绘画、一套服饰。而像创意、精神、观念、理论、情感等看不见、摸不着的内容,其价值往往很难用尺度衡量,对人的影响也是潜移默化的。如历史遗留下来的优秀文学作品,这些文化资源与物质文化不同,它们是创作者思想的体现,对于这些观念性的内容很难有标准的尺度衡量其价值。

2. 滞后性

滞后性是指文化资源价值的发挥具有一定的延后性和时间性。一方面,文化资源的价值具有持久性,遵循数量越少越值钱、时间越久越有价值的发展规律,比如新中国成立之初使用的老物件、邮票、纸币等,历经时间的洗礼其价值愈发凸显。另一方面,人们对文化资源有一个逐步认识的过程,其价值在人们的审美过程中逐步释放出来。比如存在于艺术圈的一种"怪相":艺术家生前穷困潦倒,死后作品价值连城。部分原因在于艺术的审美总是高于大众的审美,大师的作品只有历经时间的沉淀才能被世人重新认识。按照马斯洛的需求层次理论,文化消费作为高层次的精神需求,只有在人们生理、安全等方面的需求得到满足后才能被充分激发,这也在一定程度上决定了文化资源价值的滞后性。

3. 时代性

时代性是指文化资源价值能够反映出一定的时代精神,表现为一定的历史时代性和历史演变性。一方面,文化资源作为一定历史时期社会实践的产物,带有时代的独特印记,其所蕴含的历史见证的价值就是其历史时代性的体现。另一方面,文化资源的价值构成具有很强的可变性,并会随着人们文化消费需求的增加、消费品位的提升而逐步演变,不断被赋予新的时代意义,进而顺应时代的发展需要,反映时代脉搏。

4. 延展性

延展性是指文化资源价值的动态性与可塑性。文化资源的价值并不是一成不变的,尤其是对于那些逐渐式微的文化资源更是如此。随着文化资源生存环境的不断衰落,如何实

---

① 胡兆量.文化资源价值的三个特性[J].北京联合大学学报(人文社会科学版),2004(1).

现对文化资源的有效保护是摆在世人面前的重要问题。在实践中可以通过对现有文化资源的整合利用，与其他资源相互关联，构建新的价值内核，推动其价值内涵的延展，从而实现资源的可持续发展。作为一种公共精神文化，文化资源常常不受时空局限，一经产生即是民族的，更是全人类的共同财富。尤其在信息时代，知识、信息传播速度加快，文化资源在价值空间里表现出很强的延展性，这对于放大文化资源自身价值，实现与相关产业领域的融合发展，发挥其乘数累积效应，具有重要意义。

二、文化资源价值评估的意义

文化资源价值评估是文化资源调查的深化和延伸，具有十分重要的意义。文化资源价值评估指在一定评估原则、评价体系与评估方法的指导下，通过对区域内的文化资源的禀赋、市场潜力、开发现状等进行研究与剖析、评判与鉴定，因地制宜地给出科学客观的价值定性与估量，帮助我们掌握文化资源可利用状况，实现文化资源的科学保护，明确文化资源的开发重点等。

（一）掌握文化资源可利用状况

通过前期的文化资源价值评估，可从资源禀赋、市场潜力、开发价值等角度出发对文化资源做出准确、客观定位。一方面，可以掌握可供产业化开发的文化资源种类、产业化开发的市场价值与市场潜力、产业化开发中将面临的困难与挑战；另一方面，可以明确不可产业化开发的文化资源的类别、限制性条件。通过对文化资源的价值评估，区分可供产业化开发与不可产业化开发的文化资源，不仅能够降低因缺少科学价值评估所带来的不可逆转的损失，也有助于制定出有针对性的文化资源保护与开发的措施，进而实现文化资源的科学利用。

（二）实现文化资源的科学保护

文化资源的价值评估包括对文化资源的种类、规模、分布、数量、水平等各个方面的调查和信息整理，也包括对所调查的文化资源的发展现状、存续价值、保护举措的效用等方面的综合性评估。在文化资源的保护现状、保护措施及保护成效的评估过程中，通过对其存续的价值、完好程度、损害和破坏因素等的评估，能够对前期所采取的文化资源保护措施的效果进行评价与反馈，从而避免因保护措施的落后与保护效率的低下而使文化资源进一步被破坏。同时，通过评估还能够为未来的保护工作提出更有针对性的保护措施，为制定科学合理的文化资源保护方案提供有益参考。

（三）明确文化资源的开发重点

文化资源的价值评估能够明确文化资源的价值，指出文化资源的开发重点和开发方向，这对文化资源的产业化开发具有重要意义。文化资源类型多样、数量丰富，不同类型的文化资源在存续形态、保护举措、开发方向等方面各有特点。有些文化资源只存在单一的产业价值，有的文化资源却具有多重复合价值。通过对文化资源存在状态的整体调查和测评，探讨文化资源的存续状态、产品功能、价值特征、价值潜力等特点，才能在文化资源开发过程中明确开发的重点，选择有效的开发模式，做到统筹规划。通过对文化资源的价值评估，还能够对市场上同类产品的特点进行调查分析，有利于更好地发现现有文化产品的整体状况，从而做到有所区别、有所创新，更好地在市场竞争中脱颖而出。

三、文化资源价值评估的原则

科学的评估原则是完成文化资源价值评估的前提,在文化资源价值评估时要坚持客观性与主观性相结合、定性与定量相结合、经济效益与社会效益相结合、地方性与代表性相结合,促使文化资源得到有效评估。

(一) 客观性与主观性相结合

遵循客观性与主观性相结合的评价原则,即在开展文化资源的价值评价时,要以客观情况为依据,以普遍认同的评估准则为指南,并结合专家学者的经验与意见。作为对文化资源进行价值评价的首要原则,客观的评价原则能够保证评估结果准确、可靠,避免因人的主观因素发生变化而产生不同的价值评估结果。但是,以数据为依托的评估结果存在一定的局限,加之文化资源属于精神内容的产物,对其价值的判断不可避免地存在主观性,因此也需要借助一些主观评价方法,如专家的经验与常识、主观打分、赋予权重等。

(二) 定性与定量相结合

对文化资源的评估尚无统一标准,但由于文化资源评价具有综合性、复杂性、多目标性等特点,因此在文化资源的价值评估过程中,要注重定性与定量的有机结合。一方面,要运用一些较为客观的定量分析方法,对于客观的评价指标进行测量计算,满足量化的处理与分析。另一方面,对于难以用准确的数字给出判断和评估的部分,要做出适当的定性描述,邀请对评估对象状况有较为深入了解的评审专家、当地人,根据自身经验,辅以相关文献资料,做出一份较为客观的评定报告。

(三) 经济效益与社会效益相结合

文化资源具有多重价值,产业化开发不仅能够创造出客观的经济价值,也会产生重大的社会价值。但是在当前文化资源的实际开发过程中,只追求其在拉动经济、增加就业等方面的经济价值,忽视其在维护社会和谐、提高国民素养等方面的社会价值的做法仍旧存在,有些地方为了博取关注,甚至还出现了"争名人""人造景"等乱象。因此,在进行文化资源的价值评价时,要坚持社会效益与经济效益相结合,促进文化资源的合理利用。

【知识拓展】

文化资源开发效益评估指标体系

北京大学文化产业研究院在多年参与区域文化产业规划的经验基础上,参考了国内外相关评估指标的方法与体系,构建了文化资源开发效益评估指标体系。该指标体系包括人文价值和经济价值两个一级指标,分别反映了文化资源的社会效益和经济效益,构成文化资源综合效益评估的逻辑结构。

人文价值由奇特价值、传承价值、认同价值、艺术价值、历史价值和社会价值等6个二级指标组成;经济价值由规模价值、投资价值、带动价值、产业基础、配套服务和前景价值等6个二级指标组成。具体而言,每个二级指标下都包含3个三级指标,共36个三级指标。

人文价值的指标体系中,奇特价值由独特性、稀缺性、惊奇性组成;传承价值包括该文化资源对学术的积极意义、对提高人文修养的意义、对增加凝聚力促进和谐的意义;认同价值是指对于该文化资源,本地人的膜拜程度、外地人的膜拜程度和向外人推介意愿的强烈程度;艺术价值从该文化资源所反映的民族性与地域性、艺术个性与水准、知名度等方面来评估;历史价值是从文化资源的久远程度、历史地位、遗存完整度方面来评判;社会价值是指该文化资源对于提高居民生活品质、科教意义、区域品牌提升意义方面的价值。这18个三级指标构成了人文价值的评价体系。

经济价值的评价指标体系中,规模价值是指该文化资源的批量化复制与生产程度、规模化发展可能性与现代型生产、传播方式的运用程度;投资价值由投资规模、投资回报率和回报周期构成;带动价值可以从带动产业与之的相关性、带动周边产业数量与规模方面来进行评判;产业基础是指技术和人才状况、现有市场情况以及发展水平、产业政策状况;配套服务针对交通便捷程度、配套软硬件设施水平进行评估;前景价值包括该文化资源的未来发展与现代技术的融合、与现代生活方式的吻合、与国家政策的契合。这18个三级指标构成了经济价值的评价体系。

文化资源评估体系的指标权重来自德尔菲法的专家评分合成的结果,可以根据当地文化产业发展的具体情况进行设定和定期调整。每个指标可赋予0~5分,通过定量的数据分析、问卷调查和专家评分法获取数据,运用平均值进行数据阵整理,根据每个单项被赋予的相应权重,得到该项文化资源的人文价值总分值和经济价值总分值。

(根据《特色文化资源的价值评估与开发模式研究》①整理而成)

(四)地方性与代表性相结合

各地文化资源在禀赋、存量、开发等方面存在诸多差异,文化资源的价值评估多是在地方语境下进行,包含着寻找地方文化资源独特性与比较优势的倾向。因此,我们在进行文化资源价值评估时,要注重对当地文化脉络中的主流成分进行考察,注意对区域特色资源的深度探测与价值挖掘。同时,由于文化资源价值评估涉及问题众多,包括自然、人文、历史、经济等多个方面,因此在进行文化资源的价值评估时,要有重点、有针对、有代表地将文化资源价值的各个方面都涵盖进来,提炼出能表现文化资源核心价值内涵的基本要素。要选择有针对性的核心指标,但指标又不宜烦琐,应能够体现问题、突出问题。如果指标过于庞杂,则难以抓住价值评价的主要方面。

四、文化资源价值评估的方法

文化资源价值评估的方法主要有两种:一是经验性评估方法;二是技术性评估方法。常见的价值评估方法包括统计报表评价法、问卷评价法、多指标综合评价法、德尔菲评价法、层次分析法等。

(一)统计报表评价法

统计报表评价法是按照统计学的方法对文化资源基础资料进行收集和整理的一个重要

---

① 向勇.特色文化资源的价值评估与开发模式研究[J].北京联合大学学报(人文社会科学版),2015(2).

途径。其作为文化资源价值评估的一种基本方法,主要包括统计台账、异动报表、文化资源存量报表等方面。

统计台账是指将分散的原始记录资料,按照严格的归档要求加以登记、汇总,并作为一种系统积累统计资料用以登记账册。统计台账不仅能够有效地实现历史资料的积累,而且还能够随时进行查询、跟进工作进度、对比检查、发现问题。通过开展细致的文化资源调查统计管理工作,完善文化资源普查登记制度,建立起系统完善的文化资源统计台账体系与文化资源统计数据库,实现原始资料的系统化、条理化与规范化,为文化资源的保护与开发提供长期有效的保障。

异动报表是对文化资源的变化进行及时、准确记录的一种表单。通过对文化资源的变化进行登记,借助统计学的分析方法将这种变化转换为资源异动的信息,从而对文化资源的发展趋势做出评估分析,减少文化资源价值评估中存在的误差。

存量报表是以文化资源统计台账为基础建立起来的一种相对完整的文化资源统计数据,能够集中反映区域文化资源的整体状况,如文化资源的种类、分布、数量等基本情况。同时,存量报表还有助于分析过去和预测未来文化资源的状况,便于就文化资源的整体存量和整体态势做出判断。

(二) 问卷评价法

问卷评价法是最常用的数据收集方法,即围绕调查目标设计问题形成问卷,向目标人群进行发放,再回收填写后的问卷,然后借助专业的统计软件对回收上来的有效问卷进行分析,以获取所需要的信息。问卷调查法主要适用于无法量化的文化资源,如民俗类文化资源、饮食文化资源、民族音乐资源、宗教文化资源等,一般是以文化资源评价指标体系的各级指标的量化为基础,采取定性与定量相结合的方式进行,这样的调查结果优于简单的专家评审或者会议评审的结果。

(三) 多指标综合评价法

多指标综合评价法是把多个描述评价对象不同方面且量纲不同的定性和定量指标,转化为无量纲化的评价值,并综合这些评价值得出对该评价对象的一个整体结论。具体步骤为:明确评价对象—建立评价指标体系—确定定性与定量指标价值—确定评价指标权系数—确定指标间的合成关系,求取综合评价值—根据评价过程得到的信息,进行系统分析和决策。多指标综合评价法具有多指标、多层次的特征,能较好地处理大型复杂系统的资源评价问题,量化程度高,比较系统科学,在实际操作中得到了广泛应用。[1]

(四) 德尔菲评价法

德尔菲评价法又称专家系统评价法,指通过多位专家的意见征询和多轮反馈征询最终得出评价结论。具体的操作程序为:组建德尔菲评价专家小组;向所有专家提出所要评价的问题及对评价相关要求做出说明;各个专家提出自己的预测意见及预测依据;收集、整理、统计各位专家的意见并进行对比分析;将结果再次分发给各位专家征求意见;再集中各位专家的修改意见,再反馈,直到得到较为稳定的结论。该方法具有匿名性、多次有控制的反馈、意见多样性等特点,一般要经过多轮反馈才能完成评估,可以避免一般专家评估小组中少数专

---

[1] 韩英,付晓青.文化产业概论[M].福州:福建人民出版社,2012.

家观点被忽视的局限。

（五）层次分析法

层次分析法又称多层次权重解析法，于20世纪70年代由美国运筹学家托马斯·塞蒂正式提出。层次分析法是一种将定性和定量分析相结合、系统化、层次化的分析方法，对于处理多目标、多准则的事物解析给出了简单而有效的方式。文化资源评价存在多个复杂、综合的过程，涉及的变化因素、评价标准的不确定性突出，这就使得单一的评价方法难以见效，因而在实践中可以利用层次分析法提高评价的科学性、可靠性。

本章小结

（1）文化资源调查是文化资源价值评估和保护开发的基础，它是在既定目标的驱动下，以科学理论为指导，运用恰当的方法和手段，完成文化资源的收集、记录、整理和总结。常见的文化资源调查方法包括文献调查法、访谈调查法、实地观察法、分类比较法、网络调查法等。

（2）文化资源具有多重价值，主要包括社会价值、经济价值、历史价值、艺术价值、研究价值等。有效的价值评估既离不开基本的评估原则，比如客观性与主观性相结合、定性与定量相结合、经济效益与社会效益相结合等原则，又离不开正确的评估方法，比如统计报表评价法、问卷评价法、多指标综合评价法、德尔菲评价法、层次分析法等。

1. 为何要进行文化资源的调查工作？
2. 在进行文化资源调查时应遵循哪些原则？
3. 文化资源调查的主要方法有哪些？
4. 文化资源价值评估的基本方法有哪些？
5. 选取你熟悉的文化资源，谈谈具体应该如何开展调查和评估工作。

【知识拓展】

第一次全国可移动文物普查

文物普查是科学保护和合理利用国家文化遗产的基础工作。新中国成立后，国务院先后在全国范围内开展了三次文物普查，建立起完整的档案，对文物的保护起到了重大推动作用。但是，由于组织、技术等各方面条件的限制，我国迟迟没有开展全国性可移动文物普查，在国有可移动文物的管理方面一直存在着家底不清、保管状况不明等问题。

为进一步健全文物登录备案机制和文物保护体系，加大文物保护力度，国务院在2012年10月8日印发了《关于开展第一次全国可移动文物普查的通知》，决定从2012年10月到2016年12月开展新中国成立以来第一次全国可移动文物普查工作。普查对象是我国境内（不包括港澳台地区）各级国家机关、事业单位、国有企业和国有控股企业、中国人民解放军和武警部队等各类国有单位收藏保管的可移动文物,包括普查前已经认定和在普查中新认定的国有可移动文物。此次普查是继第三次全国文物普查之后在文化遗产领域开展的国情国力调查,为加强对普查工作的组织领导,国务院成立了第一次全国可移动文物普查领导小组及办公室,负责全国普查工作的组织和领导。

本次普查按照全国统一领导、部门分工协作、地方分级负责、各方共同参与的原则进行,普查工作主要分为工作准备、普查实施和验收汇总三个阶段,力争通过全面调查登记,建立全国可移动文物信息登录平台,为实现全国文物信息资源的整合利用和动态管理奠定坚实基础。

1. 第一阶段:2012年9月至2012年12月

该阶段主要任务是制定普查实施方案,发布规范和标准,组织培训。

一是成立普查机构。县级以上地方各级人民政府成立本行政区的普查领导机构,并设立普查组织、文物认定、信息登录等专门职能机构和相应专家库。重点文物收藏单位和收藏相对集中的行业和国有单位成立专门工作机构。二是编制普查实施方案。各省根据国务院普查领导小组统一要求,制定本省普查实施方案,并报国务院普查领导小组办公室备案。三是编制并落实经费预算。各级普查机构、国有单位编制本地区、本单位普查经费预算。四是制定颁布可移动文物普查标准与规范,制定普查文物认定程序,编印普查工作手册。五是组建各级普查队伍,编印普查教材,开展各级普查培训。六是开发普查软件,建设普查信息管理平台和普查工作网站。七是制定普查宣传方案,开展普查宣传。

2. 第二阶段:2013年1月至2015年12月

该阶段主要任务是以县域为基础,开展文物调查认定和信息数据登录。普查数据资料边采集、边建档、边整理、边报送、边审核、边登录。

一是各级普查机构制定本行政区域文物认定程序,开展国有单位收藏、保管文物情况摸底排查,有关单位开展文物清库、完善相关档案记录,按要求登记申报。二是各级普查机构对各单位文物申报信息进行核查认定,经认定收藏有文物的单位列入登记范围。三是在普查机构指导下,列入普查范围的各文物收藏单位根据国家统一规范和技术标准,开展文物测量、拍摄、信息数据资料采集和登记,并即时将文物信息通过可移动文物信息管理平台联网上报,也可以纸质或者离线电子数据方式将文物信息报送各地普查机构,由普查机构统一录入上报。四是各级普查机构依权限组织专家对各单位上报的文物信息进行网上审核和现场复核。五是各级普查机构向上级普查机构按季度报送普查进展情况报告。

3. 第三阶段:2016年1月至12月

该阶段主要任务是普查数据与资料的整理、汇总,数据库建设和公布普查成果。

一是公布全国可移动文物名录和可移动文物收藏单位名录。二是建立全国可移动文物编码系统及可移动文物收藏单位编码系统。三是建立可移动文物信息管理系统。四是编制可移动文物普查档案。五是编制普查工作报告。六是完成项目的结项评估和审计工作。

通过普查,全面掌握了我国现存国有可移动文物的数量分布、保存状况、保管权属和使用管理等情况。本次普查共登记108154907件(套)可移动文物。其中，按照普查统一标准登录文物完整信息的为26610907件(套)[实际数量64073178件(套)]，全国各级综合档案馆馆藏纸质历史档案81544000卷(件)。第一次全国可移动文物普查通过对我国可移动文物进行全面调查登记，建立了全国可移动文物信息登录平台和数据库，实现了全国文物信息资源的整合利用和动态管理，并初步建立了可移动文物数据社会服务和共享机制，为制定保护政策和规划提供了科学依据，对加强国有文物监管、保障人民群众基本文化权益、增强国家文化软实力等方面具有重要意义。

(根据《第一次全国可移动文物普查工作手册(修订版)》[1]整理而成)

---

[1] 国家文物局第一次全国可移动文物普查工作办公室. 第一次全国可移动文物普查工作手册(修订本)[M]. 2版. 北京:文物出版社,2014.

第四章 文化资源管理

学习目标

通过对本章的学习,应做到以下几点:
(1) 理解文化资源管理的意义;
(2) 掌握文化资源管理的手段和模式;
(3) 学习国外文化资源管理的主要经验;
(4) 熟悉我国文化资源管理的发展历程;
(5) 掌握我国文化资源管理的发展趋势。

文化资源管理是通过最少的投入,实现文化资源的保护、传承与开发效益最大化的手段。文化资源管理作为重要的宏观调控活动,具有重要意义,不仅有助于文化资源的保护和传承,还有助于推动文化产业的可持续发展,以及维护国家文化资源的安全。当前,在生产生活中,一方面,文化资源因其不可模仿、不可切割与不可复制的特征而具有准公共物品性质,常被人们滥用与忽视;另一方面,区域文化资源的非均衡性又加剧了文化资源"弱小散滥"。本章通过介绍文化资源管理的手段、模式,国外管理的经验,以及我国管理的进程和趋势等,以期进一步提高文化资源管理水平。

第一节 文化资源管理概述

文化资源管理是通过法律、行政、经济等手段,实现文化资源的有序发展,对文化资源保护、开发及文化安全等具有重要意义。在实践中,文化资源的多样性决定了管理模式的多元化,也使得文化资源管理呈现政治性、系统性、综合性等特征。

一、文化资源管理的意义

文化资源管理作为宏观调控的重要工具,是实现文化资源合理配置的重要手段,健全的文化资源管理体系能够更好地促进文化资源保护、推动文化产业发展、维护国家文化安全。

（一）促进文化资源保护

通过文化资源管理工作，不仅能增强对未被认识资源的深入挖掘，防止文化资源的流失与破坏，还能加快文化资源合理配置步伐，实现文化资源的有效保护与传承，推动文化资源的可持续发展。自新中国成立以来，我国的文化资源保护与管理工作稳步推进，相关政策法规不断完善，保护与管理手段日趋多样，数字化保护实践不断发展，逐步推动文化资源保护与管理的不断深化。然而当前由于各种原因，各地尚有很多文化资源未被充分挖掘，一些文化资源仍散落民间，处于"无人知，无人管，无人修，无人用"的"四无"状态，没有得到很好的保护与开发，有的甚至面临消亡的境遇，严重影响文化资源的多样性。因此，未来要不断加强文化资源的管理工作，推动文化资源的保护与传承。

（二）推动文化产业发展

文化资源是文化产业产生与发展的基础，从文化资源到文化产业的发展离不开对文化资源的科学管理。我国是一个文化资源大国，但由于缺乏对文化资源的有效管理与合理配置，当前我国文化资源产业化开发的水平相对较低。与部分发达国家相比，我国文化资源开发水平仍处于初级阶段，呈现出文化资源绝对优势与文化产业相对弱势并存的发展特征。与此同时，文化资源的粗制滥造、过度开发等问题也较为突出，各地在推动文化资源产业化过程中不惜制造大量的"伪文化""假民俗"，不仅造成了文化资源的极大浪费，还严重损害了文化资源的价值内核。当前，随着文化资源保护与产业化开发的不断深入，为进一步加快实现文化资源优势向经济发展优势的转变，凸显文化资源的价值，需要不断提高文化资源的管理水平，推动文化资源的合理配置，实现文化产业的可持续发展。

（三）维护国家文化安全

一个国家的安全包含多个方面的内容，不仅有政治、经济上的安全，还有思想文化上的安全。当前，一些西方国家利用自己在全球化进程中的主导地位，把持文化交流的主动权，极力推进"文化殖民主义"，如《花木兰》《功夫熊猫》都是在中国元素外衣的包装下，植入美式主流价值观念，实现国际认同的影片，东方文化元素在其中只是为美式价值观的塑造和传递服务。在全球化的语境下，如何保持民族文化个性，避免文化霸权所造成的侵害，成为当前我国文化管理工作的重点。文化资源作为文化软实力的基础，依托我国丰富的文化资源，加强国民意识形态教育，坚定文化自信，对提升文化软实力、维护国家文化安全具有重要作用。因此，我们要积极构建由文化行政管理部门主导、社会民间力量协作的文化资源管理机制，努力通过文化资源的管理，不断丰富文化资源保护与传承的方式，推进文化资源向文化资本与文化产业的转变，全面提升中华文化的国际影响力与竞争力。

二、文化资源管理的手段

（一）法律手段

法律是调节社会文化生活的重要工具，包含宪法、基本法律、行政法规、规章制度等内容，具有强制性、平等性以及普遍适用性。作为开展文化资源管理工作的最根本手段，法律手段主要是通过文化立法、文化执法、文化司法、文化普法教育等环节实现对文化资源的管理。依法治理是进行文化资源管理的必由之路，法律手段不仅能够为文化资源管理指明方向,而且能够有效规范与约束各类管理活动,促进文化资源管理朝着法治化和规范化的方向发展。目前,无论是国际社会还是我国中央及地方层面都出台了多项法律条文规范文化资源管理工作,不断提升文化资源管理的法制化建设水平。

从国际公约来看,联合国教科文组织先后通过了《保护世界文化和自然遗产公约》《保护非物质文化遗产公约》《保护和促进文化表现形式多样性公约》等国际公约来加强对文化资源的保护。从国内立法来看,当前,我国已初步建立较为完善的法律法规体系,涵盖了文化遗产保护、公共文化服务、文化市场管理、知识产权保护等相关领域,如《中华人民共和国文物保护法》《关于加强我国文化遗产保护的通知》《历史文化名城名镇名村保护条例》《中华人民共和国非物质文化遗产法》《中华人民共和国著作权法(2010年修正本)》《中华人民共和国电影产业促进法》《中华人民共和国公共文化服务保障法》《关于实施中华优秀传统文化传承发展工程的意见》《关于实施革命文物保护利用工程(2018—2022年)的意见》等,这些都为我国文化资源的保护与管理提供了有力的法律保障。

(二) 行政手段

行政手段是指行政机关为达到一定的行政目的而采取的强制性管理手段。为加强文化资源的保护与开发,基于政府的社会管理职能,文化行政机关通常以政策、指令、规划、决议、决定、建议等行政方式,对电影、艺术、出版、文物等文化相关单位或个人进行有效的管理,主要包含组织、规划、协调与监督等内容。具体表现为:文化行政机关通过系列的政策文件等规划配置文化资源,审核文化事业单位及文化企业的运作机制、组织类型和经营资格等;根据国家文化发展方向和发展思路制定文化事业发展计划、文化产业发展规划等,并全面贯彻实施;及时修正与调节文化事业领域中偏离文化公益性质的文化资源管理,对文化产业领域中文化市场各要素的利益摩擦加以调整;建立对文化发展与文化资源管理运行状况的过程监督与结果监督的动态监督机制。通过行政手段开展文化资源管理,不仅能够减少管理成本,提高政府管理的效率,还能够减少管理阻力,建立政府主导、公众参与的合作治理机制。但是,作为一种刚性管理手段,行政管理的客体往往处于被动状态,其积极性、主动性和创造性往往无法得到有效发挥。与此同时,由于行政方法离不开行政命令与知识,管理者如果没有一定的政治素养和管理才能,则极易导致官僚主义。

(三) 经济手段

经济手段是指管理部门依据文化市场发展规律,综合运用经济政策、财税制度、价格、利率、投资等经济杠杆,实现对文化资源的管理。作为国家在宏观调控中最常用的一种间接性管理手段,经济手段对调动文化组织和个人的主动性和创造性具有重要意义。在实际工作中具体表现为:国家通过财政预算、专项基金、财政补贴等形式对文化资源保护开发项目给予财政拨款与重点扶持;国家通过税收减免及贷款贴息等方式,鼓励对有价值的文化资源进行保护开发,扶持和保护文化事业,调控文化产业;国家通过完善价格补偿机制和约束机制,促进文化商品流通,加快文化消费;国家通过拓宽文化发展的融资渠道,引导和鼓励社会资金投入,促进金融资本和文化资源对接,带动文化经济发展等。

三、文化资源管理的模式

文化资源管理工作内容错综复杂、涉及主体多样,按照管理主体的不同,可分为政府主导型、社会主导型和市场主导型三种管理模式,而在实际工作中,则表现为多种管理模式的综合运用。

（一）政府主导型

政府凭借其绝对的行政优势,在文化资源保护与管理工作中始终处于主导地位,并能够从政治、经济、社会、法律等多个方面为文化资源的保护与开发提供积极的帮助与扶持。政府主导型管理模式通常是在中央与地方各级政府设立各类文化行政机构,具体涵盖文物保护、宣传、新闻出版、广播电视、文化旅游、知识产权等部门,担负起保护与传承文化资源的职能。这些部门具体负责建立文化资源保护与管理机制,制定文化资源保护与管理规划,建立文化资源保护与产业发展专项基金,搭建文化资源宣传平台,鼓励公众参与、发动民间力量,实施宏观监管等工作。从各国实践工作来看,法国作为文化资源大国,在文化资源管理方面主要采用政府主导型的管理模式,即设立文化与通信部全面管理全国文化事务,并通过向地方派驻代表的方式,统一对全国的文化事业实行直接管理。中国则通过设立文化和旅游部作为最高的文化行政管理机构,在各省、自治区、直辖市下设文化和旅游厅（局）对各地区的文化资源及文化事业进行监督管理。① 通过各级文化部门的宏观把控与责任规范,共同构成了点、线、面三者结合的政府主导型文化行政管理体系,真正把文化资源保护与管理工作落到实处。

（二）社会主导型

社会主导型管理模式是以多元化的社会力量为主体的管理方式。社会力量是国家力量之外的一个不容忽视的力量,在文化资源管理与保护中的作用日益扩大。社会主导型管理模式能够充分调动社会公众参与文化管理事务的主动性、积极性与创造性,是社会自我管理、自我监督、自我完善的重要体现,能够为文化资源管理提供智力支持,节省行政管理成本,实现对文化行政管理部门的有效监督评价。在西方发达国家中,社会主导型管理模式存在较为普遍。比如,在美国,政府行政体制中没有设置全国文化事业的行政部门,而是由美国国家艺术基金会、国家人文基金会、国家博物馆图书馆学会等社会力量代表政府行使部分文化管理职能。在英国,政府机构不会直接参与具体的文化事务管理,而是通过非政府性质的公共文化艺术机构间接进行管理,如英格兰地方艺术理事会、苏格兰艺术委员会、威尔士艺术委员会等,并遵循"一臂间距"的管理原则,协助政府制定文化管理政策,负责具体落实工作,独立运行、自主经营。

（三）市场主导型

市场主导型管理模式是以市场为导向的管理运作模式,强调市场在资源配置中的决定性作用,坚持综合运用市场价格、供求关系与市场竞争等手段调控文化市场供给,主要表现为企业化的经营管理,对于激发产业发展的内生动力、实现文化市场的自主管理与发展具有重要意义。在市场主导型管理模式下,文化企业往往需要独立承担管理责任,自主经营、自负盈亏,因此,需要有成熟的产业环境及完备的法律政策作为支撑。以美国漫威影业为例,《蜘蛛侠》《钢铁侠》《美国队长》等超级英雄电影系列是漫威影业最引以为傲且经久不衰的大IP。2017年漫威影业被迪士尼公司收购以后,迪士尼公司一眼看中这些优势文化资源,除

---

① 王海冬.法国的文化政策及对中国的历史启示[J].上海财经大学学报(哲学社会科学版),2011(5).

了生产电影周边产品获取收益之外,还依靠商业运作将这些优质并极具潜力的文化资源进行再开发,通过在迪士尼乐园里增开漫威主题乐园的手段延续《钢铁侠》《蜘蛛侠》等漫威英雄的电影生命,再次获得公众的认可,吸引了来自世界各地的游客。

四、文化资源管理的特征

(一) 政治性

加强文化资源的保护传承、提供文化艺术服务,是各级政府部门的重要职责之一。文化资源管理的政治性主要表现在两个方面:一是从文化资源管理的起源上看,包括文化资源管理在内的文化管理大都是政治管理的附属品,目的在于从精神上进行更为深刻的阶级控制和意识形态宣传,产生在经济、政治管理活动之后,由此可见,文化管理从产生之日起就带上了明显的政治烙印[1];二是从文化资源管理自身的发展历程看,无论是最初的文物考古阶段,还是后来的文化资源保护利用阶段,政府部门在文化资源管理过程中的主导作用都在日益凸显,由此不断强化文化资源管理工作的政治属性与政治功能。

(二) 系统性

文化资源管理是一项系统的、有意识的、多主体多要素介入的整体性工程。从文化资源管理的构成要素来看,主要包含文化资源管理主体、文化资源管理客体和文化资源管理中介等要素,三者紧密联系,共同构成了文化资源管理的系统性框架与基本模式。其中,文化资源管理主体是人及其组织形态,主要包括组织层面的文化资源管理主体,如政党的文化战略及意识形态部门、文化行政管理部门、文化社会力量等;个体层面的文化资源管理主体,即文化资源管理组织中承担管理职能的微观个人,如战略型文化资源管理者、策略性文化资源管理者和业务型文化资源管理者等。文化资源管理客体是文化资源管理主体的作用对象,即文化资源。文化资源管理中介是文化资源管理主体的作用手段,包括法律手段、经济手段、行政手段等。从文化资源管理的流程来看,文化资源管理工作包含信息收集、预测、决策和控制等管理阶段,并贯穿文化资源管理的整个作用链条。由此可知,文化资源管理从要素构成到管理结构流程上都表现出了很强的系统性。

(三) 综合性

文化资源管理是一项较为复杂的综合性活动,不仅涵盖了经济学、社会学、人类学、管理学、运筹学等在内的多个学科知识,还需要法律手段、经济手段、行政手段等多种方式交叉运用进行综合管理。从管理的内容来看,涵盖了保护与管理机构的设置、保护与产业发展规划的编制、文化资源展示与传播项目工程的实施等多方面内容。从管理的主体来看,需要政府、企业、社会等多元化主体参与。作为一个开放性的综合系统,文化资源管理工作还受到文化资源所处的自然环境和社会环境的影响。因此,在推进文化资源管理工作时,需要把管理系统和社会系统紧密结合起来进行综合评估与考量。

---

[1] 刘吉发,金栋昌,陈怀平.文化管理学导论[M].北京:中国人民大学出版社,2013.

第二节　国外文化资源管理

"他山之石，可以攻玉。"美国、英国、法国、日本等国在文化资源管理方面起步较早，已经形成较为成熟的体系，在提升本国文化资源管理效能方面取得了较好的成效。总结这些国家文化资源管理的成熟经验，可以为我国文化资源管理提供经验借鉴。

一、国外文化资源管理的经验借鉴

（一）美国

美国历来非常重视文化资源保护与管理工作，迄今已形成了比较完善且独具特色的文化资源管理体系，积累了较为丰富的管理经验。

首先，在管理体制方面，美国是一个由国家、地方政府、社会公众等多元力量参与的"去中心化"的管理模式。在国家层面，美国没有设置专门的文化行政管理部门来进行直接管理，而是将管理权下放到内政部下属的国家公园管理局和联邦历史遗产保护咨询委员会，由其专门负责文化遗产保护工作；在地方层面，各州政府均设置有州历史保护机构来专门负责州内的文化遗产管理工作。[1] 美国公众的自我管理意识也十分强烈，他们通过非政府组织如美国传统基金会、历史保护信托组织等，积极参与文化资源管理工作，为文化资源的发展提供大量的资金与人力支持。

其次，在法律体系方面，美国极为强调法律在文化资源管理工作中的规范、约束与保障作用。作为文化立法较早的国家，美国迄今已形成了由宪法、知识产权保护法、文化产业发展相关法律等不同类型法律构成的完善的法律体系，涵盖历史文化遗产保护、公益文化艺术和文化外交等多个方面。[2] 早在1787年《美国联邦宪法》中就有关于保护专利权的条款，后来随着美国法律体系的不断完善，文化资源保护与管理方面的法律也陆续出台。如1906年通过的《古迹法》首次明确了联邦政府对管理文化和科学遗产的职责；1935年颁布的《历史遗址法》指出了政府对历史性建筑及遗迹的保护职责；1966年面对大规模的城市发展运动颁布了《国家历史保护法》；20世纪70年代又陆续出台了《考古与历史保存法》《美国民俗保护法》和《考古资源保护法》。至此，美国现行的文化资源保护与管理的法律体系已基本成形，推动美国文化资源的保护与管理工作迈入有法可依、有章可循的法治化建设时代。

最后，在资金投入方面，美国文化资源管理的经费主要分为政府财政拨款和民间资本。政府财政拨款主要是通过国家人文基金会、国家艺术基金会和博物馆学会等代理机构对文化艺术事业给予资助，但从整体来看美国政府对文化直接投入的资金是非常有限的，就特定的文化活动而言，私人捐赠资金数额往往高于政府捐赠。此外，政府还会通过税收优惠等经济政策，刺激更多的民间资本投入文化资源保护领域。

---

[1] 王高峰.基于管理学角度的文化遗产保护研究[J].东南文化,2012(5).
[2] 焦波.美国的文化立法[N].中国文化报,2015-06-22.

（二）英国

作为一个历史悠久的文化大国，英国在文化资源保护与管理实践上经历了从自发到自觉的发展过程，积累了不少成功经验。

首先，在管理体制方面，英国根据本国实际，建立了一套由中央政府、地方政府与准政府性质的各类文化艺术委员会共同组成的三级文化管理架构网络，按照适度分权原则，中央政府与各级地方政府既相对独立又紧密联系，无垂直行政领导关系，属于典型的综合管理型模式。在中央，设置有文化传媒和体育部作为最高一级的文化行政机关，按照"专宽兼备"原则，兼管所有与文化相关的事务，涵盖文化遗产、博物馆、美术馆、图书馆、电影、电视、广播、体育、旅游等领域，主要负责文化政策的制定、文化经费的划拨、国家级文化事业单位的管理，是文化事务的战略性领导者与宏观调控者。在中间层，由地方政府和准政府性质的文化艺术委员会负责文化政策的具体执行和文化经费的具体分配，其享有决策咨询权和政策执行权，其中起主要作用的有英格兰艺术委员会、皇家美术委员会、英国文化委员会等。英国设立这样的半官方的中介机构代替政府管理具体文化事务，形成了"一臂之距"的管理原则，不仅避免了政府对文化艺术的直接干预，使文化艺术保持了一定的独立性，也能有效防止在资金分配上出现偏离文化资源保护目标的情况。在基层，有很多文化联合组织、文化协会与志愿者力量积极参与到文化资源管理工作中，如国民信托、苏格兰国民信托、英国考古评议会等。

【知识拓展】

英国"一臂之距"文化管理原则

"一臂之距"原则，是英国文化管理的根本原则，是指英国的中央政府文化行政主管部门只管制定政策和财政拨款，坚持只管文化而不办文化，由非政府公共文化机构——各类文化艺术委员会，负责执行文化政策和具体分配文化经费。非政府公共文化机构和政府没有隶属关系，而是有着自身独立的法律地位，自主经营、自负盈亏。"一臂之距"机制实现了政府职能的转变和"管办分离"的目标，既保证了政府工作的高效运行，也保证了非政府公共文化机构的独立性和权威性；有利于文化领域的检查监督，避免腐败滋生；同时营造了独立自由的氛围，从根本上有利于实现文化的发展和繁荣。[①]

其次，在法律体系方面，英国主要偏向文化遗产保护的相关立法工作，如颁布了《古迹保护法》《城乡规划法》《历史建筑和古迹法》《登录建筑和保护区规划法案》等。其中值得一提的是1990年英国出台的首部关于登录建筑和保护区的专门法案——《登录建筑和保护区规划法案》，其中对登录建筑与保护区的认定与管理做了详细的说明。目前，英国将文化遗产主要分为在册古迹、登录建筑、保护区三种类型，并按照不同的类别实行分类分级保护管理。此外，英国还经常通过发布年度报告的形式出台国家文化相关政策与措施。比如，1993年，国家遗产部审定并发表了题为《创造性的未来》的"国家文化艺术发展战略"，全面阐述了英

[①] 陆晓曦.英国文化管理机制："一臂之距"[J].山东图书馆学刊，2012(6).

国文化艺术的发展方向、各项政策原则和具体措施;2000年发布了关于历史环境保护政策的研究报告《场所的力量》,开启了遗产保护管理改革;2001年发布了《历史环境:未来的力量》政府报告,与2000年发布的《场所的力量》一起形成了历史环境年度报告,从2002年起形成制度,每年对历史环境状况及其变化进行调查评估。①

再次,在管理理念方面,英国有着根深蒂固的文化保护理念,坚持以保护为主,积极探索历史传统与现代社会有机融合的方式。面对快速城市化对传统建筑的破坏,提出不能随意拆除老房子,如若拆除重建,必须要按照"修旧如旧"的原则,保持外形与原建筑物的一致;面对大量废弃的旧厂矿、旧仓库等工业遗产,提出将其改建为主题博物馆、工业纪念地、艺术馆、办公场地、购物中心等,大力发展遗产旅游,实现工业遗产的再利用。

最后,在资金来源方面,除政府财政拨款外,慈善事业和彩票事业也为文化资源的保护提供了重要的支持,每年国民信托基金、遗产彩票基金都会投入大量的资金到文化资源保护工作中。

(三)法国

法国作为欧洲的文化中心,历来高度重视文化艺术事业的发展,把"文化国家"作为其文化政策制定的出发点和发展目标,文化资源的保护与管理工作也一直走在世界前列,是名副其实的文化资源大国和文化资源保护与管理先进国。

首先,在管理体制方面,法国建构了完善的文化资源保护与管理机构,强调国家责任和公众参与、推动行政管理去中心化与地方分权、谋求社会的自我治理等②,形成了一支由政府机构、顾问团体、社会组织与教科研机构等组成的管理队伍。在中央层面,设有最高的文化主管行政机构——文化与通信部,负责全国的文化事务管理工作,肩负文化立法与财政拨款等职能,其下所属的文化遗产司,专门负责文化遗产管理工作。在地方层面,每个行政区都设有地区文化事务部,专门负责区域内文化遗产调查、保护与管理等工作。同时,为协助地方开展管理工作,中央还通过向地方派驻文化代表的方式,如地区文化事务局局长以及向各区分派的文化顾问、专业技术人员,即通过"一竿子插到底"的管理方式实现对全国文化事业的直接管理。在中央和地方还设有公职人员、专业科研机构代表及普通公民代表所组成的文化咨询机构,如文化遗产保护委员会,负责文化遗产的保护、开发与运营等工作。此外,在法国还有大量的民间社团组织,如古迹信托、历史建筑促进会、古迹基金会等,政府通过建立"托管制度"使民间社团组织参与文化资源保护与管理工作。

其次,在法律体系方面,作为世界上最早颁布与文物保护相关法律法规的国家,法国迄今已制定与文化遗产有关的法律法规数百种,涉及内容非常广泛,如历史古迹、古建筑、自然景观等。早在1840年,法国就出台了世界上第一部关于文物保护的法律——《历史建筑法》。20世纪初,法国出台了《历史古迹法》和《景观保护法》,这两部法律共同构成了现行文化遗产保护制度所遵循的基础。随后,法国又先后出台了《国家公园法》《保护及修复历史遗迹法》《古迹保护法》《遗产捐赠与继承抵偿法》《城市规划法》《历史性建筑法案》《著作权法》等。2004年,一部综合性的法律汇编——《遗产法典》出台,其在对以往有关历史古迹、考古保护区、博物馆、档案馆等有关文化遗产保护的法律和规章进行系统性汇编的基础上,又进

---

① 杨丽霞.英国文化遗产保护管理制度发展简史(下)[J].中国文物科学研究,2012(1).
② 张金岭.社会治理视域下的法国公共文化服务[J].学术论坛,2016(11).

一步强化与完善了文化遗产保护的相关程序性规定,包含了文化遗产保护与文化设施建设等方面的内容。随着社会经济的发展,有些法律文书在逐步修订与完善中影响至今,为文化资源的保护与管理工作提供了有力保障。

再次,在文化资源的普查方面,1964年在法国开始了一场"大到教堂、小到汤匙"、覆盖全境、旷日持久的文化遗产普查工作。通过普查发现了一批数目庞大、前所未知的珍贵文化遗产,基本上摸清了文化家底。在此基础上,还综合运用计算机技术建立起了文化遗产普查的信息档案,出版了一系列普查成果,如《地毯:方法和用语》《建筑:方法和用语》《文化遗产普查的原则、方法和实施》等。此次普查成功地唤起了民众的文物保护意识,保护文化遗产已经成为法国社会的普遍共识。

最后,在文化遗产宣传教育方面,政府主要通过设立文化遗产日,开展文化讲座、文化展览等活动,让公众熟悉文化遗产,增强保护意识。法国是最早设置文化遗产日的国家,1984年就开展了第一届"文化遗产日"活动,并规定每年9月的第三个星期日为文化遗产日,在这一天所有博物馆、艺术馆、文物建筑和景观地免费或优惠开放,并组织开展各类丰富多彩的文化展示活动。此外,法国还通过文化遗产进校园、出版相关刊物等方式,传播文化遗产相关知识,公众则通过互动参与不断增进对文化遗产的了解。

(四)日本

日本是世界上较重视文化资源(在日文中又称"文化财")管理的国家之一,其对文化资源的管理主要体现在完善的立法体系、明确的管理体制、创造性的活化利用等方面。

首先,在管理机制方面,日本在文化资源保护与管理工作实践中形成了国家与地方协同共管的管理体制。在中央,设有文化厅作为主管文化事业的部门,设有经产省和文部省作为主管文化产业的两个主要管理部门;在地方,都道府县各级地方政府中均设有教育委员会,专门负责区域内文化资源的保护与管理工作。同时,还设有文化资源保护与管理的辅助机构——文化科学省,其下设有文化财保护审议会,专门负责文化财保护与管理的专业指导、技术咨询和调查审议等工作。此外,日本的民间行业协会组织在文化资源的保护和管理工作中也扮演着重要角色,就非物质文化遗产而言,成立有文乐协会、能乐协会、传统歌舞伎保存会等。这些组织接受政府和企业的资助,在全国成立并发展会员,开展演出、宣传、授徒等活动,被指定为国家的"重要无形文化财"保存机构而受到保护。

其次,在法律体系方面,日本通过完善的立法体系对文化资源的传承与合理利用提供保障。有关文化的法律主要有以下几个方面。一是关于文化资源保存与传承的法律,如《古器旧物保存法》《古社寺保存法》《国宝保存法》《国立公园法》《文化财保护法》《文字·活字和文化振兴法》《关于古典之日的法律》等。其中,1950年颁布的《文化财保护法》对日本文化遗产分类、保护制度、各方职责义务等方面做出了明确规定,综合考虑了有形文化财和无形文化财的保护问题,在世界范围内首次以法律的形式明确了无形文化财的范畴。后又经过多次修订,至今仍被作为日本文化财保护工作中的基本法,并对国际社会文化遗产的保护与管理产生了重要影响。二是有关促进文化产业发展的法律,如《著作权法》《传统工艺振兴法》《著作权等管理事业法》《文化艺术振兴基本法》《知识产权基本法》《文化产业促进法》等。其中,2001年出台的《文化艺术振兴基本法》是日本振兴文化艺术的一项重要法律,包含了振兴发展电影、音乐、戏剧、戏曲、动漫、游戏等多个产业的内容,确立了振兴文化艺术的基本理念与制度框架。

最后，在文化资源活化利用方面，为增加文化资源的现代"存在感"，日本通过将文化遗产"活用"写进相关的法律法规，积极开展各种有效的"活用"实践，不断推进文化资源的保护和管理。从《文化财保护法》的具体规定来看，强调不能将文化遗产管理单纯地理解为"保护"，而是要充分发挥文化遗产的作用，既要妥善保存、严格管理，又要积极地活用和发挥文化遗产的价值，尽量使其能够公开展示给一般的国民。[1] 为鼓励国民更多地接触、了解以及传承文学、音乐、美术、戏剧、传统艺能、演艺等古典文化资源，日本政府颁布了《关于古典之日的法律》，规定每年的11月1日为"古典日"，要求国家、地方、学校、家庭、职场等通过多种方式、多种渠道为国民创造接近古典、学习古典、宣传古典的条件和活动。[2] 此外，日本还通过开发文化旅游、开展教育培训活动、举办公益文化活动、营造社区保护环境等方式，激发公众对文化资源的热情，实现文化资源的"活用"。

二、国外文化资源管理的经验总结

国外在文化资源管理方面取得了较大的成效，通过剖析国外文化资源管理体系，我们发现国外文化资源管理经验主要包括完善的文化立法体系、多元的资金筹措机制、科学的组织管理体制、广泛有效的公众参与等。

一是完善的文化立法体系。依法治理是开展文化资源管理工作的必由之路。目前，无论是国际社会还是各个国家都出台了数量众多、类型多样的法律条文来规范文化资源管理工作，涉及文化资源保存和传承、文化产业发展等多个方面，包含了文物古迹、自然景观、无形文化遗产等内容。通过文化立法工作，进一步完善了文化资源保护与管理的相关程序性规定，规范与约束了文化资源管理行为，提升了文化资源管理的法制化建设水平，为文化资源的保护与管理工作提供了有力保障。

二是多元的资金筹措机制。建立有效的资金保障制度是文化资源管理工作的重要内容，在国外，不少针对文化资源管理的项目都建立起了多元化的资金筹措机制，其经费除依靠中央及地方各级政府的财政拨款外，各类基金资助、公司资助、组织机构捐款、个人捐款、自筹等也是重要来源。为鼓励企业、社会团体及个人向公共文化服务机构捐赠，政府还会通过税收减免等经济政策进行适当调节。

三是科学的组织管理体制。科学的组织管理体制是保证文化资源管理工作有序开展的重要基础。在文化资源管理工作的长期实践中，各国根据国情和资源整合的实际需要，构建起了各具特色的组织管理体制，既有国家、地方政府、社会公众等多元力量参与的"去中心化"的管理模式，又有中央政府、地方政府与半官方的中介机构共同组成的三级综合组织管理架构，并呈现出注重国家与地方协同共管，不断推动行政管理去中心化，强调公众参与、社会自我治理的发展趋势。

四是广泛有效的公众参与。广泛有效的公众参与是国外文化资源保护与管理的重要特点。一方面，通过广泛的宣传教育活动不断激发公众的参与热情，例如通过开展文化遗产日活动，吸引公众到博物馆、艺术馆等公共文化场所参观；通过文化遗产进校园，在学校开设有关课程；通过出版各类相关刊物，组织多样化的文化展示活动等方式等，增强公众对文化遗

---

[1] 周星，周超.日本文化遗产保护的举国体制[J].文化遗产，2008(1).
[2] 程永明.日本文化资源的传承与海外传播路径[J].日本问题研究，2016(3).

产知识的学习与了解。另一方面,各类民间文化团体通过开展志愿服务、投入民间资本、营造社区环境等方式,积极参与文化资源的保护与管理工作。

第三节 我国文化资源管理

一、我国文化资源管理的发展历程

我国对文化资源的管理是伴随着文化管理体制改革而逐渐展开的,经历了由政府部门完全主导到以文化市场发展为导向,再到国家、市场与社会等多元力量参与治理的转型发展历程。随着政府部门的简政放权,文化市场力量的不断壮大,文化管理工作也逐步迈入文化治理的阶段。

(一)奠基期:1949—1977年

1949—1977年是我国文化资源管理工作的奠基期。新中国成立初期经济落后、政权不稳、内忧外患的基本国情,以及我国文化资源管理的传统,决定了这一时期的文化建设必须要以巩固新生政权、弘扬国家意志为核心。因此,在此阶段我国的文化资源管理工作主要以政府主导型的管理模式为主,并呈现出高度的集权化与鲜明的意识形态化的特征,这是符合实际的必然选择。

在政府主导型管理模式下,我国所有文化相关事务都由政府部门如政务院、文化部、宣传部等集中管治,几乎没有民间力量参与。政府部门主要通过命令、指令、计划、制度、决议等行政手段,强制性地配置各类文化资源,主办各类文化事务。政府充当了多重角色,既是文化政策的制定者、文化活动的组织者、文化资源的配置者,又是文化单位的所有者、文化成果的拥有者与文化资金的提供者。

在这一时期,我国对文化资源的管理主要通过通知、条例、办法、指示等方式进行,且侧重于物质类文化资源的保护与管理。例如:1949年10月11日,中共中央宣传部发出了《关于收集革命文物的通知》,提出要对革命文物加强收集整理工作;1950年5月24日,中央人民政府政务院颁发了《为禁运文物图书出口暂行办法》,对文物图书的出口建立起了严格的限制与审查机制;1951年5月,《关于戏曲改革工作的指示》出台,使我国大批的地方戏曲、传统剧目等戏曲文化资源受到保护;1953年,政务院颁布了《关于在基本建设工程中保护历史及革命文物的指示》,对处理"一五"计划时期经济建设与文化资源保护之间的矛盾具有重要指导意义;1956年,国务院颁布了《关于在农业生产建设中保护文物的通知》,提出开展全国范围内的文物普查工作;1961年,国务院出台了《文物保护管理暂行条例》,规定国家保护文物的范围,明确了分三级公布文物保护单位。《文物保护管理暂行条例》是新中国成立以来第一个全面的国家文物保护法规,依据此条例又先后出台了《文物保护单位管理暂行办法》《革命纪念建筑、历史纪念建筑、古建筑、石窟寺修缮暂行管理办法》《古遗址、古墓葬调查、发掘暂行管理办法》等,共同构成了我国文化资源管理初期的文物法规。

从1949年至1977年,在"双百"方针的指导和政府部门的统一管理下,我国文化资源管理工作不断推进,文化基础设施建设稳步推进,文化遗产保护工作有序开展,并涌现了一大批研究作品与文物保护成果,成立了一些文物研究机构,初步形成了新中国成立初期的文化资源管理机制。

(二) 转型期:1978—2001年

1978—2001年是我国文化资源管理工作的初步转型期。在"二为"工作方针的指引下,随着文化市场的不断兴起,政府部门不断放权,文化市场开始作为主体力量参与到文化管理工作中,推动了文化建设由政府部门的计划性管控向以文化市场发展为导向转变。与此同时,在这一时期各类民间行业协会如中国文化管理协会、中国古迹遗址保护协会、中国文化产业促进会等也陆续出现,民间管理力量不断增强,加快了文化管理由早期的政府一元力量主导管理向政府、市场、民间等多元力量参与治理的转型发展。

1978年,中共十一届三中全会顺利召开,我国自此进入了新的发展时期,开启了改革开放的历史性转折。伴随着改革开放的稳步推进,社会经济各方面逐步得到发展,文化管理体制改革与文化资源保护与管理工作也在有序展开。

一方面,随着市场经济的发展,文化市场迅速兴起,由此拉开了文化管理体制改革与文化产业发展的序幕。1980年,我国第一家歌舞厅在深圳出现,随后各类自发形成的以营利为目的的大众娱乐场所陆续出现,推动文化市场的形成。1988年,国家出台了《关于加强文化市场管理工作的通知》,首次在官方层面提出了"文化市场"的概念,预示着文化市场开始作为新的主体力量参与到文化治理的工作中。1989年,文化部文化市场管理总局正式成立,表明国家开始以立法者和执法者的身份参与到文化市场活动和文化产业发展中。[①] 同年,中共中央发布了《关于进一步繁荣文艺的若干意见》,提出要加快和深化文艺体制改革,扩大各文艺事业单位的自主权,引进竞争机制,进一步明确了"双轨制"的改革思路。1998年,文化部文化产业司正式成立,标志着我国文化产业的发展正式迈入了由政府推动发展的新阶段。2000年,《中共中央关于制定国民经济和社会发展第十个五年计划的建议》出台,提出要加强文物保护工作,完善文化产业政策,加强文化市场建设和管理,推动有关文化产业发展,这是首次在官方文件引入"文化产业"和"文化产业政策"的概念,标志着文化产业的发展获得了国家层面的认可。同年,《关于支持文化事业发展若干经济政策的通知》出台,提出要通过继续征收文化事业建设费、财政扶持、金融支持等方式,着力推动我国文化事业的发展。

另一方面,通过开展文物普查、颁布与修订文物保护法律法规、建立历史文化名城保护制度等方式,加快推进文化资源的保护与管理工作。1981年,国家发布通知,决定于1981—1985年开展第二次全国文物普查和文物复查工作。1982年,《中华人民共和国文物保护法》出台,其中对受国家保护的文物的内涵做了界定,并提出文物保护要注重与周边环境之间的整体性保护。同年,国务院发布了《关于保护我国历史文化名城的请示的通知》,公布了首批国家级历史文化名城。1983年,出台了《关于加强历史文化名城规划工作的通知》,对加强历史文化名城规划工作提出了几点意见,详细说明了历史文化名城规划的原则、内容和方法。紧接着于1986年和1994年公布了第二批、第三批国家历史文化名城名单,于1994年制定了《历史文化名城保护规划编制要求》。至此,在我国建立起了比较完善的历史文化名

---

① 范周,杨畬.改革开放四十年中国文化产业发展历程与成就[J].山东大学学报(哲学社会科学版),2018(4).

城保护制度。2002年,《中华人民共和国文物保护法》重新修订,确立了"保护为主,抢救第一,合理利用,加强管理"的工作方针。

(三)发展期:2002年至今

2002年至今是我国文化资源管理工作快速发展时期。随着文化市场和民间文化管理等多元社会力量的发展壮大,文化资源管理不再仅仅依赖于单一的行政手段,而是朝着国家、市场与社会多主体对话、协商与合作的方向迈进,并呈现出一种开放性、参与性、批判性的特质。① 这一时期,文化资源管理方式日趋多样,文化管理体制改革步伐不断加快,并逐步实现从文化管理向文化治理的发展转型。

一是深化文化体制改革,完善文化管理体制。2002年,党的十六大报告提出要积极发展文化事业和文化产业,这是首次在官方文件中将"文化事业"与"文化产业"区分开。2004年,文化部下发了《关于鼓励、支持和引导非公有制经济发展文化产业的意见》,明确指出要鼓励、支持和引导非公有制文化企业进入文化产业领域,这对拓展多元力量参与文化治理具有重要意义。2005年12月,中共中央、国务院发布了《关于深化文化体制改革的若干意见》,明确指出进一步推进文化体制改革的指导思想、原则要求和目标任务。2007年,党的十七大报告提出要深化文化体制改革,完善扶持公益性文化事业,大力发展文化产业。2008年,文化部出台《关于进一步深化文化系统文化体制改革的意见》,推动我国文化体制改革迈向新的发展高度。2011年,中共十七届六中全会提出建设社会主义文化强国的奋斗目标。2013年11月,中共十八届三中全会召开,提出要推进和实现国家治理体系和治理能力现代化,包含"推进和实现国家文化治理体系和治理能力现代化",这标志着当代中国开始进入一个文化治理中国的历史新阶段。② 2014年,《深化文化体制改革实施方案》审议通过,进一步明晰了深化文化体制改革的基本工作格局与发展轮廓。2017年,《国家"十三五"时期文化发展改革规划纲要》出台,提出要推进文化体制改革创新,进一步发挥市场在文化资源配置中的积极作用,坚持社会效益和经济效益相统一,调动全社会参与文化发展改革的积极性、主动性、创造性。2018年,文化部与国家旅游局合并组建文化和旅游部,表明我国文化管理体制改革取得了重要进展。2020年,中共十九届五中全会召开,提出要繁荣发展文化事业和文化产业,提高国家文化软实力。通过对党的十六大以来我国文化体制改革历程的梳理能够发现,随着文化市场体系的不断完善,我国对文化体制的改革工作也经历了一个从提出到进一步推进再到深化的发展过程,文化体制改革不断深化,文化管理体制逐步完善。

二是加强文化立法工作。依法治理是文化资源管理迈向现代文化治理的重要体现,自2002年以来,国家先后出台了《中华人民共和国著作权法》《中华人民共和国非物质文化遗产保护法》《中华人民共和国广告法(修订草案)》《中华人民共和国电影产业促进法》《中华人民共和国文物保护法(2017年修正)》《中华人民共和国公共文化服务保障法》《中华人民共和国公共图书馆法》《中华人民共和国文化产业促进法(草案送审稿)》等法律法规,不断推动文化资源管理工作朝着规范化、有序化的方向发展。

---

① 张良.论国家治理现代化视域中的文化治理[J].社会主义研究,2017(4).
② 胡惠林.文化治理中国:当代中国文化政策的空间[J].上海文化,2015(2).

三是积极开展文物普查工作。在此期间先后开展了第一次全国非物质文化遗产普查、第三次全国文物普查(不可移动文物部分)与第一次全国可移动文物普查,通过普查基本掌握了文化资源的基本信息,建立起了完整的管理档案,这对实现文化资源的有效管理与合理配置具有重要意义。

四是陆续出台了多项文化资源保护与管理的行动计划与管理意见。国家先后出台了《国务院关于加强文化遗产保护的通知》《国务院办公厅关于加强我国非物质文化遗产保护工作的意见》《关于促进文物合理利用的若干意见》《关于进一步推动非国有博物馆发展的意见》《"互联网+中华文明"三年行动计划》《中国传统工艺振兴计划》《关于实施中华优秀传统文化传承发展工程的意见》等文件,不断加快对优秀文化资源的保护与管理的步伐。

五是引导民间行业协会主动参与文化资源管理。国内与文化管理相关的行业协会主要有中华文化促进会、中国文化管理协会、中国古迹遗址保护协会、中国传统文化促进会、中国文化产业协会等,它们自成立以来发展迅速,并承担了部分文化资源管理任务。2015年7月,国务院出台了《行业协会商会与行政机关脱钩总体方案》,明确提出要积极稳妥推进行业协会商会与行政机关脱钩,这对实现民间行业协会自主发展,扩大民间行业协会参与管理的自主权,调动民间行业协会参与管理的积极性、主动性与创造性等具有重要意义。

二、我国文化资源管理的发展趋势

随着文化管理体制改革的深入,政府部门不断鼓励、支持、引导文化企业、社会组织等多方力量参与到文化管理工作中,使得文化资源管理工作呈现出政府、社会等多元力量参与"合作共治"的局面,使得我国文化资源管理的发展呈现出文化管理体制不断完善、文化自治水平逐步增强、文化法治体系构建加快、数字管理水平得到提升等趋势。

(一)文化管理体制不断完善

自党的十六大以来,党和国家有关部门通过制定文化政策、出台指导性意见等方式,不断深化文化体制改革工作,文化管理体制也随之逐步得以完善,这对发展文化生产力,释放文化资源价值,推动文化事业与文化产业的繁荣与发展具有重要意义。在深化文化体制改革的过程中,政府、市场和社会的关系进一步厘清,政府角色实现了由办文化向管文化转变、由管微观向管宏观转变、由管脚下向管天下转变的"三转变"[1],市场在文化资源配置中的作用日益凸显,社会力量参与文化体制改革的积极性、主动性不断增强。

2013年11月,中共十八届三中全会召开,提出要推进和实现国家治理体系和治理能力现代化,这对当前我国的文化体制改革工作提出了新的更高的要求,即推进和实现国家文化治理能力的现代化。文化治理是国家治理的重要组成部分,文化治理不同于文化管理。管理强调使用国家强制力对各项行为加以约束,主体是政府。治理强调人、社会与国家能动性和自主性的发挥,主体是政府和社会。[2] 因此,推进和实现文化治理能力的现代化就必须要主动转变发展思路、创新思维,在发挥政府在文化资源配置与管理中的主导作用的同时,寻找一种柔性治理的方式,让公民与社会力量广泛有效地参与到社会文化治理工作中。

---

[1] 蔡武:充分发挥政府在公共文化资源配置、管理协调中主导作用[EB/OL].(2014-02-24)[2021-03-21].
[2] 胡惠林.国家文化治理需让更多公民参与[N].光明日报,2013-11-14.

（二）文化自治水平逐步增强

文化自治离不开公众的广泛参与。公众参与作为一种重要的社会资本，构成了多元主体共同参与文化治理的社会基础，包含了公众的全程参与、全面参与和全员参与。公众是指政府以外的一切个人、法人和社会组织，主要包括科研机构、企业法人、社会团体、普通群众等。作为一种重要的参与文化治理的社会力量，公众在文化资源的保护与管理工作中有着绝对的优势，可以通过经营文化企业、组织民间行业协会、投入民间资本等方式参与到文化治理工作中。

当前，随着我国文化企业自主经营能力的提高，民间资本不断投入文化领域，民间行业协会自主管理权逐步扩大，公众参与文化自治的水平也得到了显著提升。在民间行业协会自主管理方面，2019年，国家出台了《关于全面推开行业协会商会与行政机关脱钩改革的实施意见》，提出要按照"应脱尽脱"的改革原则，对列入脱钩名单的全国性行业协会商会进行去行政化的脱钩改革，全面实现机构分离、职能分离、资产财务分离与人员管理分离。其中，在脱钩改革名单中与文化资源管理直接相关的全国性行业协会达到36个。行业协会商会与行政机关的脱钩改革，对于加快转变政府职能，促进行业协会商会成为依法设立、自主办会、服务为本、治理规范、行为自律的社会组织具有重要意义。在民间资本投入文化领域方面，早在2012年，国家就出台了《关于鼓励和引导民间资本进入文化领域的实施意见》，提出要鼓励和引导民间资本进入文化领域，拓展民间资本进入文化领域的范围。当前，民间资本已成为推动我国文化建设的重要力量，文化建设除了依赖政府财政外，还不断探索多元融资渠道，增加文化领域的资金投入。

（三）文化法治体系构建加快

依法依规管理文化是建设文化强国的基础，也是实现文化治理现代化的必经之路。在我国，文化管理主要以国家法律、行政法规、部门规章等为依据，文化法制体系按内容来看主要包括文化艺术法制、文化教育法制、文化遗产法制、新闻出版法制、广播电视法制、广告与电影法制、对外文化交流法制等七大类型。[①] 自党的十八大以来，我国的文化立法工作进入前所未有的加速期，在文化立法、执法监督、法治宣传等多个方面都取得了显著的成绩，文化法治体系逐步得以健全，文化法治环境日趋成熟，文化法治观念逐渐深入人心。

近年来，随着电影产业促进法、公共文化服务保障法、公共图书馆法等法律条文的相继出台，破解了长期以来我国文化立法层级偏低且存在大量盲区的问题。与此同时，为加强文化管理工作，各个地方也出台了大量的地方性法规。截至2016年，我国与文化工作密切相关的地方性法规有154部，地方政府规章有138部，地方规范文件达1.3万余件，全国地方文化立法数量超过10部的有14个省（区、市）。[②] 由于中西文化传统与发展理念的不同，与西方发达国家相比，我国在文化立法方面仍旧处于迟缓滞后的境况。当前，在数字技术快速发展的背景下，催生出了许多新兴的文化资源类型，如网络文学资源、网络动漫资源、网络游戏资源、网络音乐资源等，针对这方面的文化立法工作仍旧存在短板，侵权现象与无法可依的情境时有发生。比如针对同人小说创作这一新兴社会现象，其创作是否损害了原作者的知识产权，是否应该受到知识产权保护等问题，当前仍属于文化立法的盲区。

---

① 周刚志.论国家文化法制体系——基于文化与法治关系的理论视角[J].政法论丛,2020(6).
② 文化立法和文化法治选题小组.数说文化立法:蓄积势能 驶入快车道[N].中国文化报,2018-03-20.

（四）数字管理水平得到提升

科学技术的飞速发展给我们的生产生活带来了深刻变化，并引起了社会科学研究领域的转型发展。近年来，文化与科技的深度融合已成为学科研究的热点问题，以大数据、物联网、云计算、人工智能、区块链等为代表的新一代数字技术日益融入文化治理的各个环节，给文化资源保护与管理的理念、思维和模式带来了深刻影响。利用数字技术进行文化资源管理是提升管理效能的必然选择。目前，数字技术手段已被广泛应用于文化遗产的数字化监测、数字化复原、数字化存储、数字化展示与传播等工作，并取得了显著成绩，如数字敦煌、数字故宫、数字长城、数字圆明园的建设。

随着数字技术的广泛应用，文化数据资源得以不断积累，由此加快了以文化大数据云平台为代表的文化新基建的建设。通过文化大数据云平台，实时获取、分享与分析数据变得十分简便，这为实现文化资源管理的科学化、精准化创造了有利条件，增强了文化资源管理工作的针对性，减少了管理过程中目标与方法的偏离，推动管理工作朝着数据化、智慧化的方向发展。从数字化向数据化、智慧化的转型发展，也加快了数字网络技术在公共文化服务领域的应用。近年来，集信息发布、资源共享、服务互动、绩效评估等多重功能于一体的公共文化数字化管理服务平台陆续上线，它们的出现有助于提升公共文化服务效能，发挥文化资源的价值，满足人民群众多样化、差异化的文化消费需求，实现公共文化服务的均等化、标准化。此外，数字化技术手段还催生了许多新型的数字文化资源内容，如数字影视、数字音乐、数字出版等，不断延伸文化资源的价值内涵。未来要不断加快国家文化大数据体系、文化资源数字管理平台、文化资源共享平台等平台体系的建设，真正实现让陈列在广袤大地上的文化资源"活"起来，走进寻常百姓家中。

本章小结

（1）文化资源管理是通过法律、行政、经济等手段，实现文化资源的有序发展，具有政治性、系统性、综合性等特征。文化资源管理意义重大，可促进文化资源保护、推动文化产业发展及维护国家文化安全。依据管理主体的不同，文化资源管理模式可分为政府主导型、社会主导型与市场主导型三种模式，在实践中，这三种模式常常交叉使用、互相融合。

（2）发达国家在文化资源管理方面做了很多有益尝试，其成功经验主要体现在完善的文化立法体系、多元的资金筹措机制、科学的组织管理体制与广泛有效的公众参与等方面。我国的文化资源管理工作大致历经了奠基期、转型期、发展期三个主要发展阶段，逐渐呈现出文化管理体制不断完善、文化自治水平逐步增强、文化法治体系构建加快、数字管理水平得到提升等趋势。

1. 文化资源管理的意义是什么？
2. 文化资源管理的主要模式有哪些？
3. 发达国家在文化资源管理方面有哪些值得学习与借鉴的经验？
4. 简述我国文化资源管理的发展历程。
5. 结合课内外知识，谈谈后疫情时代我国文化资源管理的特征和趋势。

【知识拓展】

美国国家公园管理体制

美国是最早建立国家公园的国家,1872年建立的黄石国家公园是世界上第一个国家公园。美国在国家公园建设方面投入了大量的人力物力,法制建设、投资渠道、管理方式、部门协调、资源评价及审批程序等各个方面都得到了完善。

截至2016年,美国国家公园管理局下辖的保护单位一共有400多个,大致划分为自然、历史、军事和游憩四类。国家公园体系占地总面积超过8400万英亩(1英亩=4046.86平方米),汇集了美国最具代表性的自然与文化遗产。除了少数几个单位是与其他机构共管外,其余皆由国家公园管理局全权管辖。在美国的国家公园中,较著名的是黄石国家公园、大峡谷国家公园和优胜美地国家公园,这三个公园以其独特的地貌类型、地质现象及典型性、多样性而著称,被联合国教科文组织作为自然遗产列入《世界文化与自然遗产目录》。

1. 国家公园体系

美国国家公园由联邦政府内务部下属的国家公园管理局统一管理。1995年,政府制定了新的国家公园管理体制,在华盛顿国家管理总局设局长1人,副局长1人,局长助理5名(分管行政管理处、专业服务处、公园管理与教育处、自然资源管理与科研处以及文化资源管理与合作处)。

美国国家公园的规划设计由国家公园管理局下设的丹佛设计中心独家垄断,全权统一负责。设计中心人才济济,集中了方方面面的专家学者,有建筑、园林风景、动物、林业、农业、生态、环境、病虫害、地理、土壤、水文、冰川、地质、气象、电脑等方面的专家,还有经济学家、社会学家、人类学家及管理学家等。这样既有效地保证了规划设计的质量,也可以防止违反规划的事情发生。

2. 国家公园的保护和经营

国家公园以保护国家自然文化遗产,并在保护的前提下提供全体国民观光机会为目的。国家公园管理人员的任务就是必须采取各种措施,避免或最大限度地缩小大规模活动对公园资源及价值的不良影响。所有公园的基本目的都是为美国的全体公民提供对公园资源和价值的利用机会。美国国会认为,只有高质量的公园资源和价值被完整地保护下来,才可以为子孙后代提供利用公园的机会,并强调,当公园资源和价值的保护与它们的利用发生冲突时,保护是优先的。

美国国家公园非常注意对自然环境的保护,有许多针对性的环境保护措施和相关制度。国家公园除了必要的风景资源保护设施和旅游设施外,不进行任何开发。公园内不许建造高层旅馆、餐馆、商店、度假村、别墅、游乐场,更不能建造旅游城镇,只允许建造少量的、小型的、朴素的、分散的旅游生活服务设施,且生活服务设施必须远离重点景观的保护地。园内的建筑形式多采用地方风格,力求与当地自然环境和风俗民情相协调。在国家公园内有完善的环境保护措施,有污水处理厂和垃圾转运站,没有任何工业、农业生产厂房或仓库,也不许建造索道缆车。公园内车道选线十分慎重,不得破坏自然景观和资源。野生动物在园内来去自由,但游人不能喂食,不能追捕猎杀。

1965年美国国会通过的《特许经营法》，规定国家公园管理机构不得从事商业性经营活动，公园内商业经营项目通过特许经营的方式委托企业经营，管理机构从特许经营项目收入中提取一定比例的费用用于改善公园管理。国家公园管理机构是纯联邦政府的非营利机构，专注于自然文化遗产的保护与管理，日常开支由联邦政府拨款解决。特许经营制度的实施，实现了管理者和经营者角色的分离，避免了重经济效益、轻资源保护的弊端。

3. 国家公园的公益性

美国国家公园以提供大众休闲、游览等公益性服务为主，不以创收为目的。国家公园多数是免费的，只有一小部分收取门票。黄石国家公园属于收费公园，但其门票价格很低，一辆小轿车收费10美元，而一部50人座的大巴士收费仅40美元。一张门票可以连续进出使用7天，通常游客白天乘车进公园游览，晚上则住在公园外面，以尽量减少公园生态环境受到破坏和影响的可能性。据调查，美国国家公园每年游客量达2.5亿至3亿人次，门票收入却不到1亿美元。美国国家公园的管理费来源于国会拨款，国家公园管理局从不给各个公园下达创收指标，以防止公园借此开展项目开发。

4. 国家公园管理的科学性

美国国家公园系统内外都有大量的科学家对国家公园的设立、规划、保护、利用和管理进行长期研究。他们围绕着"设立目标、范围"或"保护目标、范围、方法和措施"，进行了大量的研究论证，为国家公园各层级决策者提供了充分的科学依据。来自政府和非政府的各类研究基金，都能有效地用于生物多样性保护、生态保护和恢复、外来物种入侵、病虫害防治方法、火灾控制方法、资源利用方式、保护监测方法以及历史文化资源等方面的研究，使各项管理工作具有很高的科技含量。在国家公园管理中贯彻的思想始终是保持资源的真实性、完整性，做到可持续利用是主要目的。"不规划自然，尊重自然规律"，是美国建设和管理国家公园的重要指导思想，对发生在国家公园内的一切自然现象都要顺其自然，如大火、洪水、虫害等，不把它们当成自然灾害来对待。

黄石国家公园1988年遭受一场大火，公园1/3的森林被烧毁了。在这场大火中，国家公园管理部门任大火自生自灭，只有大火直接威胁到游客、工作人员的生命和文化遗迹的安全时，才采取必要的措施。大火10年之后，黄石公园管理局专门对大火的生态影响进行了科学研究。结果证明，那次大火给公园带来了一定的消极影响，但更多的是积极影响。火是大自然新陈代谢的工具，通过它可淘汰森林中的病树、枯木，让新树有生长的空间。有些树木的种子要借助大火才能迸开与发芽。另外，焚烧过的土地更加肥沃，更利于树木生长。大火过后有些物种数量减少了，但更多的物种从此得到新生。

(根据《美国国家公园自然资源管理：原则、问题及启示》[1]整理而成)

---

[1] 周戡，王丽，李想，等.美国国家公园自然资源管理：原则、问题及启示[J].北京林业大学学报(社会科学版)，2020(4).

第五章 文化资源保护

学习目标

通过对本章的学习,应做到以下几点:
(1) 认识文化资源保护的原则;
(2) 掌握文化资源保护的主要方式;
(3) 了解文化资源保护的历程与成效;
(4) 熟悉文化资源保护的基本策略。

  文化资源保护是通过对文化资源形态和价值的维护,使其达到免受外界及内部破坏的一种方式。文化资源作为社会进步的宝贵资源,强化其保护具有重大意义。一方面,保护是文化资源开发的基础,只有存在一定数量和质量的文化资源,才能进行文化资源的产业化开发;另一方面,保护是文化资源传承和发展的前提,只有通过有效的保护,才能为文化资源的传承和发展奠定基础。当前,随着文化资源类型日趋多样,文化资源的保护方式也越来越多,但保护的成效具有差异性。本章主要介绍文化资源保护的原则、方式以及保护的历程、成效、策略等内容,以期提高我国文化资源保护的质量和效率。

第一节 文化资源保护概述

  文化资源保护是一项严谨、科学的工作,一方面它离不开原真性、整体性、可持续发展、活态保护等原则的有效指导,另一方面它又依赖于博物馆式保护、命名式保护、生产性保护、自发式保护等多样化保护方式,因而要因地制宜做好文化资源保护工作,推动文化资源保护工作提质增效。

一、文化资源保护的原则

（一）原真性原则

原真性又称本真性,即"真实的而非虚假的,原本的而非复制的,忠实的而非虚伪的,神圣的而非亵渎的"[①]。作为文化资源保护的重要原则,原真性要求在进行文化资源保护时要按照文化资源发展的规律,保持文化资源原生的、本来的、真实的面貌。早在1964年,《威尼斯宪章》就曾提出"将文化遗产真实地、完整地传下去是我们的责任"。当前,随着文化遗产保护实践的不断开展,原真性的保护原则逐渐在世界范围内达成共识,即原真性不是一味地故步自封、抱残守缺,也不是盲目地对文物古迹进行重建重修,而是在保持原貌、继承传统的基础上,遵循文化资源内在的发展规律,按照"修旧如旧"原则,不断推动文化资源的创造性转化与创新性发展。然而在现实情况中违背文化资源原真性,不尊重现实文化遗存的发展状况,片面地追求经济效益的现象依旧存在,严重地阻碍了文化资源的可持续发展。

（二）整体性原则

整体性原则是指在文化资源的保护过程中不能仅局限于文化资源本身,而是要对文化资源及其生存环境等多个层面实施全方位的保护。文化资源作为人类在长期社会实践过程中创造的各类文化的总和,是一个复杂的文化生态系统,有其生成、传承与发展的自然、人文与社会空间,并与周围的场所空间、街道水系、古树名木等相伴而生。这就要求我们从联系的角度出发去认识、看待事物,不仅要注意文化资源内部各个要素之间的联系,还要注意文化资源与周边的社会环境空间的联系,充分发挥多元要素和谐共生的理念。以国家级文化生态保护区为例,保护区的设置就是针对特定区域内的文化资源实施整体性保护的重要实践。截至2020年6月,我国已先后设立23个国家级文化生态保护区,涉及全国17个省（区、市）。此外,我国还建有省（区、市）文化生态保护区146个。

（三）可持续发展原则

可持续发展是指既满足当代人的需求,又不对后代满足自身需求构成危害的发展。1980年,国际自然保护同盟起草的《世界自然资源保护大纲》中提出:"必须研究自然的、社会的、生态的、经济的以及利用自然资源过程中的基本关系,以确保全球的可持续发展。"这是最早关于可持续发展理念的阐释,且主要关注的是自然资源的可持续发展。文化资源同自然资源一样,也应遵循可持续发展原则。当前快速城镇化过程中大拆大建、推倒重建等措施,严重影响了文化资源的可持续发展,迫切需要我们用长远的、可持续发展的眼光,认真处理好经济、社会、资源与环境保护之间协调发展的关系。要既能实现文化资源的保护,又能挖掘文化资源的经济效能,带动区域经济社会发展。文化资源的保护是一项多主体且内容复杂的长期性工程,按照可持续发展的原则,须客观对待文化资源的发展变化,创新文化资源的保护手段,探索良性循环机制,通过生产性保护逐步实现文化资源的永续发展。

（四）活态保护原则

习近平总书记曾指出,让收藏在博物馆里的文物、陈列在广阔大地上的遗产、书写在古

[①] 李荣启.论非物质文化遗产保护的主要原则与方法[J].广西民族研究,2008(2).

籍里的文字都活起来。这是关于文化资源活态保护的生动阐释，为我们开展文化资源的活态保护指明了方向。作为文化资源保护的重要原则，活态保护是相对静态保护而言的，最早用于非物质文化遗产的保护中，后来被广泛运用于传统村落、工业遗产等物质类文化资源的保护。相较于传统的博物馆式的静态保护方法，活态保护更加强调以原生态的方式，协调文化基因延续与文化生命力保持之间的关系，实现文化资源的传承保护与创新发展相协调。作为一个不断演变的动态发展系统，活态保护实际上更加强调在发展中保护、在保护中发展。文化资源的活态保护还强调与民众的日常生活紧密相连，即通过活态保护、活态传承，将文化资源融入当代生活，体现当代价值。通过文化资源的活态保护，不仅能够突破传统的静态保护模式，真正实现文化资源"活起来"的保护目标，还能够满足民众的文化需求，让文化资源所承载的内涵和精神深入民心，这对于增强民众的历史自觉与文化自信、铸牢中华民族共同体意识具有重要意义。

二、文化资源保护的主要方式

（一）博物馆式保护

博物馆式保护是指通过建造实体或虚拟博物馆的方式对历史文化资源进行集中陈列与展示的保护模式。目前主要有传统博物馆、数字博物馆、生态博物馆、民族村寨博物馆等类型。博物馆作为综合了征集、收藏、陈列与研究等多重功能于一体的机构，在文化资源的保护、传承与发展等方面起着重要作用，是进行文化资源保护的重要方式。截至2019年底，我国已备案博物馆达5535家。当前，通过博物馆进行文化资源保护已从最初的物质文化遗产保护，发展到物质和非物质文化遗产共同保护，从最初的实物静态式陈列发展到数字动态化展示和公众参与相结合的保护方式。利用博物馆保护文化资源在国内外有着广泛的共识和实践基础，并且随着认识的不断深入，对于利用博物馆保护文化资源的方式也有了许多新的认识，例如20世纪70年代诞生于法国的生态博物馆。作为一种新的博物馆理念和博物馆形式，生态博物馆更加注重保护原生态文化遗产，关注文化遗产的自然生态以及文化场域，提倡对文化遗产进行原生态的整体性保护。与传统博物馆相比，生态博物馆有其独特优势，不仅打破了传统的空间束缚，将生态环境、遗产、社区等都纳入博物馆的范围，扩展了博物馆的空间，还强调对文化遗产进行原生地的管理保护，这为当地居民参与博物馆的管理工作创造了条件。生态博物馆作为一种"开放式"博物馆，是一种见物、见人、见生活的保护模式，对实现文化遗产的整体性保护与传承具有重要作用。

【知识拓展】

博物馆：大运河文化保护的重要载体

博物馆是当前对大运河文化进行展示的主要载体和形式，其中既包括中国运河文化博物馆、中国京杭大运河博物馆等综合性博物馆，也包括扬州盐运文化展示馆、中国淮扬菜博物馆、苏州丝绸博物馆等专题性博物馆。博物馆以运河文物、文献资料的集中展示及水利、漕运、饮食、风俗、建筑、艺术等运河相关文化知识的普及性介绍为主，结合公共教育活动进行大运河文化的宣传推广工作。文化遗产传播剧《遇见大运河》则通过融合传统文化与现代元素，介绍了博物馆对大运河文的保护和传承。中国大运河庙会（杭州）、大运河文化带非遗大展暨第四届京津冀非遗联展等以博物馆为依托，有效推动了大运河文化的交流与传播。

（根据《大运河文化活化利用的协同创新网络构建研究》①整理而成）

（二）命名式保护

命名式保护又称名录式保护，是指在政府部门的牵头下通过对具有较高保护价值的文化资源或对掌握高级工艺技艺的大师、传承人命名将其纳入保护名录，推动文化资源保护的方式。如各级文物保护单位的评选、传统村落名录的评审、人类口头和非物质文化遗产代表作名录体系的构建、世界文化遗产名录的评定、历史文化名城名镇街区的申报与评选、文化生态保护试验区的设立、中国少数民族特色村寨、民族民间工艺大师、民间文化艺术之乡的命名等。以我国非物质文化遗产名录制度的构建为例，截至2020年末，我国已基本形成具有中国特色的"国家＋省（区、市）＋市＋县"四级名录保护体系。按照非遗的十大门类，我国已先后公布了四批共计1372项国家级非遗代表性项目、五批共计3068名国家级非遗代表性传承人，各省（区、市）公布了15777项省（区、市）级非遗代表性项目、16432名省（区、市）级非遗代表性传承人、43787项市级非遗代表性项目。通过命名式保护的方式不仅能够提升文化资源的社会知名度与影响力，同时还有利于增强保护工作的针对性，更好地发挥文化资源的示范作用，以达到推动文化资源保护与传承的目的。

（三）生产性保护

生产性保护是一种强调从文化生产的角度来推动文化资源可持续发展的工作模式，即借助生产、流通、销售等手段，通过与文化旅游、文化产业等业态的融合，推动文化资源转化为文化产业与文化产品的动态过程。目前，生产性保护主要用于传统美术、传统技艺和传统医药类非物质文化遗产的保护与传承。作为一种兼顾社会效益与经济效益的保护模式，生产性保护不仅能够实现文化资源的有效传承，还有利于文化资源的再生产、再创造，这对于增强文化资源自身活力、推动文化资源融入生产生活、促进文化消费、扩大社会就业等都具有重要意义。此外，通过生产性保护的方式进行文化资源的保护要严格区分文化资源生产性保护与产业化开发之间的不同，虽然两者都是通过"文化＋经济"推动文化资源再生产，但两者在出发点与着眼点上存在着本质差异。在生产性保护的语境下，强调保护传承与合理利用相结合，生产只是一种手段，落脚点在保护；在产业化开发的语境下，主要围绕着文化内涵的附加值展开，更加强调文化资源产业化所带来的经济效益。

【知识拓展】

乡村振兴战略下艺术乡建的多重主体性

艺术乡建作为一种重要的生产性保护方式，是文化资源参与乡村振兴的重要路径。乡村作为非主流的创作场域，吸引着众多艺术家的目光，使富有社会情怀和责任感的他们不约而同地进入乡村振兴的浪潮中。不同于传统的工作室，艺术乡

---

① 范周，言唱.大运河文化活化利用的协同创新网络构建研究[J].同济大学学报（社会科学版），2020(1).

建不仅需要艺术家的特定专业技术,还需要加强与当地村民、规划师、建筑师、设计师、管理者、投资者等的密切交流合作。因此,艺术乡建是一个交互的过程,不同主体在此场域中表达各自诉求,并受到意识形态和规则制度等外部因素的制约。

艺术乡建中,每个主体的理念和做法都出于各自理性的判断,并无是非对错之分,多重主体间互动的复杂张力正体现出当今乡村建设的瓶颈。艺术参与的意义不在于"重建",而在于"唤醒"。"起向高楼撞晓钟……不信人间耳尽聋",艺术如同一颗种子,尽管它也许不能治愈、复原或合理化我们的乡愁,带我们回到闲庭信步、悠然自得的从前,制造一个供万人瞻仰的史诗般的盛举,但可以创造一种状态,在这样一个机会中,让我们用翻新的角度与清晰的视野,再次审视乡土和家园。

(根据《乡村振兴战略下艺术乡建的"多重主体性"——以"青田范式"为例》[①]整理而成)

(四) 自发式保护

自发式保护是由民间力量主导下形成的"自下而上"的保护方式。文化资源作为人类在长期实践过程中所创造的物质、制度与精神文化的总和,与民众的生产生活紧密相连,保护自然绕不开民众的自发式保护。广大民众既是文化资源保护的主体,又是推动文化资源保护的源头活水。近年来,民众自发参与文化资源保护的观念与意识不断增强,他们通过开展志愿服务活动、开办传统技艺传习馆、进行个人收藏、投入民间资本等方式,积极参与到文化资源的保护活动中,肩负起保护与传承文化资源的重任。民众自发参与到文化资源的保护活动中,是社会文明进步的一种重要表现,对于提高民众的文化自觉意识、增强文化认同感、提高文化自信等具有重要意义。

第二节 文化资源保护的历程与成效

一、文化资源保护的历程

现代意义上的文化资源保护可以追溯到20世纪初,但是短短20多年内接连爆发的两次世界大战给整个世界带来了毁灭性破坏,许多文物古迹毁于战火,众多文化资源惨遭损坏。战后大规模重建运动的全面展开,引发了人们对如何保护文化遗产的思考,国际社会和一些国家也意识到文化遗产保护工作的重要性,纷纷采取行动加快推进文化资源的保护工作。随着文化资源保护工作的陆续展开,各项保护工作也取得了显著成效。

1. 物质文化遗产的保护历程

1933年,一战后第一份关于城市规划的纲领性文件《雅典宪章》出台,其中指出"对有历史价值的建筑和地区应当进行保护",该文件的出台为战后的城市重建工作提供了重要的政

---

① 刘姝曼.乡村振兴战略下艺术乡建的"多重主体性"——以"青田范式"为例[J].民族艺术,2020(6).

策指导。随着城市化进程的不断加快、文化遗产保护实践的不断深入,人们对城市文化遗产的保护也有了更多新的认识。1964年5月,第二届历史文物建筑师及技师国际会议在威尼斯召开,会上通过了《国际古迹保护与修复宪章》(又称《威尼斯宪章》),它在肯定《雅典宪章》的基础上,对历史古迹的内涵、价值以及保护的原则、方法做了进一步的阐释。《威尼斯宪章》的通过标志着对历史文化遗产的保护已从个体的文物建筑扩大到历史地段,并在国际社会上达成广泛共识。

《雅典宪章》和《威尼斯宪章》作为历史上推进文化遗产保护工作的两个具有里程碑意义的国际文件,不仅明确了世界文化遗产保护的行动规范与行动指南,还为国际古迹遗址理事会的成立奠定了基础。此后,世界文化遗产保护工作开始向纵深方向发展,并陆续通过了一系列针对文化遗产保护的文件(见表5-1),使得物质文化遗产保护的理念不断更新、保护的范围不断扩大、保护的深度不断延展。

表5-1　20世纪以来国际社会通过的部分有关文化遗产保护文件

文件名称	签订时间	主要内容
《雅典宪章》	1933年	明确了历史文物建筑的概念,要求必须利用一切科学技术保护与修复文物建筑,注重保护与修复文物古迹的历史、考古、美学价值
《威尼斯宪章》	1964年	指出历史古迹不仅包括单个建筑物,还包括能够见证某种文明、某种意义的发展或某种历史事件的城市或乡村环境,要求必须把历史文物建筑所在的地段当作专门注意的对象进行整体性保护
《保护世界文化和自然遗产公约》	1972年	界定了文化遗产和自然遗产的内涵,提出各国应竭尽全力保护在本国领土内的文化和自然遗产,国际社会有责任对合作予以保护,还提出应建立一个保护具有突出的普遍价值的文化和自然遗产政府间委员会,设立保护世界文化和自然基金
《关于历史地区的保护及其当代作用的建议》《内罗毕建议》	1976年	界定了"历史和建筑地区""环境""保护"的内涵,提出关于历史地区及其周围环境的保护原则和措施,强调历史地区及其环境应被视为不可替代的世界遗产的组成部分,应得到积极保护
《保护历史城镇与城区宪章》《华盛顿宪章》	1987年	规定保护历史城镇与城区的原则、目标、方法和手段,提出所有城市社区,不论是长期发展起来的,还是有意创建的,都是历史上各种各样的社会表现,认为对历史城镇和其他历史城区的保护,应当列入各级城市和地区规划,同时,在进行规划时必须要进行多学科的研究
《关于文化线路的宪章》	2008年	全面论述了文化线路的内涵、五个定义要素(即背景、内容、作为一个整体的跨文化意义、动态特性和环境),提出了一种新的遗产保护模式,标志着文化线路正式成为世界遗产保护的新领域

与此同时,各个国家也在不断对本国的物质文化遗产保护工作进行探索。在我国,对物质文化遗产保护工作的开展相对较晚。自新中国成立以来,随着各项事业的稳步发展,文化遗产的保护工作具备了坚实的社会基础,国家采取出台政策文件、颁布法令、行政法规、部门规章等方式,加强对物质类文化遗产的保护,如先后出台了《关于在基本建设工程中保护历史及革命文物的指示》《关于在农业生产建设中保护文物的通知》《文物保护管理暂行条例》《中华人民共和国文物保护法》《中国文物古迹保护准则》《中华人民共和国文物保护法实施条例》《国务院关于加强文化遗产保护的通知》《历史文化名城名镇名村保护条例》《大运河遗产保护管理办法》《关于促进文物合理利用的若干意见》《关于加强文物保护利用改革的若干意见》等。随着物质文化遗产保护工作的持续开展,我国目前已形成了一套较为完善的、多层次的物质文化遗产保护体系。

2. 非物质文化遗产的保护历程

相较于物质文化遗产的保护,非物质文化遗产保护整体起步较晚。1950年,日本颁布《文化财保护法》,该文件首次提出"无形文化财"的概念,而在此之前世界上还没有国家明确地提到"无形文化遗产"的概念。随后,日本还通过了"人间国宝"制度以加强对无形文化遗产项目代表性传承人的认定与保护。受日本在无形文化财保护方面的影响,韩国、法国、美国等国家也逐渐认识到无形文化遗产的重要性,纷纷开始对无形文化遗产的保护。1962年,韩国在借鉴日本文化财保护经验的基础上颁布了《文化财保护法》,基本上全盘接受了日本所提出的"文化财"概念。与此同时,各国关于无形文化遗产的保护得到了联合国教科文等国际组织的广泛关注,先后通过了《保护民间创作建议案》《宣布人类口头与非物质遗产代表作条例》《保护非物质文化遗产公约》等文件,不断推动非物质文化遗产的保护与发展。目前,参与《保护非物质文化遗产公约》的缔约方已有178个,保护人类非物质文化遗产已在世界范围内达成共识。

我国关于非物质文化遗产的保护也由来已久。比如开展少数民族文化遗产调查工作,编纂了"十部中国民族民间文艺集成志书",实施了"中国民族民间文化保护工程""中国民间文化遗产抢救工程""中国民间文化杰出传承人调查、认证和命名"等工程,颁布了《保护传统工艺美术条例》《关于加强我国非物质文化遗产保护工作的意见》《国家非物质文化遗产保护专项资金管理暂行规定》《国家非物质文化遗产保护与管理暂行办法》《中华人民共和国非物质文化遗产法》《国家级非物质文化遗产代表性传承人认定与管理办法》等法律法规,基本形成了国家、省(区、市)、市、县四级非物质文化遗产名录体系。通过对系列文件的梳理,会发现我国非物质文化遗产保护工作经历了一个从散乱无序到体系完整、从缓慢到快速的发展过程。目前,我国已初步建立起了比较完备的非物质文化遗产保护体系,非遗保护工作正在朝着科学化、规范化和法制化的方向发展。

二、文化资源保护的成效

20世纪以来,国内外文化资源保护工作大致经历了一个从物质层面到非物质层面,从静态保护到动态保护,从单体保护到对历史城镇、历史街区及其周边环境的整体性保护的发展演变过程。当前,加强对文化资源的保护已成为世界各国共同的发展目标,这对推动文化资源的代际传承和可持续发展具有重要意义。

(一) 保护理念不断更新

文化资源是人类创造的各种物质文明和精神文明的总和,与城乡发展和居民生活紧密相连,所以在文化资源保护的过程中会更加强调保护的整体性、协调性与科学性。随着文化资源保护工作的逐渐深入,文化资源保护的理念得以不断更新,具体表现在以下几个方面。一是注重物质文化资源与非物质文化资源的整体保护。在进行文化资源保护时,除了要关注那些可以看得见、摸得着的物质文化资源外,更要注重对传统音乐、民间故事、手工技艺、民俗节庆等非物质文化资源的挖掘与保护。1950年,日本首次提出了"无形文化财"的概念,随后国际社会与世界各国也纷纷展开了对无形文化遗产的保护工作。"无形文化财"这一概念的提出,极大地拓展了文化资源的保护范围,提高了人们对文化资源保护的认知,实现了文化资源保护理念的更新,即由对物质文化资源的保护发展到对物质文化资源和非物质文化资源的整体保护。二是注重文化资源保护与城乡发展相协调。要树立整体意识和全局观念,将文化资源保护纳入城乡规划中,通过文化资源的保护带动城乡公共文化服务体系建设,依托文化资源推动城乡文化旅游与文化产业的发展。从具体实践来看,各国都特别注重文化资源保护与城乡发展之间的关系,注重文化资源与文化创意产业和旅游业的结合。如通过修建考古遗址公园、遗址博物馆的方式,实现文化资源保护与城乡的协调发展。三是注重对数字化、信息化保护与展示手段的运用。科技是提高文化资源保护水平的必然选择,也是实现文化资源保护由传统单一、静态化的保护向现代多样、动态化的保护转变的关键力量。随着数字技术的发展成熟,各国纷纷通过三维数据、全景数据、视频数据等数字化采集技术以及VR(虚拟现实)、AR(增强现实)等数字化展示技术,推动文化资源的保护工作。目前,数字技术已较为广泛地运用到了文化资源的数字化监测、数字化复原、数字化存储、数字化展示与传播等方面,并取得了显著成绩。

(二) 组织管理体制日趋完善

科学高效的组织管理是文化资源保护工作顺利开展的有力保证。在文化资源保护的长期实践中,各国根据自身实际情况与文化资源特点,不断协调国家力量、地方政府、社会组织与公众参与之间的关系,构建起了独具特色的组织管理体制,既有美国的"去中心化式"的管理模式,又有英国的三级综合组织管理架构网络,还有日本的国家与地方协同共管模式。近年来,我国文化资源组织管理体制不断发展,管理机构和从业人员持续增加。以文物管理为例,截至2019年底,我国共有文物机构1万多个,从业人员达16.3万人。同时,随着市场在文化资源配置中的作用日益凸显,文化管理体制市场化改革也在不断深入。当前,世界各国仍在不断探索合适的文化管理体制改革方案,行政管理的去中心化与公众参与自主管理是未来发展的重点方向。

(三) 政策法律体系加快构建

完善的政策法律体系是实现文化资源保护工作科学化与规范化的重要支撑。完善的政策法律体系一方面可以为文化资源的保护工作提供指导,另一方面可以有效制止各种破坏与不合理开发文化资源的行为,为文化资源保护提供法律保障。目前,在文化资源保护的具体实践过程中,各国都已出台了一系列法律法规与政策文件来加强文化资源的保护工作。例如,法国迄今已制定实施的与文化遗产有关的法律法规达数百种,涉及内容非常广泛,贯彻执行也十分严格,是一个文化资源法制体系比较完善的国家。又如,意大利已经形成了一套完备的保护文化资源的法律体系,且已成为世界诸多国家的样本。

(四) 公众参与保护意识增强

公众的广泛参与是文化资源保护工作顺利开展的社会基础。为充分激发公众参与文化资源保护的积极性,各个国家纷纷通过免费开放文化场馆、开展文化培训活动、开设文化遗产相关课程等多种方式加大对民众的宣传教育,提高公众参与文化资源保护的积极性、主动性。法国作为世界上最早设立文化遗产日的国家,自1984年开始,每年9月第三个星期日的文化遗产日都会围绕特定的活动主题开展一系列丰富多彩的宣传教育活动。如到博物馆进行参观,或组织参加保护文化遗产的志愿活动,届时媒体还会进行系列报道,起到了很好的宣传教育作用。美国主要通过在中小学开设文化遗产保护课程的方式不断提高公众的文化资源保护意识,民众还会通过成立民间社团或社区保护组织等方式积极投身到文化遗产的保护工作中。随着近些年自上而下的宣传教育,我国民众参与文化资源保护的积极性也在不断增强,但整体来看,我国民间自发组织或参与文化资源保护的主动性还有待进一步激发。

(五) 经费来源日趋多样化

充足的资金投入是文化资源保护工作顺利开展的重要保障,为此世界各国都在积极探索多样化的资金筹措机制。法国文化资源保护的主要经费来源是政府的财政拨款,政府每年用于文化遗产保护的预算约为10亿欧元。除此之外,法国政府还积极推动其他社会主体参与文化遗产保护,如以文化遗产基金会为代表,其主要通过直接向修复工程进行资助或者向社会募集资金的方式对文化遗产保护工作提供资金支持。2018年,法国推出"保护濒危文化古迹彩票",最终共募集到5000万欧元用于古迹修复。英国文化资源保护的资金主要来源于政府财政拨款、发行遗产彩票、企业或个人捐赠、门票收入等。其中发行遗产彩票是除国家财政拨款外的一种十分重要的募资方式,在英国有着悠久的历史和广泛的社会基础。购买遗产彩票也是英国进行文化资源保护的一大特色,被公认为是一种贡献社会的方式,因此公众大都会自愿参与其中。据统计,遗产彩票基金每年会投入大约3亿英镑到新的遗产项目中,目前已累计资助了3万多个项目。我国文化资源保护的经费来源主要依靠国家财政支持。自新中国成立以来,国家财政对文化建设的经费投入逐年增加,从1979年到2018年,我国文化事业经费投入年均增长达14.3%。改革开放以来,随着我国经济实力的日益增强,在各项政策的引导与激励下,在文化资源保护的经费投入快速增加的同时,投资主体也日趋多元化、社会化,除国家预算资金外,国内贷款、外资、自筹资金、其他资金等也占有一定比重。

(六) 数字保护能力得到提升

利用数字技术进行文化资源的保护、传承与传播是实现文化资源可持续发展的必然选择,数字技术将为文化资源的保护提供更多的选择和更好的表现形式,对于文化资源的收集、存档、复原、可视化展示、内涵挖掘、传播交流等都具有重要意义。运用数字技术进行文化资源的保护,经历了从数字博物馆、数字图书馆、数字档案馆的建设到遗迹空间数字化复原、数字化虚拟体验的发展演变。当前,通过数字采集、数字存储、信息检索、虚拟现实、增强现实等数字技术进行文化资源的保存、再现、传播与开发已成为世界潮流,联合国教科文组织、欧盟、美国、中国等国家或国际组织都在文化遗产数字化方面有着较为成熟的实践经验。

在国际组织方面,以联合国教科文组织为主陆续开展了"世界记忆项目""信息为人人"

项目,制定了《保存数字化遗产宪章》和《数字文化遗产保存指导方针》,发布了《关于保存和获取包括数字遗产在内的文献遗产的建议书》等,极大地推动了文化遗产的数字化发展。在欧洲,欧盟对文化资源的数字化启动较早且成效显著。以欧盟为中心,先后通过了一系列文化遗产数字化计划与方案。例如:2001年,在欧盟成员国的共同支持下制定了《数字保存项目和政策合作的行动方案》;2008年,欧盟理事会审议通过了成立欧盟数字图书馆Europeana的决定,发起了欧盟数字图书馆Europeana项目,该项目在于通过数字技术的运用实现欧盟成员国的国家图书馆、博物馆、档案馆等文化机构的数字资源的一站式浏览与检索,为公众搭建一个获取资源的数字平台;2011年,欧盟委员会发布了《关于文化遗产数字化、网络存取及数字保存的建议》,对文化遗产数字化建设工作提出了一些建议。在美国,政府对文化遗产的数字化建设非常重视,早在20世纪90年代,包括美国国会图书馆在内的15家图书馆、档案馆参与启动了"美国记忆"项目。该项目主要致力于馆内藏品的数字化建设,即通过数字化技术实现馆内藏品的数字采集、数字存储及数字传播与共享。进入21世纪以来,美国国会陆续推出了国家数字信息基础设施及保存计划、"ALA超越2010"联合推进战略规划等。随着美国图书馆、博物馆数字化建设进程进一步加快,通过线上数字服务平台的搭建,为公众提供了更多的线上服务,真正实现了资源共享。

在我国,文化资源的数字化保护工作虽然起步较晚,但发展迅速、成果颇丰,陆续开展了文物调查及数据库管理系统建设项目、中国数字博物馆建设工程、中国非物质文化遗产数字化保护工程、中国口头文学遗产数字化工程等,建成了中国民间文学数据库、中国戏曲多媒体数据库、中国传统节日史志文献数据库等专题数据库,验收通过了"文物数字化保护标准体系及关键标准研究与示范"项目,进行了数字敦煌、数字故宫、数字长城、秦始皇兵马俑等数字化展示,编制了《非物质文化遗产数字化保护专业标准》等。

通过对文化资源保护历程的梳理与保护现状的总结发现,世界各国对文化资源的保护工作都十分重视,从保护理念到组织管理、政策法规,再到公众参与、数字保护等多个方面都取得了显著成效。与国外文化遗产保护工作成功经验相比,我国文化资源保护工作起步虽晚但发展迅速,在某些方面甚至领先世界各国。但目前我国文化资源保护工作仍存在一些短板,如保护资金严重不足、保护方式较为单一、保护理念有待更新、专业人才缺乏等,这些将成为影响文化资源保护工作健康发展的因素。

第三节 文化资源保护的策略

文化资源数量众多、类型多样,针对不同类型的文化资源,其保护方法与策略也不尽相同。在梳理文化资源保护历程和成效的基础上,结合我国国情制定合适的文化资源保护策略,对提升文化资源保护成效具有重要意义。

一、处理好保护与利用的关系

随着文化资源保护工作的不断深入,如何处理好保护与利用的关系越来越成为文化资源保护工作有序开展的首要问题。保护与利用作为一个事物的两个方面,两者之间既对立又统一,共同作用于文化资源的可持续发展。1964年,《威尼斯宪章》获得通过,肯定了保护与利用的必要性和重要性,并对两者的关系做了明确的阐释。我国文物保护的工作方针是"保护为主、抢救第一、合理利用、加强管理",这16个字指明了我国文物保护工作的主基调,即要在保护的基础上,加强管理与利用工作。保护是利用的前提与基础,利用的目的是实现更好的保护。因此,必须把保护放在首位,贯穿工作的始终,同时积极通过市场化的运作方式,进行合理适度的开发与利用,更好地展现文化资源的价值,推动文化资源的可持续发展。但是,当前在文化资源保护实践中,"重开发、轻保护"的观念仍旧占据主导,唯GDP论导致的文化资源遭到破坏的事情仍时有发生,这些都严重影响了文化资源的可持续发展。因此,迫切要求我们从可持续发展的角度出发,找到文化资源保护与利用之间的平衡点,处理好保护与社会经济发展之间的关系,协调好社会效益与经济效益的关系。一方面,要将文化资源的保护与利用结合起来,避免陷入"就保护谈保护,就利用谈利用"的发展误区,需创新文化资源保护与利用的方式,注重通过市场化运作的方式推动文化资源向文化资本、文化产业的转变。另一方面,要更加强调社会效益与经济效益的互动共赢,把社会效益放在首位,在追求经济效益的同时,要充分意识到优先保护的重要性与必要性,努力形成以利用促保护、以保护促利用的良性循环发展态势。

二、构建科学有效的管理体制

文化资源的多样性与复杂性决定了文化资源保护呈现出内容繁杂、涉及部门众多的特征。当前,我国在文化资源的保护与管理工作中,政出多门、效率低下、职责不清的问题依旧较为突出。通过前文对各国文化资源保护实践工作的梳理发现,要想保护好文化资源,就必须进行体制机制改革,充分发挥政府、专业咨询机构、民众、社会团体等多元力量,构建出一整套科学有效的组织管理体系。从管理的本质来看,科学有效的管理方式将会更加注重管理的效能,即强调以最少的投入实现各方效益的最大化与最优化。由此可知,无论是从管理的本质还是从管理的成效出发,单一型的归口管理将是更加符合管理规律的选择。

为加快科学有效的管理体制的构建,首先,要不断加强政府对保护工作的组织管理。从各国文化资源保护工作的实践来看,一般都设置统一的文化管理部门(如文化部等)专门负责全国的文化相关事务管理工作,其下则会根据各国文化资源保护工作的重点有针对性地设置相关保护科室,并从中央一直延伸到地方,全面负责项目统筹、资金调拨、人力配备等工作,有效确保各级职能部门对文化资源保护工作的组织管理。其次,要不断提高保护与管理工作的科学性。文化资源保护对专业性的要求比较高,涉及历史、文学、艺术、管理、计算机等多学科知识,因此,组建一支专业化的咨询管理队伍就显得十分必要。专家学者能够凭借其过硬的专业储备发挥参谋智囊的作用,为文化资源保护工作提供全面的分析与咨询服务,不断提高保护工作的科学化水平。最后,要充分激发管理工作的内在活力。建立健全相关规章制度,强化目标责任管理,建立量化考核评价机制,探索市场化的运营与管理机制,简化管理流程,提高管理效率,明确管理职责。

三、提高保护工作的科技含量

文化资源的保护与发展离不开科学技术的推动。当前,以三维扫描、数字测绘、三维建模、无人机拍摄、虚拟现实等为代表的数字技术已经在文化资源调查、环境监测、旅游管理、网络化展示与传播等方面得到了广泛应用,为文化资源的保护提供了强大的技术支持。伴随着文化与科技的深度融合,为文化资源保护与发展创造了更多的可能,文化资源传承保护的方式日趋多样,文化产业的价值链不断完善。为进一步提高文化资源保护工作的科技含量,可从以下几个方面入手。一是要提高文化资源的数字监测水平。文化资源具有不可再生性,一旦遭到破坏就无法挽回,而以 GIS(地理信息系统)、RS(遥感)、GPS(全球定位系统)为代表的空间信息技术的综合应用,能为智能化监测预警系统的建设创造有利条件,并且集数据抓取、动态监测、数据分析、科学研判等功能于一体,这对实现文化资源的动态化监测具有重要作用。二是要加强文化资源的数字化展示工作。文化资源内涵与价值的彰显离不开展示,当前,以 VR、AR、MR(混合现实)为代表的现代数字技术手段为文化资源的展示提供了更多的可能性,表现出强烈的临场感、友好的人机交互性。通过数字技术能够突破时空的限制,完成史料挖掘、数字复原、场景构建工作,进而在虚拟与现实、时间与空间之间创建联系,达到全景式、立体式、动态化展示的效果,给观众带来身临其境的沉浸式体验。三是要重视数字化综合服务平台建设。文化资源的保护离不开民众的参与,文化资源保护的成果也要全民共享。要加快公共文化资源数字化服务平台和旅游智慧化服务平台的建设,充分利用好以物联网、大数据、云计算、人工智能等为代表的现代信息技术手段,不断提升公共文化资源服务的数字化水平,保障人民群众基本文化权益,推进文化资源保护工作。

四、重视专业人才队伍建设

文化资源保护是一项系统的科学化工程,各项工作的有序开展离不开专业化人才队伍的支撑。人才是一切工作的关键,但是在具体的工作实践中,专业人才匮乏与断层的现象十分突出,严重阻碍了文化资源保护工作的开展。为此要从人才的培育与引进入手,多管齐下加快打造一支素质高、技能强的人才队伍。一方面,要重视人才培育工作。从各级教育体系入手,努力将文化资源保护与各级教育教学工作相结合。一是可以通过在高等校院校或高等职业院校成立相关院系、开设相关专业的方式,培养专门从事文物修复与保护的研究型、应用型人才。法国是世界上最早创办文化遗产保护高等教育的国家,早在 1990 年就创建了一所专门从事与文化遗产有关的科研、教学与培训的大学。此外,意大利、韩国等国家也开办了专门培养文化资源保护人才的学校或研究机构。这些学校主要以招收和培养文化资源保护相关的专业型人才为主,学制一般为 3~4 年,主要开设文物修复、考古学、有机化学、文物分析技术、文物法律法规等课程。二是借助高校智力资源积极开展与文化资源保护相关的培训、研讨活动,比如通过"国培""省培"计划对从事文化资源保护工作的人员进行定期的专业技能培训,不断提高从业人员的专业素养与业务水平,还可以构建"订单式"的培训活动,做到精准培训,不定期地组织相关人员参加各类专业技能培训。另一方面,要重视拔尖人才的引进工作。各地可以结合文化资源保护工作的实际需要,制定完备的人才引进机制,疏通人才引进通道,从教育、医疗、住房、交通等方面入手解决引进人才的后顾之忧。同时,还要不断优化人才政策,出台专项人才激励、考评机制,充分激发引进人才的内生动力。

【知识拓展】

文物修复人才培养任重道远

根据时任故宫博物院院长单霁翔介绍,纪录片《我在故宫修文物》激发了很多年轻人的热情——2019年有4万名年轻人报考故宫,想来故宫参加文物修复工作。纪录片《我在故宫修文物》,推开厚重的宫门,让公众看到故宫书画、青铜器、宫廷钟表、百宝镶嵌、宫廷织绣等文物的修复技艺,展现了珍奇文物的修复过程和修复者的生活故事,让此前较为冷门的文物修复火了起来。

国家文物局调查数据显示,全国文物系统3000多万件馆藏文物中,半数存在不同程度的破损。我国真正从事文物修复工作的人员,全国也不超过2000人,许多博物馆里几乎没有专业文物修复人员,补齐文物修复人才缺口成为文物保护工作之急。不过,补上人才缺口,并不等于多招人,正如专家所言"招人容易,但真正合格的少"。光是书画修复就有30多道工序,每一道都马虎不得,其他种类文物修复同样工序繁杂。细节决定成败,从业者没有耐心、毅力和责任感怎么行?文物修复行业有特殊性,必须经过长期培养才能上手,光有热情可不行。

人才怎么培养?目前,很多地方在人才培养模式上依然沿袭着"师傅带徒弟"的传统技艺传承方式。一对一、点对点,多种模式并进、系统性培养的体系还没建立起来,这在客观上造成文物修复工作的小众性。加之很多文物修复师在学术、社会、经济地位方面并不尽如人意,人才流失现象比较常见。此前就有"修复青铜器的工作人员辞职跑去修空调"的报道,这需要引起有关方面的重视。中国历史文物分布于各地,故宫的文物修复工作者待遇不错,但其代表的并非行业平均水平。文物修复人才培养任重道远,厚待人才、善用人才的机制不能缺位。

古人云:"不遇良工,宁存故物。"强调的是能工巧匠的专业性、重要性,文物修复人才培养必须尊重这种专业性,注重长期艰辛培育的过程。这样说并不是不承认故宫以自身努力唤起年轻人参与文物修复工作热情的努力,更不是不承认调动全社会一起关心文物修复工作的必要性。相反,在由衷承认这些的同时,我们也要看到故宫成为"网红"、报名到故宫修文物者踊跃等热闹场景的另一面——我国文物修复人才缺口总体上依然巨大,文物修复人才培养任重道远。

(根据《文物修复人才培养任重道远》[1]整理而成)

五、加强对公众的宣传与教育

在文化资源保护工作中,推动"保护工作人人参与、保护成果全民共享",离不开对公众的宣传与教育。为此要从多个方面入手,运用多种渠道和途径积极推进对公众的宣传与教育工作,不断提升全社会参与文化资源保护的积极性与主动性。一是要高度重视文化资源的宣传教育工作。对公众的宣传教育是一项投入大、耗时长的持续性工程,因此,各地可以结合区域实际制定关于宣传教育工作的专项规划,明确宣传工作的目标与重点,出台相应的

---

[1] 李思辉.文物修复人才培养任重道远[N].光明日报,2019-02-21.

政策规范与保障举措,确保宣传教育工作的顺利开展。二是要创新宣传教育的手段。当前,以微博、微信、快手、抖音等为代表的自媒体平台以其覆盖面广、互动性强、推广方便的特点日益成为文化宣传工作的重要助推器。为此,要更加重视数字媒体技术在保护宣传教育工作中的作用,通过制作专题宣传教育片、拍摄影视动漫作品、开发手机 app 等方式,推动宣传教育工作朝着全方位、立体式、智能化的方向发展。此外,还要重视各类民间公益性团体的发展,积极发挥其在协助管理、沟通民意、有效监督等方面的作用。三是要畅通公众参与保护工作的渠道。成立文化资源保护公众委员会、召开座谈会、举行听证会、开通热线电话等,保障公众参与文化资源保护的权益。

本章小结

（1）文化资源保护既是一项严谨、科学的工作,也是国家的重要使命。文化资源保护的原则和方式直接影响到保护的质量。目前我国文化资源保护原则主要包括原真性、整体性、可持续发展、活态保护等,在这些原则的指导下,主要保护方式包括博物馆式保护、命名式保护、生产性保护、自发式保护等。

（2）随着各国对文化资源保护工作的重视,保护理念不断更新,组织管理体制、政策法规体系、资金投入机制、技术保障体系日趋完善。结合国内外文化资源保护经验,我国文化资源保护可采取的策略为处理好保护与利用的关系、构建科学有效的管理体制、提高保护工作的科技含量、重视专业人才队伍建设、加强对公众的宣传与教育等。

1. 为什么要进行文化资源保护?
2. 在进行文化资源保护时应遵循哪些原则?
3. 文化资源保护的主要方式有哪些?
4. 简要梳理我国文化资源保护工作的发展历程。
5. 结合你熟悉的文化资源,谈谈文化资源保护的具体措施。

【知识拓展】

数字技术让故宫文化资源"活起来"

故宫作为世界上最大的木结构宫殿建筑群,代表着中华民族最高规格、最高水平的古建筑艺术与审美,是极为重要的文化资源,是深入探究中华文明的窗口,也是中国五千年文明的宝库与优秀传统文化汇集地。面对如此珍贵的文化资源,如何有效地保护故宫文化资源、更好地进行传承和发展,是社会各界普遍关注的问题。

随着信息技术的不断发展,数字技术在各个领域的应用已经成为时代潮流。文化资源数字化最大的优势在于可以突破传统资源在时间和空间上的障碍,能够在任何时间、任何场所被受众所感知,极大地拓展文化资源的生存和利用空间。从 20 世纪 90 年代开始,故宫博物院紧紧抓住数字技术、多媒体技术以及互联网技术快速发展的机遇,结合社会需要,从信息化建设出发,在文物数字化采集、存储与管理、网站等媒体平台建设和应用方面加大投入,逐步推动数字故宫社区的构建。如今,故宫博物院的信息化工作已经从简单的信息化保存跃升为以保存为基础、以应用为导向的全面信息化的阶段,形成了独特的数字故宫社区架构。具体来看,数字故宫社区的基本架构包含八个方面,分别是社交广场、文化展示、资讯传播、参观导览、学术交流、公众教育、休闲娱乐和电子商务。

1. 社交广场

运用大家使用比较广泛的微博、微信、抖音、快手等各类社交平台,加强人与人之间的互动。如故宫博物院联合快手、抖音等短视频社交平台发起线上直播;利用微博号发布展览信息、开放信息、文物知识等;通过微信平台发布动态信息,开设了全景导览、购票、微店、小游戏等栏目。

2. 文化展示

一是开发 app 展示故宫文化。目前故宫已推出了多种不同主题的 app 应用,如"十二美人图""紫禁城祥瑞""皇帝的一天""韩熙载夜宴图""每日故宫""清代皇帝服饰""故宫陶瓷馆""故宫展览"。二是进行网上虚拟展览。一方面把故宫举办的各种展览"搬到"网上,目前故宫已开设近期展览、原状陈列、专馆、赴外展览等展览类型,充分运用全景技术给观众带来身临其境的展厅氛围与参观体验;另一方面,故宫通过运用虚拟现实技术举办专题的、只在网上驻扎的虚拟展览。

3. 资讯传播

资讯传播主要有两种方式。一是门户网站。根据用户需求,推出中文网站、英文网站和青少年版网站三种网站类型。其中,青少年版网站是针对青少年的特性进行全新开发、独立运营,用年轻人的语言和表达方式传递故宫文化,以动漫为主要手段,通过源自紫禁城的建筑、历史中的卡通形象演绎的故事,向青少年传递故宫的建筑、文物中蕴含的文化内涵。二是微博、微信和每日故宫。此类资讯注重信息的时效性与交互性,用非常亲民的、与公众进行交流的姿态出现。如为了更好地吸引微信平台的用户长久地关注故宫,专门为注册用户设计了互动专栏,还通过积分兑换的方式让更多人参与故宫博物院的活动。

4. 参观导览

通过手机等无线移动终端进行导览和辅助参观体验,除了提供常规的参观路线导览之外,还着重解决深度导览问题。一是推出全景虚拟漫游,利用全景技术全方位、高清晰地展示无人环境下紫禁城的面貌。二是通过专题展览 app 的方式尝试深度展厅导览,开发出故宫陶瓷馆、故宫展览等 app。

5. 学术交流

借助互联网技术和传播途径全方位地展示专家最新的研究成果。目前,故宫博物院已经在现有的网站上建立了展示专家研究成果的平台,把每期《故宫博物院院刊》《故宫学刊》《故宫博物院年鉴》等发布到网上,观众可以直接在故宫网站上通过 PDF 的方式阅读专家所撰写的学术文章。

6. 公众教育

在数字故宫社区里主要通过以下三种方式进行公众教育:一是把故宫讲坛的内容以视频方式提供给用户学习;二是开放电子图书馆,点击进入即可阅读故宫收藏的绝大多数图书文献；三是把故宫的藏品、古籍、名画等扫描上网，开设数字多宝阁、数字文物库等专栏供观众探索学习。

7. 休闲娱乐

借助电视节目、游戏、动漫、故宫皮肤、手机表情包等方式，全面将故宫文化融入公众尤其是青少年的生活。如2014年发布的"皇帝的一天"app，用游戏的方式来介绍皇帝在宫中的政务生活、日常生活起居等。此外，还开发有九九消寒图、宫门关、曲水流觞、太和殿的脊兽、明帝王图、皇子的课表等多款小游戏。再如，近些年，故宫联合各大电视台先后出品了《我在故宫修文物》《上新了·故宫》等电视节目，获得了广泛好评。

8. 电子商务

电子商务主要有两种方式。一种是文创产品、出版物的销售，通过互联网工具不断拓展推广渠道，开通了故宫淘宝店、故宫文创旗舰店、故宫博物院文创馆、故宫博物院文创旗舰店、故宫出版旗舰店等，在线销售各类文创产品与出版物，吸引了众多网上购买者，培育了一批故宫铁杆粉丝。另一种是售票，开发专门的购票网站与手机购票app，最大限度地为观众提供尽可能多的购票渠道。

数字故宫社区是在故宫信息化建设成果持续丰富的基础上，以遗产保护及文化传播为目的，通过整合各类数字产品和渠道，打造出的线上与线下融会贯通的故宫文化资源聚合平台。在这个平台上，故宫博物院所有的业务工作都能通过社区的方式推向社会，人们也能够在网上的社区里了解这些信息、应用这些信息。具体涵盖线上、线下的多种资源，有网站、微博、微信、app等多种应用方式，还有文字、音视频、图像、动漫、VR、AR等多种手段，可以说是包罗万象。

（根据《博物馆数字化建设理念与实践综述——以数字故宫社区为例》[1]整理而成）

---

[1] 冯乃恩.博物馆数字化建设理念与实践综述——以数字故宫社区为例[J].故宫博物院院刊,2017(1).

第六章 文化资源的产业化开发

学习目标

通过对本章的学习,应做到以下几点:
(1) 了解文化资源产业化开发的意义;
(2) 理解文化资源产业化开发的原则;
(3) 掌握文化资源产业化开发的主要模式;
(4) 结合时代背景,理解文化资源产业化开发的基本思路。

文化资源产业化是以文化资源为内核的产业链重构和价值链重塑,它随着社会分工而产生,并随着社会分工而发展。文化资源产业化作为一项重要的经济活动,是保护和开发文化资源的主要手段,是实现文化资源经济效益和社会效益的重要方式。当前,随着文化资源保护和开发的不断深化,原有模式已经无法胜任文化资源系统性、整体性保护和开发等要求,亟须以文化资源为核心要素构建文化资源产业链。本章通过介绍文化资源产业化的原则、模式、思路等知识,以期实现文化资源产业化的高质化、生态化发展。

第一节 文化资源产业化概述

随着文化资源产业化开发的不断深入,其生产文化产品、提供文化服务的能力不断得到提升,逐渐成为满足人们基本文化需求的重要途径。由于文化资源的特殊属性,以及外部环境的不断变化,当前文化资源产业化的方向和路径仍处在不断变化之中,因而明确文化资源产业化的原则,梳理文化资源产业化发展模式,对于推动我国文化资源产业化高质量发展至关重要。

一、文化资源产业化开发的意义

文化资源产业化作为文化资源重要的开发形式,是社会经济高质量发展的助推器,在优化产业发展结构、增加文化产品供给、不断增强文化自信等方面具有重要意义。

（一）优化产业发展结构,转变经济发展方式

文化资源的产业化开发以其体系广、链条长、关联度高等特点,在优化产业结构、转变经济发展方式等方面展现出独特优势。其优势主要表现在以下几个方面：一是文化资源的产业化开发在带来直接经济效益的同时,还能催生出网络服务、动漫游戏、数字传媒、手机视频等新型文化业态,这将极大地增强文化产业发展活力,发挥文化产业对经济发展的贡献,加快现代文化产业体系构建；二是文化资源产业化开发还能够带动相关部门和行业的发展,实现文化与旅游、会展、交通、工业、餐饮、创意设计等产业的渗透和融合,进而形成以文化内容为核心的产业链和产业集群,不断优化产业发展布局,推动社会经济高质量发展；三是文化资源的产业化开发还以其资源消耗低、附加值高、人力资源密集、绿色环保等特点,实现使经济发展方式由高消耗、高污染的传统方式向高技术、重环保的现代方式转变。

（二）增加文化产品供给,满足人们精神文化需求

党的十九大报告指出,我国社会的主要矛盾已经转化为"人民日益增长的美好生活需要和不平衡不充分的发展之间的矛盾"。近年来,无论是各地呈现的博物馆热、国潮国风热、文创热、文化类节目热,还是不断涌现的付费知识消费、网络文化消费、潮玩手办消费等新兴的文化消费热点,都显现出人民群众对精神文化产品的需求呈增长之势。文化资源的产业化开发可以不断丰富文化产品供给,完善文化供需结构,满足人民群众多样化、个性化的文化消费需求。一方面,通过文化资源的产业化开发,能够提高文化产业的发展水平,使文化产业的发展更加迅速,文化产品的设计更加精良,文化产业的传播更加广泛。这不仅增加了文化产品的供给数量,而且提升了文化产品的供给质量。另一方面,文化产品中所蕴含的文化内涵是形成个体理想信念、价值观念、道德理念的重要源泉,通过文化资源的产业化开发,使大众在消化、吸收"精神食粮"的过程中,提升个人的认知水平和感悟能力,增强人们的精神力量,满足人们对美好生活的向往和需要。

（三）不断增强文化自信,提升国家文化软实力

当今世界国与国之间的竞争,既包括经济、科技、军事等硬实力的竞争,也包括"一个国家的文化和意识形态吸引力体现出来的力量"[①],即文化软实力的竞争。其中,文化软实力的竞争已经成为国际竞争的重要内容。文化软实力是指一个国家或地区文化的吸引力、影响力、凝聚力和感召力,自20世纪90年代美国学者约瑟夫·奈提出这一概念以来,各国纷纷从内外两个方面发力,不断提高本国的文化软实力。丰富的文化资源为提高国家文化软实力、增强综合国力带来了可能,但关键在于通过产业化开发的方式糅合经济与文化。当前,在经济与文化深度融合的大趋势下,文化资源的产业化开发能够有效实现经济和文化的良性互动,发挥文化产业的双重属性——意识形态属性和商品属性,提升文化的创造力,增强文化的自信力。同时,文化资源的产业化开发还有助于提升文化的传播力、影响力。文化

---

① 约瑟夫·奈.美国定能领导世界吗[M].何小东,盖玉云,等译.北京:军事译文出版社,1992.

的传播力和影响力作为衡量一个国家或地区文化软实力的重要标准,在文化资源的产业化开发过程中,能够通过打造特色文化品牌,创新文化传播媒介,加快文化"走出去"的步伐,逐步扩大文化传播力、影响力,提升文化软实力。

【知识拓展】

新中国成立70年以来文化产业的演变逻辑

回溯新中国成立70年以来中国文化产业发展的历史变迁,文化产业形成了以历史文化传承、文化体制改革与文化科技创新三个维度为代表的演变逻辑。

1. 形成历史文化传承的演变逻辑

文化产业的发展在西方迄今已有几百年历史。直至20世纪50年代霍克海默与阿多尔诺首次提出文化产业(最早称之为"文化工业")的概念后,这一领域正式成为西方国家热议的话题。因此,国外围绕文化产业发展的理论与现实问题积累了较为丰富的经验。国内文化产业起源于中国古代与封建社会的文化商品与文化行业,其发展始于20世纪80年代。在西方国家文化产业已历经百年时,我国对文化产业的探索仅处于起步阶段,并在世界文化产业高速发展时原地盘旋近30年。文化与经济否定之否定的螺旋上升历史形成了新中国成立后对文化产业的现代诠释,也造就了文化产业的演变逻辑。正因如此,文化产业中的"文化属性"构成了对文化产业演进的注解。文化思想的导向作用在优化国家文化治理的同时也造成了文化产业的"非经济属性",导致"文化商品交易"活动长期无法渗入中国文化产业,使中国文化经济自封建社会至改革开放前一直处于"文化膨胀,产业不足"的传统模式中。此外,文化产业作为第三产业的组成部分,独立于传统"士农工"行业,以"文化"的内核与"商业"的外壳构成国人心目中"边缘化"的行业地位。总之,根深蒂固的历史文化传承从血液里演绎中国文化产业的思辨逻辑。

2. 形成文化体制改革的演变逻辑

中国文化产业发展一直与文化经济体制改革及政策调整息息相关。1978年中国文化产业起步前,各个阶段的文化经济发展基于高度集中的计划经济体制,均为国家管控文化事业发展路径的产物。尤其在新中国成立之初,国家实行"国有国办,统包统管"的文化事业体制。在文化事业领域管理死板、封闭僵化,严重束缚了文艺创作者的创新能力与市场拓展力。此外,由于在文化经济领域取消非公有制中文化与市场的连接,阻断了文化产业参与市场竞争的机会。因此,中国文化经济演进的突破必然需要遵循文化体制改革的逻辑,而归根结底就是进行文化体制市场化改革。伴随2002年党的十六大专章论述"深化文化体制改革"问题,国家出台了一系列文化产业政策措施,从总体来看主要从完善立法、规范体制建设、加大融资、拓宽统计口径等文化体制方面着手进行改革,力图破除中国文化体制良性演进的阶段性障碍。总之,持久发力的文化体制改革从躯干里演绎中国文化产业的成长逻辑。

3. 形成文化科技创新的演变逻辑

科技创新精神是引领文化产业演进的动力因素。纵观产业结构演进历程,文化产业是新中国成立以来产业结构演变走向的重要领域之一。从原始农业到轻工业，再到重工业直至新兴产业变迁中，文化与科技的相濡以沫一直是产业升级津津乐道的主题。只有植根于科技进步的文化环境同样作用于产业科技创新，才能带动新一轮产业更替。新中国成立后我国的文化事业单位多为国有企业，国有文化企业长期缺乏创新激励机制，"熟人秩序"鄙视"市场契约"，鲜有将文化经济的"套利"行为转变为"创新"行为，科创精神难以孵化成为与文化市场结合的企业家精神，制约了文化科技创新的原始创造力。此外，文化产业科技应用能力较为薄弱也成为阻碍文化经济演进的重要环节。中国文化产业的"潜力"在于"技术革新"，尤其随着互联网与科技创新产业的快速发展，中国演艺产业、音乐产业、动漫产业等在传统制作、运营、销售环节改变了原有的文化产业链。尤其在2015年后，文化产业的数字化进程将文化产业技术更迭推向新高，从而引进大量顶尖文化产业的生产与加工技术。总之，逐步强大的文化科技创新从体征里演绎中国文化产业的蜕变逻辑。

（根据《新中国成立70年以来文化产业的演变、特征与经验》[①]整理而成）

二、文化资源产业化开发的原则

文化资源的产业化开发是一项有计划、有组织的系统性工程，在推进文化资源的产业化时要充分考虑所涉及的各类问题，坚持传承保护与创新发展相统一、经济效益与社会效益相统一的原则，确保文化资源产业化的系统性、科学性。

（一）传承保护与创新发展相统一

文化资源的传承保护与创新发展是一个相辅相成、有机统一的整体。传承保护是实现创新发展的重要前提和基础，创新发展则是实现传承保护的重要路径。一方面，要积极做好文化资源的传承保护工作。从文化资源传承保护的角度来看，文化资源的传承保护彰显了人类文化跨越时代的生命力。[②] 只有通过文化资源的代际传承才能够做到不忘本来、面向未来，发现文化资源本身所蕴含的独特内涵与价值，并从中寻找灵感、汲取力量，从而更好地为人类社会的发展提供智慧。另一方面，要在继承传统的基础上加强文化资源的创新性发展。创新是文化发展的根本动力和本质特征，也是推动文化资源产业化发展的关键所在。有学者曾指出，文化资源的产业化开发本身就是一种满足当代人需要的文化保护与创新开发相结合的方式。[③] 当前一些传统文化资源正借助"盲盒经济""县域美学经济"等新业态，积极转换思想观念，努力调整保护方式，实现传承保护与创新发展相统一。面对新环境、新趋势，我们要努力转变观念，不能一味因循守旧、不知变通，要用一种更加开放与发展的眼光，将文化资源的传承保护与创新发展相结合，在继承中发展，在发展中继承，更好地满足人民群众日益增长的精神文化需求。

[①] 刘静,惠宁.新中国成立70年以来文化产业的演变、特征与经验[J].西南民族大学学报（人文社会科学版）,2020(2).
[②] 郑焕钊,孟繁泽.文化资源创意开发的价值原则及其误区[J].杭州师范大学学报（社会科学版）,2018(1).
[③] 高宏存.文化资源产业化研究[M].北京:国家行政学院出版社,2010.

（二）社会效益与经济效益相统一

文化资源的产业化开发是以生产适销对路的文化产品来实现经济效益最大化的经济活动，但是经过产业化开发后所呈现的文化产品不仅具有商品属性，还具有普通商品所不具备的精神属性。因此，从本质上来看，文化资源产业化开发具有文化和商品双重属性、经济效益和社会效益双重效益。2020年9月，习近平总书记在湖南长沙考察时就曾明确指出，文化产业既有意识形态属性，又有市场属性，但意识形态属性是本质属性。这给我们如何处理两者之间的关系指明了方向。但在文化资源的实际开发过程中，开发者往往为了追求经济利益的最大化，在没有充分认识文化资源的基础上，就急匆匆地上马建设，不仅造成了文化资源的浪费，还产生了一大批粗制滥造的文化产品，严重扰乱了文化市场秩序，降低了消费者的文化审美。在文化资源的产业化过程中，我们要始终坚持把社会效益放在首位，牢牢把握正确导向，以不断满足人民日益增长的美好生活需要为出发点，努力实现社会效益与经济效益的有机统一，确保文化产业持续健康发展。

三、文化资源产业化开发的模式

文化资源产业化开发不单单是一个从文化资源到文化产品的物质形态转变过程，更是一个自我蜕变与跨越发展的过程，既包含对文化资源的整合与评估，又包含文化资源的增值与变现。随着各国文化资源产业化开发的展开与深入，目前各国已形成了一套较为成熟的发展模式。夏春红等从文化资源本体、内涵与客体等层面出发，将文化资源产业化开发的模式分为三类，即基于文化资源本体的文化旅游模式、基于文化资源客体的创意设计模式以及基于文化资源内涵的故事活化模式。[①] 向勇把文化资源开发模式分为基础性开发模式和深度性开发模式，其中基础性开发模式包括文化旅游开发模式、主题公园模式、节庆会展模式等，深度性开发模式则包括创意产品开发模式、科技创新开发模式、特色产业带开发模式等。[②] 严荔按照文化资源的产业化开发的推进主体与依托要素分别划分了两大类，按照推进主体可划分为市场主导型开发与政府主导型开发，按依托要素可划分为特色导向型开发与创意驱动型开发。[③] 胡郑丽将文化资源开发模式分为景观化模式、项目化模式、集群化模式、符号化模式和科技化模式等五大类。[④] 本书从文化资源产业化开发的依托要素和推动力出发，将文化资源产业化开发模式分为资源依托型开发模式、市场导向型开发模式、创意驱动型开发模式、科技创新型开发模式、资金推动型开发模式等。

（一）资源依托型开发模式

资源依托型开发模式是以区域内的特色文化资源为根基进行产业化开发的模式，又被称作特色导向型开发模式。文化资源作为区域内政治、经济、社会等要素共同作用的结果，是区域特色的集中展现，表现出一种强烈的历史性、地域性与民族性。区域文化资源的独特性构成了产业化开发的天然优势，基于人们的猎奇心理和对文化多样性的认同，借助产业化开发方式对这些独具区域特色的文化资源进行开发，形成独具特色的文化产业形态，容易获

[①] 夏春红，章军杰. 山东省文化资源开发利用综合研究[J]. 山东社会科学，2015(3).
[②] 向勇. 特色文化资源的价值评估与开发模式研究[J]. 北京联合大学学报（人文社会科学版），2015(2).
[③] 严荔. 论文化资源产业化开发[J]. 现代管理科学，2010(5).
[④] 胡郑丽. 文化资源学[M]. 北京：光明日报出版社，2016.

得市场的认可,实现区域经济社会的发展。

文化资源构成文化产业发展的基础,资源依托型开发模式正是得益于区域内文化资源的比较优势,因此该模式常应用于文化资源较为丰富的区域。例如,我国西南少数民族地区在进行文化资源产业化发展的过程中,从实际出发,不断加强对本土特色文化资源的挖掘,走出了一条独具区域特色的民族文化资源产业化发展道路,塑造出了多彩贵州、壮美广西、七彩云南等区域形象。除了基于文化资源的特性进行直接的产业化开发外,还可以不断创新方式、丰富形式,通过为传统文化资源注入新的元素、赋予新的时代文化内涵,使其更加适应现代经济社会发展的需求,催生出全新的文化形态。例如,2018年,我国专门为农民设立的节日——中国农民丰收节,就是基于我国悠久的农耕文明积淀,关注当下发展需要,通过融入现代节庆文化内涵而形成的全新的现代节庆,使传统文化资源表现出了强大的生命力与创造力。

(二)市场导向型开发模式

市场主导型开发是指在政府的宏观调控下,以市场的需求和变化为导向调节和推进文化资源产业化开发。相较于传统的"立足资源搞开发"的发展思路,市场导向型开发可以为那些资源禀赋不够突出或资源严重枯竭的地区提供借鉴,即根据市场的实际需求来确定文化资源产业化开发的主题与内容。但是这种模式也会受到市场发育程度、市场拓展能力、市场体系完备程度等方面的制约,此外,还容易出现竞争加剧、严重同质化等问题。

从具体实践来看,文化资源的产业化开发本身就离不开市场化运作,开发者需要从市场本身出发,准确把握消费市场脉搏,不断从市场中汲取力量、获得灵感,生产出市场所需的文化产品和文化服务,更好地满足人民群众多样化、多层次的精神文化需求。以深陷关店潮的狗不理为例,近两年,有关狗不理退市关门、服务争议的消息屡见报端,引发社会的广泛关注。2015年狗不理在新三板挂牌上市,2020年终止股票挂牌,仅仅5年即从上市走到退市,老字号为何就不吃香了呢?从表面来看经营状况不佳、销售业绩下滑是导致"迎来关店潮,挥别新三板"的重要原因,而这背后深层次的原因则是经营管理与市场发展脱轨,片面地追求高端化、多元化发展,错失发展机遇期。为此,文化企业要积极转变经营理念,坚持以市场需求为导向,洞悉消费者的现实和潜在需求,形成与文化消费市场相匹配的文化资源产业化开发模式。

(三)创意驱动型开发模式

创意驱动型开发是通过综合运用人的文化思想、知识技能以及创造性思维能力不断推动文化资源 IP 化与产业化的过程,如主题公园的建设、文创产品的开发、文创产业园区的建造等。相较于传统的资源依托型开发,创意驱动型开发属于较深层次的开发,主要是以创意资源的开发为核心,为那些文化资源不够丰富但人力资源较为丰富的地区发展文化产业提供了可能。当前,文化 IP 开发已成为引领文化产业发展的新热点,也成为实现文化产业高质量发展的关键,在创意驱动下能够创造出新颖的、独特的文化产品或文化空间,进而满足人们多样化的休闲娱乐需求。

以主题公园为例,作为一种人造旅游景观,主题公园主要是通过围绕一个或多个主题元素进行组合创意和规划建设而成,其最本质的特征就是创意性。有学者明确指出:"主题乐园本身就是一种文化创意。"[1]1955年,世界上第一个现代大型主题公园——迪士尼乐园正

---

[1] 王蕾,张林,石天旭.IP 沉浸体验:主题乐园发展新路径[J].出版发行研究,2019(2).

式建成并对外开放,深受游客的喜欢。目前,迪士尼已在全球共开设了多家各有特色、主题鲜明的乐园,主要是围绕迪士尼影视 IP 做文章,充分挖掘 IP 价值,打造完整产业链,形成包含游戏、音乐、表演、玩具等在内的多平台共同叙事的游园氛围,给游客带来前所未有的文化体验。除此之外,国内外较为知名的主题乐园还有环球影城、方特、长隆、宋城等。创意作为实现文化资源产业化开发提质增效的突破口,关键在于对文化资源 IP 价值的深入挖掘,营造具有"沉浸体验"的创意性 IP,并通过与数字技术的结合提升文化产业价值链。

(四)科技创新型开发模式

科技创新型开发是指以数字技术创新发展为要素,通过文化与科技的深入融合,不断推动数字技术在文化及相关领域的应用与转化,提升文化产业价值链,加快文化资源的创意生产、传播、营销和消费的数字化、网络化进程。文化产业是科技与文化高度交融的产物,数字技术的飞速发展在给文化资源的产业化开发提供了强大技术支撑的同时,也为文化产业的发展注入了新的生命力,极大地激活了文化资源的价值内核,拓展了文化产业形态,丰富了文化产业表现形式,提升了文化消费者的审美体验。

随着数字技术在文化资源产业化发展中的应用越来越广泛,文化与科技的交融已成为推动文化产业数字化转型升级、实现文化产业高质量发展的必然选择。当前,在我国,以 5G、大数据、云计算、区块链、人工智能等为代表的数字技术新引擎,不断推动着网络游戏、网络影视、网络动漫、数字出版、短视频、网络文学等新兴文化业态进入快速发展的爆发期。面对文化产业数字化转型发展的重大历史机遇,2018 年,腾讯公司提出了新文创战略,即通过更广泛的主体连接,推动文化价值和产业价值的相互赋能,从而实现更为高效的复合化生产与 IP 构建,打造更具有广泛影响力的中国文化符号。①"新文创"作为实现文化产业数字化转向的具体实践,有助于构建中国特色数字文化产业模式,实现文化资源产业化跨越式发展。

(五)资金推动型开发模式

文化资源的产业化开发需要充足的资金投入。资金推动型开发是指依靠多元的资金筹措机制,或来自政府的专项资金支持,或来自企业的投资带动,或来自融资平台的筹措等多种方式,通过对文化资源产业化开发状况的整体研判,支持具有一定发展潜力的文化企业和较高价值的产业项目做强做大。在我国,为支持文化及相关产业的发展,国家设置了文化产业发展专项资金,用于提高文化产业整体实力,推动文化产业跨越式发展。除此之外,为进一步抢占文化市场,部分文化企业会通过资本运作的方式,加快文化领域布局与投资。以古北水镇的建设为例,2010 年由乌镇团队领衔在北京密云古北口镇打造北方水乡小镇——古北水镇,水镇本来没水,但开发者巧妙地利用堤坝设施将水贯穿整个小镇,形成了"长城观光、北方水乡"的核心卖点。2014 年,古北水镇一经对外运营便吸引了大批游客,大获成功。作为乌镇模式在北方的翻版,古北水镇总投资超过 40 亿元。面对如此巨大的资本需求,开发者通过采用独特的融资模式得到了众多资本的追捧,成功地实现了资本运作与小镇建设的对接,有效地解决了融资难的问题。资金推动型开发模式中,资金作为一种主要推动力贯穿文化资源产业化发展的全过程,但在这个过程中,要特别注意不能一味地为了追逐资本的脚步而忘记了文化资源产业化开发的本质,即内容生产。

---

① 吴焜,李林.从腾讯新文创到中国新文创——新文创的国家战略思考[J].出版广角,2019(12).

第二节 文化资源产业化思路

文化资源的时空差异性等导致文化产业的多样性,不同地域、不同类型的文化产业具有不同的发展思路。我国疆域辽阔,历史悠久,文化资源丰富,不同地区的文化产业发展思路也不尽相同。文化产业是国家重点发展产业,也是"十四五"规划的重要内容,是满足人们文化需求的重要手段。理清文化资源产业化的总体发展思路,对找准文化产业的发展重点、推动文化产业高质量发展具有重要意义。

一、重视文化产业发展规划

文化具有非竞争性、非排他性,使得文化产品具有公共物品性质。因而要实现文化产业高质量发展,就必须借助政府宏观调控,实现文化产业资源最优配置。一是坚持文化产业导向。市场经济下,产业组织依据市场需求自我调适变化,但由于市场经济的外部性、垄断等造成产业发展并非完全遵循社会主义价值准则。尤其在当前,外部敌对势力时刻不忘颠覆社会主义政权,而日趋多元的文化价值观念又带给人们普遍的迷茫和困惑[1],极大地增加了文化产业发展的不稳定性,因而要坚持社会主义价值准则,坚持文化产业发展的经济效益和社会效益相统一。二是降低市场主体门槛。文化产业作为新兴的产业经济,其发展速度和演进类型在区域间存在较大差异,尤其是在我国东部、中部、西部,文化产业发展程度具有明显差异。在中部、西部地区,由于长期受计划经济体制影响,许多文化资源的保护开发仍然以政府力量为主,致使以文化资源为核心的文化产业经济并没有得到有效发展,因而亟须构建市场负面清单,降低市场主体准入门槛,增强市场活力,强化文化供给。三是健全文化产业制度。文化产业制度建设对文化产业持续发展至关重要,是引导和促进文化产业健康良性发展的重要保障。目前美国等国依据本国国情建立了"去中心化"、三级综合组织管理架构等文化产业管理制度和机制,对于文化产业发展产生了重要作用。面对国内外文化产业发展差距,我国亟须构建中国特色社会主义的文化产业管理制度,推动文化产业跨越式发展。

二、增强文化产业科技支撑

科技是文化资源创造性转化、创新性发展的重要工具,是文化资源"活"起来的重要手段。充分发挥科技支撑作用,发展新型文化产业形态,对推动文化产业高质量发展意义重大。一是强化关键技术攻关。文化资源是人们实践的产物,其潜在性、延展性特质使得文化资源需要借助外部力量来实现转化和发展,在众多外部力量中,关键技术是文化资源转化和发展的牛鼻子,而当前部分关键技术仍然受制于国外,成为文化产业发展的较大瓶颈。因而要围绕重大关键技术,聚集各类要素强化科技攻关,突破文化资源转化的技术难题,以先进

---

[1] 李林.数字文化产业与国家文化安全——基于国家数字化战略的思考[J].出版广角,2021(3).

的科学技术支撑文化资源产业化发展。二是强化数字化技术应用。当前,随着5G、大数据、人工智能、区块链等新技术高速发展,以产业数字化和数字产业化为基础的数字经济突飞猛进,极大地改变了文化产业孵化、设计、生产、供应、消费等现实场景,其中IP闭环运营、联名文创、"破圈层经济"等新型经济业态积极借助数字技术,为众多消费者提供虚拟现实、云上直播等新奇体验,成为文化资源转化和发展的重要支点。三是强化创新型人才培养。科技发展离不开创新型人才,但在推拉理论下,人才往往因工作环境、薪资待遇、生活福利等而过于集中在发达地区,欠发达地区却面临人才不足、人才质量低下等问题,这严重阻碍了欠发达地区的科技进步和文化发展。因此要围绕地区实际需求,通过云聘用、居转户等模式加强创新型人才的引进和培养。

三、促进文化产业融合发展

文化产业融合发展是文化产业与不同产业的跨界协同和彼此联结,对于延展文化产业链、增加文化产业价值具有重要作用。常见的文化产业融合包括文化与旅游、文化与体育、文化与农业、文化与工业等的融合。2014年,国务院发布了《关于推进文化创意和设计服务与相关产业融合发展的若干意见》,提出了文化产业跨界融合的原则和路径。一是深挖文化资源价值。文化产业与其他产业跨界融合的基础在于积蓄丰富的文化资源,提供更多的文化融合接入口。因而要通过各种途径、方式深挖古建筑、古遗址等物质文化遗产,以及民间音乐、传统技艺、民族医药等非物质文化遗产价值,进一步丰富文化资源价值维度,为文化产业跨界融合提供更多的对接口。二是注重拓展融合渠道。融合渠道是文化产业融合发展的实施路径。由于文化产业具有多样性、地域性、立体性特质,使得文化产业融合渠道存在时空差异,这也使得融合渠道在共时性方面具有相对稳定性,在历时性方面具有连续变化性。因而要依据自然环境、技术条件、政策规制等构建不同文化产业融合渠道,实现文化产业融合发展的可持续性。三是强化融合模式推广。由于受地区自然环境、经济环境、社会环境等因素影响,区域间文化产业融合模式存在外部差异性,但在差异性现象下面仍然存在系统性演变规律,因而要全面总结文化产业融合模式,强化产业融合经验推广,提升文化产业融合质量。

四、推动文化产业协同集聚

文化产业协同集聚是指文化产业在时空上实现合理化布局和产业间协同,是文化产业高质化、生态化、智能化发展的基础。马歇尔等学者认为,产业协同集聚离不开三个要素,即专业服务、劳动力、技术,三要素的合理配置是实现产业协同集聚的关键。[①] 一是强化生产要素跨区域流动。劳动力、资本、技术等生产要素在空间上的不可分割性导致区域块状经济的形成和发展,要想打破区域经济的条块分割,实现文化产业生产要素的协同集聚,必须使劳动力、资本、技术等生产要素在空间上自由流动。因而各地区要努力打破要素流动的藩篱,破除自我发展的精神桎梏,实现生产要素的空间自由流动。二是注重培育区域主导文化产业。罗斯托的主导产业论认为,主导产业的发展将会推动其他产业的繁荣,具体来说,主导产业通过其前向效应、后向效应、旁侧效应带动相关产业要素协同发展,因而发展主导文化产业,可以带动其他文化产业协同发展。各地区要依据自身文化资源与文化产业的特点,

---

① 杨秀云,李敏,李扬子.我国文化产业空间集聚的动力、特征与演化[J].当代经济科学,2021(1).

发展具有比较优势的主导文化产业,实现产业协同集聚。三是推动文化产业转型升级。文化产业转型升级是文化产业由低级向高级逐渐升级的过程,最终实现文化产业要素配置的合理化和高度化。当前文化新基建通过生产方式智能化、分配形式便捷化、流通渠道高效化、消费内容多样化等手段不断推动文化产业转型升级,进而推动文化产业协同集聚。因此要进一步加快文化新基建,为文化产业协同集聚奠定基础。

五、打造文化产业特色品牌

特色品牌是文化产业发展的灵魂,是区域间文化产业竞争的撒手锏。然而,当前文化产业在部分区域仍然存在庸俗化开发、同质化竞争问题。因此培育文化产业特色品牌、提升文化产业发展质量至关重要。一是丰富特色文化内核。文化产业的核心是文化资源,特色、优质文化资源有助于提升文化产业质量,因而要结合历史文化资源、当代文化资源,多渠道、多角度、多方式探寻当地文化资源特色,并依据时代特征、市场需求,有针对性地开展文化资源保护与开发,不断丰富文化内核。二是强化文化品牌意识。品牌是产品的标签,代表着产品的认可度和知名度,特色文化品牌不仅影响文化产业的地位,也影响文化产业的获益程度和紧密程度。因而要强化特色品牌意识,积极参与"驰名商标""老字号"等的申报和宣传,扩大品牌区域影响力,培育区域特色文化产业品牌。三是注重文化行业监管。在市场经济条件下,部分行为者为获取利益最大化,不惜破坏市场规则,仿冒和破坏相关文化品牌以获取个体私利,极大地影响了品牌形象,破坏了市场秩序。因此,一方面要提升行业协会的自我约束和自我管理能力,倡导相关责任者签订品牌保护协议;另一方面要通过知识产权体系建设,提高奖惩力度,为文化产业品牌建设营造良好环境。

本章小结

(1) 文化资源产业化是重要的经济活动,也是一个复杂的转化过程。要想使文化资源得到有效开发,一方面要始终坚持经济效益与社会效益相统一、文化保护与文化创新相统一的原则;另一方面要依据文化资源特性、区域资源禀赋,选择适宜的开发模式。根据文化资源产业化开发的依托要素和推动力,可将文化资源产业化开发模式分为以下五种:资源依托型开发模式、市场导向型开发模式、创意驱动型开发模式、科技创新型开发模式、资金推动型开发模式。

(2) 文化资源产业化可优化产业发展结构,转变经济发展方式;增加文化产品供给,满足人们的精神文化需求;不断增强文化自信,提高国家文化软实力。我国文化资源丰富,时空差异性突出,不同地区的文化产业发展道路不尽相同,但整体看,文化资源产业化的总体思路主要包括重视文化产业发展规划、增强文化产业科技支撑、促进文化产业融合发展、推动文化产业协同集聚、打造文化产业特色品牌等。

1. 文化资源产业化的意义是什么?
2. 文化资源产业化应遵循哪些基本原则?
3. 当前文化资源产业化开发有哪些模式?
4. 结合课内外知识,谈谈文化资源产业化开发的思路还有哪些。

【知识拓展】

"格萨尔"史诗产业化开发案例

《格萨尔》是世界上最长的史诗,在青海、西藏、四川、内蒙古等地广为流传。2006年,《格萨尔》被列入第一批国家级非物质文化遗产名录,2009年又被联合国教科文组织列入非物质文化遗产名录。《格萨尔》史诗有两种基本传播方式:一是民间艺人口头传唱;二是手抄本与木刻本保存和传播。在这两种方式中,又以第一种传播方式为主。在《格萨尔》的流传过程中,那些才华出众的民间说唱艺人发挥了巨大的作用。

1. 格萨尔文化产业化的途径及形式

格萨尔文化产业化开发并不是一个新鲜的话题,早期格萨尔说唱艺人如扎巴、才让旺堆、桑珠等在一无所有的情况下,四处流浪,凭借说唱格萨尔史诗为生。20世纪80年代,在抢救格萨尔艺人的工作中,桑珠等人的说唱引起了专家们的高度重视并被发掘出来。随着录制格萨尔史诗,桑珠、玉梅等民间说唱艺人开始被人熟知,格萨尔史诗说唱再次兴盛,西藏拉萨八廓街出现许多出售格萨尔史诗说唱磁带的流动小摊,这可以说是格萨尔文化产业的雏形。经过30余年的发展,格萨尔文化已经发展成为多种形式、多种载体,具有较大影响的产业品牌。紧紧围绕格萨尔说唱艺术,格萨尔文化产业衍生层开始产生和发展,如格萨尔唐卡、格萨尔石刻、格萨尔藏戏、格萨尔竞技体育、格萨尔出版、格萨尔服饰等。随着现代科技的发展,借助新的传播技术和传播渠道,格萨尔文化产业又发展出了外围层,即格萨尔电影、格萨尔电视节目(包括电视剧、电视说唱、电视专题)、格萨尔音像制品、格萨尔动漫、格萨尔网络游戏、格萨尔文化旅游等。

2. 格萨尔文化产业化的困境和问题

格萨尔文化是人类共有的精神财富,产业化开发是格萨尔文化持续发展的有效途径,但格萨尔文化在产业化过程中面临以下困境。

1) 资源分割阻碍格萨尔文化产业整体发展

一方面,格萨尔文化在国际国内分布较广,区域之间的限制造成了格萨尔文化资源在空间上的分割。这种资源分布的离散性导致格萨尔文化发展的地区和区域限制,各地发展格萨尔文化产业步调不一,用力不均,各自为政,甚至争抢资源。另一方面,格萨尔文化产业发展方式比较单一,未充分挖掘格萨尔历史文化资源和自然生态资源,难以实现格萨尔文态、业态、生态、形态的深度融合,格萨尔文化资源保护与产业发展遭遇瓶颈。

2) 零碎开发制约格萨尔文化品牌影响力整体提升

格萨尔文化产业发展已有约40年的历史,但是开发零碎,系统性不足,缺乏有影响力的精品力作,品牌推广严重滞后。尤其是对现代传播技术、新媒体平台缺乏敏感,利用不足,制约了格萨尔文化产业影响力的整体性提升。格萨尔王除恶扬善、骁勇善战的事迹情节曲折,故事性很强,很适合改编为动漫电影和网络游戏,但多年来都是雷声大、雨点小,缺乏实质性推进。

3) 追逐经济利益而忽略文化的内涵和价值

产业化必然表现为对物质、金钱、利润的极度关注,这一现象同样表现在格萨尔文化产业化开发中。比如格萨尔唐卡、石刻、藏戏等衍生产品都需要进行生产性保护,但一些地方一味追求产品数量、经济效益,忽视了对格萨尔文化核心技艺和文化内涵的坚守和传承。近年来,一批工艺粗糙、生产快捷的印刷品格萨尔唐卡和机器制作的格萨尔石刻,严重冲击了传统手工制作、以珍贵天然矿物质为原料的格萨尔唐卡和格萨尔石刻艺术市场。

3. 格萨尔文化产业化发展思路及建议

从国家层面来讲,发展格萨尔文化产业要加强规划管理、资源整合和深度融合;而落实到操作层面,要在格萨尔文化产业发展基础之上,加强对现代科技的运用,使格萨尔文化"活化"和"现代化",使之融入现代社会和现代生活。

1) 加强顶层设计,整合格萨尔文化资源,促进融合发展

针对目前格萨尔文化产业发展资源分散、发展不均等问题,需要从国家层面出发,树立格萨尔文化国际化、全球化的发展理念,对格萨尔文化产业发展做出全面系统的规划和指导,促进格萨尔文化产业融合发展。主要措施包括:推进格萨尔文化产业发展空间的融合;推进格萨尔文化产业发展方式的融合;推进格萨尔文化产品的融合;培养青少年一代对格萨尔文化的认知和兴趣等。

2) 打造推广前台,利用现代传媒技术,扩大格萨尔品牌影响力

传统格萨尔文化是通过格萨尔艺人说唱来实现文化的传承,而目前随着现代传媒技术的飞跃发展,格萨尔文化的传承渠道越来越广,表现形式也越来越丰富,因而要进一步通过现代传媒技术推动格萨尔文化的广泛传播。主要措施包括:利用现代传媒手段扩大受众范围;利用动漫、网络游戏、手机游戏等创新格萨尔文化传播的形式;打造格萨尔文化品牌和产业链。

3) 赋予场景和意义,推动格萨尔文化融入现代生活

民族文化资源产业化也可以说是民族文化资源现代化、活态化的过程。很多民族文化因为脱离了原来的文化语境和使用语境,变成了一种"死"文化。发展格萨尔文化产业,就是要为其重新赋予使用场景和文化意义,使其重新融入现代生活。主要措施包括:对格萨尔文化进行解构和重构;对格萨尔文化表现形式进行大胆创新;重新赋予格萨尔文化使用价值。

4) 设立保护实验区,促进格萨尔文化持续传承

社会应当建立格萨尔文化的保护性空间,针对格萨尔文化产业发展的不同职能,建立灵活的管理调控模式,对格萨尔文化产业发展收入通过税收、转移支付等手段进行统一调剂和分配,促使利益再分配,补偿保护区因丧失部分发展机遇而付出的代价。既使保护区的经济得以发展,居民得以富裕,又促使保护区居民承担起传承民族文化的历史责任,有意识地保护好自身的民族文化。

(根据《少数民族文化资源产业化的路径探析——以"格萨尔"史诗产业化发展为例》[1]整理而成)

---

[1] 塞莉.少数民族文化资源产业化的路径探析——以"格萨尔"史诗产业化发展为例[J].西南民族大学学报(人文社会科学版),2018(7).

下篇
文化资源产业化案例

导　言

　　文化资源产业化案例是围绕文化资源理论而开展的实践探讨,是对文化资源产业化发展的经验总结,旨在一方面为我国文化产业转型升级及地区文化资源开发提供思路借鉴,另一方面探究文化资源理论的落地实践,进一步完善和补充文化资源理论体系。1992年,在《关于加快发展第三产业的决定》中,我国首次明确提出"文化产业"概念,这标志着文化产业被正式列入国民经济产业序列。党的十八大以来,文化产业发展突飞猛进,逐步成为我国重要的支柱产业。2020年,新冠肺炎疫情对线下文化产业造成了一定的负面影响,但也促使云上直播、网络博物馆等线上文化产业逆势发展。总的来说,目前我国文化资源产业化呈现三大趋势。一是跨界融合不断加深。随着数字经济的发展,文化跨界融合的方式和效率不断提升,出现了联名文创、破圈层经济等新型经济业态。二是产业效益不断提升。我国文化产业增加值占GDP比重由2010年的不到3%增加到2019年的超过4.5%,实现了经济效益和社会效益的双进步。三是产业链条不断完善。随着文化资源、知识产权、技术、数据等文化要素市场化配置程度不断完善,文化产业从上游资源供应、中游生产分配到下游流通消费实现了全产业链生态闭环。

第七章 文化资源与动漫产业

动漫产业是以动画、漫画为主要形式的产业类别,是文化产业的重要分支。动漫产业与文化资源关系密切,一方面动漫产业的发展离不开文化资源的滋养,另一方面动漫产业的发展又促进了文化资源的创造性转化和创新性发展。近年来,动漫逐渐成为大众文化娱乐的重要方式,在文化传播、教化育人以及提升文化实力、彰显文化自信、保护文化安全等方面发挥着日益重要的作用。当前,随着数字技术的发展,我国动漫发展步入快车道,出现了"国漫崛起"的热潮,一大批以传统文化为内核、以现代技术为手段的优质动漫不断涌现。

一、动漫及动漫产业相关概念

动漫是一个极具概括性、整合性和包容性的概念,主要包括动画和漫画,在英文中与动漫最接近的单词是"animation"。作为一种建立在画面基础上的技术手段和表现形式,动画是一种画出来的运动艺术,通常有二维动画、三维动画、定格动画等类型;漫画则是一种笔法简洁、手法夸张而寓意深刻的绘画类型。[1] 近年来,国内关于"动漫及动漫产业"内涵的理解,大都是围绕西方发达国家的卡通、动画、漫画、动画游戏、电影动画进行概括性的描述。[2] 2006年,国务院办公厅印发的《关于推动我国动漫产业发展的若干意见》中首次给动漫及动漫产业的概念做出了一个权威界定,即动漫产业是指以"创意"为核心,以动画、漫画为表现形式,包含动漫图书、报刊、电影、电视、音像制品、舞台剧和基于现代信息传播技术手段的动漫新品种等动漫直接产品的开发、生产、出版、播出、演出和销售,以及与动漫形象有关的服装、玩具、电子游戏等衍生产品的生产和经营的产业。[3] 从产业链的视角来看,动漫产业是一个由"制作漫画作品—在动漫杂志上连载—选择读者反馈好的作品出版成单行本—制作

---

[1] 王广振.动漫产业概论[M].福州:福建人民出版社,2013.
[2] 胡惠林.我国文化产业政策文献研究综述:1999~2009[M].上海:上海人民出版社,2010.
[3] 国务院办公厅转发财政部等部门关于推动我国动漫产业发展若干意见的通知[EB/OL].(2006-04-25)[2021-03-25]. http://www.gov.cn/gongbao/content/2006/content_310646.htm.

成动画—开发衍生品—创造形象价值"①等产业链构成的产业。从内容传输方式来看,动漫产业具体可分为漫画杂志、电视动漫、动画电影、影视动漫、网络动漫和手机动漫等几种类型。

二、我国动漫产业的发展历程

我国动漫产业起步较早,早期万氏兄弟拍摄的第一部无声动画片《大闹画室》以及亚洲第一部长篇动画《铁扇公主》,对我国早期动漫电影产生了重要影响。新中国成立后,由于社会环境及改革开放后国外动漫产品的冲击,我国原创动漫发展一度迟缓。进入21世纪,国家先后出台相关扶持政策,我国动漫产业迎来了高速发展②,动漫产品质量明显提高、技术创新能力持续增强、精品力作不断涌现。下面主要根据我国动漫产业在发展演进过程中所呈现出的总体特征,共分成六个时期来简要介绍动漫产业的发展历程。

(一)萌芽期:1922—1946年

1922—1946年是我国动漫业的萌芽期,产生了以万籁鸣、万古蟾、万超尘、万涤寰等为代表的第一代中国动画人。1922年中国第一部广告动画片《舒振东华文打字机》完成摄制,揭开了我国动画发展的序幕,但当时该片在业界并没有引起太大的反响。1926年,由万氏兄弟独立完成的《大闹画室》影响颇深,在我国动漫发展史上留下了重要的一笔。1935年,万氏兄弟根据《伊索寓言》中的一则故事制作完成了我国第一部有声动画片《骆驼献舞》,标志着我国动画片进入了有声时代。1941年,万氏兄弟根据"孙悟空三借芭蕉扇"的故事改编推出了我国第一部长篇动画《铁扇公主》,上映之后大获成功,并走出国门传播到了日本等国家。从1922年到1941年,万氏兄弟共拍摄了30多部长短不一的动画作品,包含广告片、娱乐片、宣传片,为中国动画的发展开辟了道路,撑起了中国动画的一片天。③

(二)成长期:1947—1965年

1947—1965年是我国动漫业的成长期,大批优秀动画片相继问世。东北电影制片厂制作完成的木偶片《皇帝梦》和动画片《瓮中捉鳖》,为新中国动画片生产奠定了基础。新中国成立后,上海电影制片厂先后制作完成了《谢谢小花猫》《小猫钓鱼》《乌鸦为什么是黑的》《机智的山羊》等一批童话类动画片。其中,1955年制作完成的《乌鸦为什么是黑的》是我国第一部彩色传统动画片,也是我国第一部在国际上获奖的动画片,它的出现标志着国产动画开始由黑白时代迈入彩色时代。这一时期,在"百花齐放,百家争鸣"文艺工作方针的指引下,我国动画片生产快速进入一段繁荣发展期,动画片的产量猛增、精品迭出,作品题材类型日趋丰富,不少影片还走出国门得到国际认可,具有"中国学派"的动漫发展之路正在形成。1957年4月,上海美术电影制片厂建立,宣告我国第一家专业生产动画作品的电影制片厂诞生。1958年,国内第一部剪纸片《猪八戒吃西瓜》创作成功;1960年,我国第一部折纸片《聪明的鸭子》制作完成;1961年,第一部水墨动画片《小蝌蚪找妈妈》诞生;1964年,第一部大型彩色动画片《大闹天宫》问世,等等。这一时期,我国有15部动画作品在国际影坛共获得21项大奖。

---

① 刘斌.IP运营视角下动漫产业价值链创新[J].中国出版,2019(3).
② 陶萍,万鑫贝.我国动漫产业发展现状与对策[J].商业经济,2020(3).
③ 汪宁.中外动漫史[M].上海:上海人民美术出版社,2007.

（三）停滞期：1966—1977 年

1966—1977 年，受当时社会环境影响，我国动画业的发展基本处于停滞状态。1972 年，上海美术电影制片厂率先恢复生产，到 1976 年共摄制动画片 17 部，如《放学以后》《小号手》《小八路》《东海小哨兵》《试航》《长在屋里的竹笋》等。

（四）恢复期：1978—1989 年

1978—1989 年是我国动画业的恢复期。在改革开放的推动下出现了 20 多家动画片制作单位，打破了上海美术电影制片厂"独家制作"的局面，给动画事业的发展注入了活力，产生了一批高水平的优秀影片，具体包含童话故事、神话故事、民间传说、科幻、寓言故事、现代题材等多题材类型，如《哪吒闹海》《雪孩子》《三个和尚》《猴子捞月》《鹬蚌相争》《夹子救鹿》《女娲补天》等。据统计，这一时期全国共生产电影动画片 219 部。在这一时期，随着电视的普及，创作单位也纷纷开始生产和制作电视动画片和动画系列片，产生了一批深受观众喜爱的优秀作品，如《阿凡提的故事》《三毛流浪记》《黑猫警长》《邋遢大王奇遇记》《葫芦兄弟》《舒克与贝塔》等。

（五）转折期：1990—2012 年

1990—2012 年是我国动漫产业的转折期。在政府的推动下，我国动画创作迎来一个前所未有的发展黄金期，动画产量和从业人员数量不断增加，优秀动画作品不断涌现，动漫产业基地应运而生，国产动漫也重新兴盛起来。1995 年，中国电影发行放映公司宣布对动画片不再实行统购统销的计划经济政策，在这样的形势下，各个动画片制作单位不得不改变生产和经营模式，逐步走向市场竞争。1999 年，我国第一部具备现代影院动画表现形式的动画电影《宝莲灯》问世，上映后仅一年内就取得了 2000 万元的票房。到了 2006 年前后，我国动画电影在创作上进步明显，在影片上映总量上保持稳步上升趋势，《喜羊羊与灰太狼之牛气冲天》的上映首次将国产动画电影票房带入"亿元时代"。到了 2012 年，国内上映动画电影票房总收入达到 14.45 亿元，国产动画电影上映数量增至 22 部，占上映动画总数的 56%，票房同比增长 47%。①

自进入 21 世纪以来，随着电脑动画和网络媒体动画技术的发展，我国动画制作的数字化进程也在不断加快。2001 年，第一部全三维制作的动画片——《小虎斑斑》完成制作。为推动动漫产业的发展，这一时期国家还出台了一系列文化政策，启动了一大批产业扶持计划。2006 年，国务院颁布的《关于推动我国动漫产业发展的若干意见》，系统、全面地提出了我国动漫产业发展的若干政策，并首次从国家层面明确提出要发展动漫产业。2008 年，文化部发布了《关于扶持我国动漫产业发展的若干意见》，全面阐释了扶持我国动漫产业发展的政策主张。同年，文化部"原创动漫扶持计划"启动，中央财政拿出 700 万元设立了动漫产业发展专项基金，以扶持我国原创动漫的创作和传播。2009 年，财政部发布了《关于扶持动漫产业发展有关税收政策问题的通知》，就扶持动漫产业发展的有关税收政策问题做出说明。2012 年，《"十二五"时期国家动漫产业发展规划》出台，明确指出，"十二五"期间，要努力推动我国原创动漫创意、研发、制作能力大幅提升。总的来看，这一时期，一系列政策文件

---

① 姬政鹏.传承中华文化基因 展现中华审美风范——新中国 70 年国产动画电影创作回顾[N].中国电影报，2019-09-04.

的出台和产业扶持计划的启动,极大地推动了动漫产业的发展和国产原创动漫的兴盛。

(六)提升期:2013年至今

2013年以来,我国动漫产业的发展进入全面提升期,产品生产发行数量和产业规模效益等指标平稳增长,产业结构不断优化升级,在线动漫市场快速提升,国产动漫影响力初步显现。据统计,2019年,我国动漫产业产值达1941亿元,同比增长13.38%;动漫电影数量占总电影数量比重为14.46%,动漫电影占总电影票房比重为11.48%;在线动漫市场规模26.8亿元,同比增长96.3%。2017年,中共中央办公厅、国务院办公厅印发了《文化部"十三五"时期文化发展改革规划》,指出要支持原创动漫创作生产和宣传推广,培育民族动漫创意和品牌。在这一时期,国产动漫质量得到了有效提升,不仅带动了动漫类型题材的突破,更为我国动漫市场注入了新活力,不断推动整个行业继续朝着精品化方向发展。

三、我国动漫产业的发展现状

近年来,在国家大力推进供给侧结构性改革、实施创新驱动发展战略的背景下,我国动漫产业通过深化改革、创新发展、提质增效和融合协同等多种举措,保持了又快又好的发展态势[①],产业规模不断扩大,产业结构不断优化,产品质量稳步提升,品牌价值日益凸显。当前,随着互联网和新媒体技术的应用,我国动漫产业呈现出广阔的发展前景,产业潜能逐步得到释放,本土特色、民族特色日益凸显。

(一)动漫产业规模稳步增长

近年来,我国动漫产业保持上升态势,各细分领域的产业规模稳步增长。据统计,2019年,我国动漫产业总产值达1941亿元,同比增长13.38%(见图7-1);泛二次元用户规模达3.9亿人,同比增长12.1%;在线漫画市场规模为26.8亿元,同比增长96.3%;在线动画市场规模达164.6亿元,同比增长28.7%。具体来看,2019年,我国网络漫画用户规模突破亿

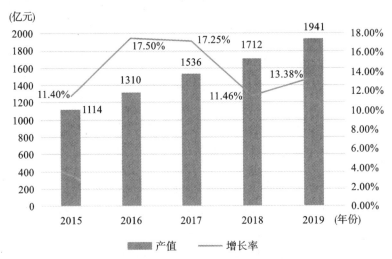

图7-1　2015—2019年中国动漫产业产值及增长率

---

① 中国动漫游戏产业年度报告课题组,张立,王飚,等.2016年中国动漫游戏产业发展报告[J].出版发行研究,2017(6).

人,网络漫画月活跃用户规模同比增长 30.83%;全年共完成生产电视动画片 305 部、9284 集、94659 分钟,分别同比增长 26.6%、22.8% 和 9.7%;全年动画电影票房收入达 116.08 亿元,占年度总电影票房(642.66 亿元)的 18.06%;全年登记备案网络动画片超过 250 部,合计播出 311.70 亿次,同比增长 18.53%。

(二)动漫企业实力持续增强

随着我国动漫产业的纵深发展,动漫企业实力持续增强。据统计,2019 年,全国共有 27 万家动漫制作相关企业,全国通过认定的动漫企业有 42 家;累计数量达到 896 家,其中重点企业 43 家。经过多年的发展积累,一大批有实力、有特色的动漫企业脱颖而出,如以奥飞娱乐、腾讯互动娱乐、华强方特动漫、腾讯、哔哩哔哩、爱奇艺、方特动漫等为代表的综合运营商,以央视动画、炫动传播、原创动力、玄机科技、蓝弧文化、咏声动漫、宏梦卡通、追光动画等为代表的专业内容供应商,以及以光线传媒、恒大文化、海尔文化等为代表的战略投资者[1],有效带动我国动漫产业的发展。

(三)国产动画电影风格凸显

近年来,国产动画电影表现可谓亮眼,作品数量与市场规模都有了很大提升。据统计,2018 年,国产动画电影共上映 35 部,累计票房约 16.22 亿元。与此同时,越来越多具有"中国风"的动画作品涌现,如《西游记之大圣归来》《大鱼海棠》《大护法》《白蛇:缘起》《哪吒之魔童降世》《姜子牙》等。这些基于中国传统文化、传统美学、民间传说、神话故事等进行现代化改编的国产动画电影一次次给我们带来惊喜,实现口碑和票房的双赢,由此不断引领我国动漫产业整体迈入新的发展阶段。[2]

(四)动漫 IP 价值转化能力提升

动漫 IP 充满了生命力。在我国,动漫 IP 价值转化的通常做法是授权开发周边衍生品,如日用品和玩具类、影音类衍生品、游戏类产品等。近年来,随着互联网和新媒体技术的运用,我国动漫产业 IP 价值得到了更加丰富的体现。据统计,2018 年,我国动漫衍生品市场规模达 770 亿元,同比增长 20.1%。[3] 随着动漫 IP 价值转化能力的增强,直接推动了围绕 IP 的"一源多用"的"IP+"战略的提出与发展,使动漫作品创作呈现出系列化、品牌化、推陈出新、连续迭代的特点。[4] 同时,围绕动漫 IP 还可以与文旅产业、非遗等进行跨界融合创新。比如,动漫作品《一人之下》与云南省携手打造了六条核心旅游线路;腾讯动漫以《狐妖小红娘》IP 为核心与杭州宏逸投资集团联合打造国内首个国漫主题公园,等等。

总的来看,随着一系列动漫产业扶持政策的出台,动漫产业发展环境得以不断优化,但当前在我国动漫产业发展过程中仍旧存在优秀原创作品缺乏、动漫产业链不完善、版权保护力度不够、高端人才缺乏、题材内容缺乏创意等问题亟待解决。随着互联网和新媒体技术对

---

[1] 中国动漫游戏产业年度报告课题组,魏玉山,张立,等.2018 年中国动漫游戏产业发展报告[J].出版发行研究,2019(9).

[2] 刘磊,孙天晨.近年来国产动画电影的民族化探索与重思(2014—2019)[J].电影文学,2021(1).

[3] 中国动漫游戏产业年度报告课题组,魏玉山,张立,等.2018 年中国动漫游戏产业发展报告[J].出版发行研究,2019(9).

[4] 中国动漫游戏产业年度报告课题组,魏玉山,张立,等.2018 年中国动漫游戏产业发展报告[J].出版发行研究,2019(9).

动漫产业发展的驱动力日渐增强,在今后一段时间内,互联网动漫很可能会成为我国动漫产业未来的主要发展方向。①

四、文化资源的挖掘与动漫产业的开发实践

动漫产业的发展既关系到我国悠久历史文化资源的创造性使用,也关系到现代信息技术条件下中华文化在全球传播的广度和深度。② 作为推动新文化发展的重要载体,动漫产业的发展要植根于中国传统文化,运用中国特色元素,融入时代精神,打造具有中国风格和特色的动漫品牌。近年来,国产动画创作过程中不断有"中国风"的作品出现,如《姜子牙》《白蛇:缘起》《大圣归来》《哪吒之魔童降世》《大鱼海棠》等,这些作品通过积极挖掘传统文化资源,有力地推动了我国优秀传统文化的传承、创新和发展。下面选取我国传统文化资源结合动漫产业发展的几个经典案例进行介绍。

【案例一:《大鱼海棠》】

《大鱼海棠》是彼岸天文化有限公司、北京光线影业有限公司和霍尔果斯彩条屋影业有限公司联合出品的奇幻动画电影。该片讲述了掌管海棠花生长的少女椿为报恩而努力复活人类男孩鲲的灵魂,以及在天神湫的帮助下与命运纠缠斗争的故事。2016年7月8日,《大鱼海棠》正式上映,首日票房达7460万元,打破了中国国产动画电影的首日票房纪录;到上映期结束,该片最终收获票房5.74亿元。2010年7月,《大鱼海棠》作为唯一入选的中国动画电影,荣获第十四届韩国首尔国际动漫节最佳技术奖。

1. 剧情彰显中国传统文化

中国传统文化是《大鱼海棠》的立足根源。首先,影片所建构的背景与人物,包括三位主角椿、鲲和湫在内均来源于《庄子·逍遥游》《山海经》等多部中国古典文学作品。剧情开篇老年椿所念"北冥有鱼,其名为鲲。鲲之大,不知其几千里也。化而为鸟,其名为鹏。鹏之背,不知其几千里也。怒而飞,其翼若垂天之云。是鸟也,海运则将徙于南冥。南冥者,天池也",以及片尾"上古有大椿者,以八千岁为春,八千岁为秋,此大年也",都取自《庄子·逍遥游》。其次,剧情还有关于轮回的设定,椿爷爷舍己救中蛇毒的湫,湫牺牲生命救椿,这种对轮回的表达暗含了中国文化的价值观。椿爷爷曾为椿解释过生死:"对于我们来说,死是永生之门。"在影片中,掌管百鸟的椿奶奶死后化为凤凰陪在椿爷爷身边,椿爷爷死后化为海棠树,这正表现了庄子看待生死的"物化观"。再次,影片中几条故事线皆围绕报恩和救赎而展开,鲲为救椿而死,椿为报恩付出了一半生命换回鲲的灵魂,湫牺牲全部生命把椿与鲲送到人间,成全了他们的爱。主角们都性格鲜明,体现出了为义舍身的奉献精神,高度弘扬了中华民族数千年的人文主义精神。

---

① 徐群晖.中国动漫产业的新媒体趋势研究[J].社会科学战线,2018(8).
② 胡惠林.我国文化产业政策文献研究综述:1999~2009[M].上海:上海人民出版社,2010.

2. 场景设计凸显中国风貌

《大鱼海棠》故事主场景选择了福建客家土楼的建筑元素,为影片增添了神秘的奇幻色彩。从影片开始,客家建筑就随之展现。如影片中椿跑去找灵婆时经过的廊桥,其原型正是永定廊桥——济行桥。除了廊桥外,椿住的承启楼、湫住的和贵楼以及灵婆住的如升楼也都是客家土楼群中的著名建筑。福建永定客家土楼属于中国传统民居,历史悠久,造型独特,承载着本土客家人的独特文化。客家人在土楼中聚族而居,对应影片中椿的族人掌管大自然运行规律并共同维护海底世界的理念。除此之外,影片中其余场景如梯田、云海等,完美呈现出了中国特色自然景观和人文风貌;还有展示中国风俗文化的"神之围楼"上悬挂的大红灯笼,"三足渡者"所驾的龙舟、指引椿拜访灵婆的貔貅等,这些充满中国传统风俗文化的物象,无一不让整部影片充满浓郁中国风,为影片增添了中国文化的神秘色彩。

3. 人物形象设计取自中国神话

椿取材于《庄子·逍遥游》,"上古有大椿者,以八千岁为春,八千岁为秋",隐喻椿拥有极长的生命;鲲来自《逍遥游》中"北冥有鱼,其名为鲲",暗喻海底神族的长寿。鲲为救女主角椿而死,灵魂化为一只大鱼,椿希望"鲲之大,不知其几千里也",于是影片末尾鲲长出可"扶摇直上"的翅膀回到人类世界。取材自中国古典文献中的人物角色,依附于天马行空的想象力,让人们感受到动漫作品的独特艺术魅力。椿爷爷源于《山海经》中的后土,奶奶死后变为一只凤凰等,还有其余如祝融、嫘祖、赤松子、貔貅、帝江等角色均能在中国古典神话中找到渊源,而且角色与影片风格相统一,提升了影片的文化厚重感。

4. 色彩应用展现"中国红"

动漫作品的视觉传达最先被人接收到的就是画面的色彩,色彩的使用在动漫作品中占据重要地位,它既能烘托故事情节的气氛,又能表现影片独有的艺术张力,影响影片传播效果。在色彩学中,红色多象征着生命的息息不止。《大鱼海棠》选取红色作为主色调,切合了影片的主题——生命。在影片中,不同层次的红色被运用得淋漓尽致,如椿、湫、廷牧所穿的上装皆为红色,红鱼、红鞭炮、红毯、红柱子、红伞、红窗子、红窗帘以及以红为主色调辅以黑色的片尾等,这些不胜枚举的红色具有强大的视觉冲击力,彰显着蓬勃的生命活力。整部影片中带来最大红色视觉效果的就是椿的元神海棠树和夜晚红灯笼所带来的红色。作为中国人共同青睐的色彩,红色承载着中华民族的文化内涵和精神依托,影片中随处可见的"中国红"浸染了中国历代文明的气息和神韵,体现了影片的中国文化特色,也是国产动漫进行民族化创作的一种呈现方式。

5. 传统音乐在动画主旨表达中的应用

从古至今,无论哪种风格的歌曲,都意在展现人类的生活与情感,表达人生的理想与愿望。影片主题曲《在这个世界相遇》、印象曲《大鱼》、片尾曲《湫兮如风》等,从歌名、曲调再到歌词,都深深贴切了《大鱼海棠》的故事脉络和其内含的民族风格。例如,影片主题曲《在这个世界相遇》中多次出现的一句歌词:"每条大鱼,都会相遇,每个人,都会重聚。"用高声音域呈现出影片的世界观:大海是灵魂最后的归宿,包括人类最终也会回归大海。这一世界观源于道家思想,道家认为天地万物都由道派生,人类应循道而行,最后回归自然。

(根据《从〈大鱼海棠〉论当代国产动漫本土化发展》①整理而成)

【案例二:《哪吒之魔童降世》】

《哪吒之魔童降世》(以下简称《魔童》)是一部改编自中国神话故事的国产动画电影,讲述了哪吒虽"生而为魔"却"逆天而行,斗争到底"的成长经历。2019年7月26日,该片正式上映,89分钟后影片总票房即突破1亿元大关,创下国内动画电影最快破亿元的纪录。截至2019年9月21日,《魔童》票房已经突破50亿元,位列中国影史票房第二位,仅次于《战狼2》的成绩。中国电影票房榜前十名里第一次有了动画片的位置,该片一跃成为亚洲最高票房动画电影。《人民日报》等权威媒体也纷纷发文助力影片上映。②

1. 主题思想:传统精神与时代理念的现实表达

《魔童》在前作的基础上大胆创新,既保留了中国传统文化的精髓,又加入了流行元素,使所要展现的文化更易于被受众接受。③ 在我国本土文化中,哪吒这一神话角色源于《西游记》《封神演义》等经典名著,主要涉及闹海传说、屠龙传说等故事。哪吒降妖伏魔的故事人尽皆知、深入人心,受到观众的普遍崇拜。传统动画《哪吒闹海》表现的是哪吒的"舍生取义"和"个人的牺牲精神",代表的是一种高尚的人格,也是一种共同价值观。而反观《魔童》故事主题,它阐释出一种新的思想,即跨越传统的主题和观众固有的思维模式。《魔童》导演兼编剧饺子在接受采访时表示,哪吒作为中国传统神话英雄,在不同年代有着不同的精神内核。正是基于这样的创作理念,《魔童》在不脱离民族传统语境的前提下,在遵循哪吒故事的大框架下,对哪吒这个形象进行了贴近现代观众审美习惯与符合当代人性需求的全新演绎,削弱了哪吒这一形象所包含的批判性张力,更关注贴近当代观众的审美取向和情感结构。在影片中,哪吒对抗的是世人的偏见,反抗的是不公的命运,这次,哪吒打的是一场自己与自己的战争。对传统的哪吒故事进行解构,对哪吒的故事内核进行更深层次的挖掘,是《魔童》最成功的地方。正因如此,观众才会感觉眼前的这个哪吒既熟悉又陌生,既新鲜又容易产生共情。此外,影片中的世界观设定也体现出了民族文化传统下浓厚的人文精神,在传统文化的命题架构中增加了当代的侠义精神和社会价值观,通过主要的人物关系深刻地反映出中国文化中对亲情关系的重视④,增强了故事情节的说服力与合理性。例如,哪吒的父母和师父是他身份的知情者,但他们也竭尽所能帮助哪吒反抗自身,帮助哪吒改变必遭天劫而亡的命运,是真正的命运反抗者。《魔童》以哪吒阴差阳错成为"魔丸(偏见)"开始,创作

---

① 翟敏.从《大鱼海棠》论当代国产动漫本土化发展[J].电影文学,2019(7).
② 陈红梅.传承与颠覆:《哪吒之魔童降世》的反神话叙事[J].中南大学学报(社会科学版),2020(6).
③ 谢仁敏,司培.《哪吒之魔童降世》:中国动画电影民族化叙事的"破"与"立"[J].电影评介,2020(5).
④ 翟学伟."亲亲相隐"的再认识——关系向度理论的解释[J].江苏行政学院学报,2019(1).

出的主题与传统观念的哪吒故事相异，打破了观众对哪吒固有形象的壁垒。①

2. 形象设计：传统元素与当代元素的融合建构

形象设计是一部动画作品的灵魂，没有它就没有动画存在的意义。在影片中，有多处设计均体现了传统元素和当代元素的融合。首先，《魔童》运用传统八卦图形与文字排列组合的方式，创作出了具有时代特色的宝莲"开机界面"。一方面开启界面的图案源于《周易》的八卦图，这是典型的中国传统文化符号；另一方面开启界面的文字排列组合和触屏设计又显示出强烈的时代感。在细节方面，当太乙真人四次密码输入错误以为宝莲无法开启后，第五次却依靠指纹识别解锁，把民族符号的幽默讨巧发挥到了极致，使得观众捧腹大笑。② 其次，在角色设计上，《魔童》延续了近年来国产动画制作中对人物形象幽默化、亲民化的设计思路，将传统审美风格融入现代动漫创作，达到形神兼备的意蕴之美。影片的人物形象设计参考了传统的哪吒故事话本、电影、画册等资料，并根据现今的审美增加了大胆的想象和变形。如太乙真人的造型完全颠覆了传统的白发仙翁形象，在体型、服装、五官造型上进行了娱乐化、卡通化的加工。但其与哪吒的师徒关系，则表现了师傅对徒弟传道授业解惑的内涵逻辑，是中国传统民族文化内容中的核心部分。影片以游戏、无厘头的形式，解构了人们对太乙真人的固有印象，有意凸显了一些角色的小缺点而非塑造高大全式艺术形象，进而增强了观众对角色的认同感和亲切感，让观众更能理解影片中蕴含的传统文化内容。

3. 场景设计：传统美学与流行元素的完美结合

动画片比电影拥有更大的创作自由和想象空间，更注重娱乐性和观赏性，因而在场景设计上会更多采用视觉奇观的创作手法。《魔童》在创作中，依托现代数字技术，运用"设虚""留白"等传统绘画手法，将传统美学和流行元素融为一体。《魔童》在场景设计上吸收了中国古代山水画、壁画等艺术门类的技法，采用现代写意手法描绘出近、中、远三层空间，营造出一个超脱于现实生活的虚幻四维空间。比如，"江山社稷图"是影片中最具想象力和创意的场景，整个场景看起来好似一幅中华田园画卷，有一种世外桃源的意境，非常具有视觉冲击力。此外，人物的动态、道具的装饰和衣襟的舞动等细节中，通过传统中国风的流畅飘逸质感与现代格斗场景的巧妙结合，诠释出了传统绘画所追求的"写神""写意""写心""写性"境界。影片中反复出现的祥云、太极图等寓意纹样，从视觉上成为传统文化与现代文明间的桥梁，是民族文化识别和认同的象征性符号。

（根据《传承与颠覆：〈哪吒之魔童降世〉的反神话叙事》③整理而成）

【案例三：《秦时明月》系列】

《秦时明月》系列动画改编自已故香港武侠小说家温世仁先生的同名系列小说作品，是中国首部3D武侠动画。2007年，《秦时明月之百步飞剑》作为贺岁剧，在

---

① 张安华.论《哪吒之魔童降世》对经典的时代重构[J].电影文学,2019(24).
② 周雪花.《哪吒之魔童降世》的传统文化记忆[J].电影文学,2020(4).
③ 陈红梅.传承与颠覆：《哪吒之魔童降世》的反神话叙事[J].中南大学学报(社会科学版),2020(6).

中央电视台一套播出,作品一经播出就收获了无数好评。动画的故事背景设定在我国的春秋时代,对中国文化产生过深远影响的诸子百家在片中陆续登场,为观众呈现了一场纵横捭阖、唇枪舌剑的"百家争鸣"盛况。自2007年《秦时明月》登陆荧屏以来,新媒体点击量突破20亿次,并在国内600余家省市级电视台进行了播出。此外,影片还被翻译成7种语言发行至全球37个国家及地区,囊括了法国戛纳电视节亚洲展映会最佳作品、日本动漫产业白皮书推荐、美国AUTODESK最佳作品等诸多国际大奖,被誉为最具影响力的中国原创动漫品牌。同时,衍生开发的周边产品包含文具、玩具、音像制品、服装、食品等百余个种类,销售覆盖了全国各大城市5000余家超市、便利店、书店。2014年,该系列首部动画电影《秦时明月之龙腾万里》登陆全国各大影院,并首创了弹幕观影模式。

1. 中国古典文学提升作品底蕴

《秦时明月》在人物台词、人物名字等方面巧妙运用了中国古典文学(主要是先秦文学作品)中的经典段落、优美诗词等内容。影片延续了原著小说中考究的用词和悠远的意境,台词一改往常动画作品的浅白,运用了包含古文、诗歌等内容在内的富有传统文化意蕴的文学元素,深受许多"考据党"粉丝的喜爱。《秦时明月》系列动画台词多出自《楚辞》,比如第五部《秦时明月之君临天下》中少羽谈起楚国关于扶桑神树的神话传说时,使用了《九歌·东君》里的句子作为台词:"暾将出兮东方,照吾槛兮扶桑。"片中许多人物的名字也来源于文学作品,例如阴阳家的五大长老,或是云中君、湘君、湘夫人、大司命、少司命等,这些均来自屈原《楚辞》中的《九歌》。这种把原本晦涩的文言章句融入动漫,既增加了动漫作品本身的文化底蕴,又很好地传播了中国古典文学,是将传统文化融入动漫作品的一次有效尝试。

2. 传统服饰元素凸显人物特性

《秦时明月》系列中人物的服饰充分借鉴了传统服饰元素。我国在先秦时期就已将阴阳五行理论渗透进了服饰文化中,之后秦朝继承了这一传统,成为我国古代服饰演化的重要阶段。在对《秦时明月》的人物服饰进行设计时,设计师在许多细节之处都融入了传统服饰元素,力图还原中国传统文化之美。比如,剧中秦始皇的服饰并非凭空虚构,而是严格遵照史料"深色冕服,头戴十二旒帝冕,一袭玄衣上绣着金色龙纹"进行还原,尽显帝王的威严华贵;张良、颜路等所穿的儒生服饰也非常考究,通体以白、蓝为基础色调,大袖深衣,柔和流畅,衣袂与佩带有迎风飘舞之势,暗合传统观念中对于翩翩君子的定义。服装也是等级地位的象征,身份地位不同,所用服饰也不尽相同。片中主要男性角色多为上衣下裳制,多着深衣,其中富贵人物多着玄色装束,平民百姓则通常为一身素色短褐。不同人物衣着服饰的鲜明区别不但富有传统特色,也能让观众更容易地判断出角色的身份,弥补部分国产动漫中角色辨识度低的不足。

3. IP衍生产品延伸产业链条

《秦时明月》系列动画在获得了稳定数量的粉丝群体后,就开始策划漫画等IP衍生品的开发,推出了包含系列TV动画剧、CG大电影、官方小说、页游手游、漫画图书、美术设定集、动漫周边和真人电视剧等众多衍生品。首先,官方相继推出微信官方公众号、官方网站,增强粉丝之间的交流互动,为其线上推销商品打下基础。其次,同步上线的页游、手游融合了卡牌游戏,受到了众多玩家的青睐。再次,官方淘宝店也在不断上架《秦时明月》系列动画的周边衍生品,内容涵盖画集、手办、毛绒玩具、各类文具、箱包、首饰、卡牌、模型等产品以及诸如雨伞、挂历、鼠标垫和手机壳等日常用品,基本上覆盖了衍生品可触及的绝大部分领域,拓展了产业链条。最后,官方还尝试通过 cosplay 的方式对游戏和动画的新作进行发布,取得了非常可观的宣传效果。特别值得一提的是动画电影《秦时明月之龙腾万里》上映之前,制作团队首先在网络上推出了3集《秦时明月》系列的番外篇《空山鸟语》,让正片主线故事中的一位高人气配角成为该番外的主角,为正片的上映进行造势。以此番外篇为契机,制作方还推出了官方小说作为呼应。此外,该系列的另两部番外篇《罗生堂下》与《帝子降兮》的剧情分别对应《秦时明月》制作团队开发的页游与手游,打通了动画宣传与游戏产品推广之间的藩篱。当前,《秦时明月》系列动画已完成动漫品牌的打造,在集聚资本、引导消费、获得收益等诸多方面显示出强大的竞争力,成为众多国产动画的楷模。通过对传统文化资源的全方位、多角度、创造性应用,《秦时明月》系列动画实现了经济效益与社会效益的统一,为我国动漫今后的发展提供了借鉴经验。

(根据《国产动画〈秦时明月〉的商业模式》[①]整理而成)

【知识拓展】

世界四大国际动画节

(1) 法国昂西国际动画电影节。又称"安纳西国际动画电影节",创办于1960年,每年的6月11日至16日举办,是目前世界上规模最大、水准最高的国际动画节之一,享有"动画界奥斯卡、动画界戛纳"等美誉。整个动画电影节包括艺术节和动画电影交易市场两个部分。其中,艺术节是参展商展示实力的窗口,主要放映参展商的动画作品,观赏、评选优秀的动画电影。动画电影交易市场则集合了动画相关产业的商业活动。目前电影节设置有动画长片、动画短片、电视动画、学生毕业设计动画以及VR作品等主竞赛单位,每个单元下又设置三个奖项:水晶奖、评审奖、观众奖。

(2) 渥太华国际动画节。创办于1976年,是北美洲最大的动画电影节。该动画节主要展示全球最先锋、最离奇、最重要的动画作品,并邀请世界各国著名动画片专家交流经验,促进各国动画制作者的交流与合作。为了适应持续变化的动画创作趋势,动画节不断引入新的评奖类型。目前电影节设置的竞赛单元有长片、剧情短片、学生作品、成人动画作品、广告作品、音乐 MV 作品等。从2005年起,动画节由两年一届改为每年一届,为期6天。

(3) 广岛国际动画节。创办于1985年,每两年举办一次,是国际动画协会认可的动画节之一。国际动画协会选择在广岛举办国际动画节,一方面是由于广岛

---

① 路新杰.国产动画《秦时明月》的商业模式[J].中国电影市场,2017(11).

不幸的历史与国际动画协会"动画是人类寻求和平生活的一种方式"的理念相吻合,另一方面是源自广岛的渴望,和平的城市希望能够承办连续性的国际活动。广岛国际动画节对入围动画的质量要求非常高,选片量是四大国际动画节中最少的,只设立短片单元,征收30分钟以内的作品,获奖作品可以有资格参加奥斯卡金像奖的评比。

(4)萨格勒布国际动画节。创办于1972年,是国际动画协会认证的动画节之一,也是欧洲历史第二悠久的动画节,在世界动画史上有着颇受尊崇的地位。目前,设置的评审单元主要有长片、短片、儿童电影、学生作品及克罗地亚电影。20世纪80年代,我国的经典水墨动画《小蝌蚪找妈妈》获得第三届萨格勒布国际动画节一等奖。近年来我国偶有作品入围,如2006年有两部作品入围学生类别最终评选活动,分别是北京大学软件学院李小牧的《旅》和中国戏曲学院周星的《十五贯》。而中国传媒大学路盛章教授的作品《墙——献给母亲》则被选入非竞赛单元"世界动画80分钟"的展映活动。

中国文化艺术政府奖动漫奖

2011年5月19日,中央批准同意文化部在中国文化艺术政府奖中增设动漫奖,作为和文华奖、群星奖相并列的奖项。同年9月30日,文化部、广电总局、新闻出版总署、教育部、工信部联合发布《关于评选中国文化艺术政府奖首届动漫奖的通知》,正式启动了中国文化艺术政府奖首届动漫奖评选活动。2011年12月27日,中国文化艺术政府奖首届动漫奖颁奖典礼在天津举行,在典礼上共揭晓了包括最佳动画电视片奖、最佳漫画作品奖、最佳动漫出版物奖、最佳动漫舞台剧奖、最佳动漫形象奖、最佳动画电影奖、最佳新媒体动漫作品奖等在内的30个大奖。其中,《美猴王》《蓝猫龙骑团》《大耳朵图图》获最佳动画电视片奖,中国原创新漫画《四大名著》系列、《张小盒》和《子不语》获最佳漫画作品奖,《三国演义之关云长》《功夫兔》获最佳新媒体动漫作品奖,《漫画中国历史》《偷星九月天》《小海豚中华典故亲子读物》获最佳动漫出版物奖,《十二生肖》《武林外传之小贝当家》获最佳动漫舞台剧奖。① 截至2018年,中国文化艺术政府奖动漫奖评选活动已成功举办了三届。

中国国际动漫节"金猴奖"

中国国际动漫节作为首个国家级国际性的动漫专业节展,由国家广播电视总局、中央广播电视总台、浙江省人民政府主办,杭州市人民政府、浙江广播电视局和浙江广播电视集团承办。自2005年以来,中国国际动漫节创新推出了展览展示、品牌赛事、权威论坛、商务交易和大型活动等五大板块以及若干项内容。截至2020年,中国国际动漫节已经成功举办了十六届,参展企业和机构累计达17080余家,参与人数累计达1838.06万人次,交易额累计约1653.9亿元。

"金猴奖"的前身是创办于1988年的"美猴奖",2011年升格为"金猴奖",为中国国际动漫节的重要品牌。作为评选原创优秀动漫作品的国际性权威赛事,"金猴

---

① 关于公示"中国文化艺术政府奖首届动漫奖"评审结果的公告[EB/OL].(2011-12-12)[2021-05-05]. http://www.gov.cn/gzdt/2011-12/14/content_2020156.htm.

奖"是目前我国动漫最高奖项,被誉为"中国动漫至高荣誉",是在国内外动漫领域享有盛誉的专业赛事。目前,大赛评选共分为综合类和潜力类两大类,其中综合类包括综合奖动画电影、动画系列片、动画短片及漫画作品,潜力类包括潜力奖动画短片和漫画。[①]

[①] 中国国际动漫节"金猴奖"[EB/OL].(2011-12-12)[2021-05-05]. https://www.cicaf.com/xwzx/content/2020-09/01/content_5576429.htm.

第八章

文化资源与游戏产业

游戏作为一种集趣味性、故事性、社交性等特性于一体的综合性艺术表现形式,是继文学、戏剧、绘画、音乐、舞蹈、建筑、雕塑、电影之后的"第九艺术"。游戏产业作为集文学、艺术、音乐等多种元素于一体的文化载体,与文化资源保持着密切联系。作为文化创意产业的重要组成部分,游戏产业在传承中华文化、促进文化认同等方面发挥着重要作用。[1] 当前,我国游戏产业已发展成为支撑互联网经济的重要产业之一,呈现出了良好的发展势头,市场规模不断壮大,产业管理更加规范,文化影响力不断彰显。

一、游戏及游戏产业相关概念

游戏一般指称"嬉戏",是一种游乐、玩耍的娱乐活动。《辞海》中将其定义为以直接获得快感为主要目的,且必须有主体参与互动的活动。亚里士多德认为,游戏是劳作后的休息和消遣,本身不带有任何目的性的一种行为活动。弗洛伊德指出,游戏是人借助(作为梦幻或梦幻及其外在表现的)想象来满足自身愿望的虚拟活动。[2] 赫伊津哈和荣格尔将游戏定义为没有明确意图、纯粹以娱乐为目的的所有活动。在众多关于游戏的定义中,荷兰学者胡伊青加对游戏的界定相对理论化、系统化,他认为:"游戏是一种自愿的活动或消遣,这种活动或消遣是在某一固定的时空范围内进行的,其规则是游戏者自由接受的,但又有绝对的约束力,游戏以自身为目的而又伴有一种紧张、愉快的情感以及对它'不同于日常生活'的意识。"[3]总的来看,作为一种娱乐方式,游戏是一种虚拟的时空系统,玩家会按照一定的规则和目标参与其中,并给人带来一种紧张、愉快的情感体验。目前,关于游戏概念的界定大都是基于应用研发、心理、法律、社会影响等方面,涉及计算机科学、心理学、社会学、人类学、教育学、哲学、艺术、文学、传播学等多个领域。

作为一种用创新技术推动文化现代表达的方式,游戏产业的发展离不开科学技术的支撑。随着现代信息技术的发展,"游戏"的内涵与外延也在不断延展,出现了"电子游戏""网

---

[1] 陈奕奇,陈文华.让优秀传统文化赋能游戏产业[N].深圳特区报,2020-08-11.
[2] 董虫草.弗洛伊德眼中的游戏与艺术[J].浙江师范大学学报(社会科学版),2005(3).
[3] [荷]约翰·胡伊青加.人:游戏者[M].3版.成穷,译.贵阳:贵州人民出版社,2019.

络游戏""数字游戏"等新事物。具体来看,电子游戏是指依托于电子设备平台而运行的交互游戏,可分为主机游戏、掌机游戏、街机游戏、电脑游戏以及手机游戏等类型。网络游戏是"以互联网为传输媒介,以游戏运营商服务器和用户计算机为处理终端,以游戏客户端软件为信息交互窗口,旨在实现娱乐、休闲、交流和取得虚拟成就的一种具有可持续性的多人在线游戏"[1]。而数字游戏则是"以数字技术为手段设计开发的,以娱乐为主要目的的电子化的软件,且以数字化设备为平台实施的各种游戏"[2]。游戏大师西门孟曾指出:"游戏产业是基于电子技术、计算机技术、软件技术、网络技术和无线技术的新型娱乐产业。"[3]可以说,在某种程度上,正是科学技术的发展极大地拓展了游戏的创作空间,推动游戏生态的发展演进。时至今日,游戏产业已成为一种独立的产业类别,其产值也在全球范围内超过了传统的文化娱乐产业,具体包含游戏硬件开发、软件设计、游戏产品运营以及游戏衍生产品销售等多个方面。

二、我国游戏产业的发展历程

游戏产业的发展与国家政策、技术发展、社会支持、知识产权管理等多种因素密切相关。20世纪中叶,计算机的出现给游戏的发展提供了一个全新的平台,使传统游戏迅速迈入以电子技术、计算机技术和软件技术等为支撑的电子游戏发展阶段,由此奠定了现代游戏产业发展的基础。在我国,游戏产业的发展始于20世纪80年代中期,近40年的时间里游戏产业经历了从无到有、从弱到强,从街机游戏、家庭主机游戏到电脑游戏,再到手机、平板电脑等移动端游戏的发展演进。如今,中国已成为世界上最大的游戏消费市场,游戏产业对国民经济和社会发展的影响力也与日俱增。下面主要根据我国游戏产业在发展演进过程中所呈现出的总体特征,共分成四个时期来简要介绍游戏产业的发展历程。

(一) 萌芽起步期:1985—1999年

1985—1999年是我国游戏产业的萌芽起步期。早在20世纪80年代,我国台湾地区就出现了一些游戏研发运营公司,形成了我国游戏产业的雏形。如1988年台湾地区第一家专业中文电脑游戏研发公司——大宇资讯有限公司发行了《仙剑奇侠传》,1991年智冠科技发行了《三国演义》。到了20世纪90年代中后期,在街机游戏盛行和电子游戏厅繁荣的背景下,内地游戏产业开始起步,一些本土化的游戏制作公司、游戏发行公司成立,陆续推出了一批游戏作品,如金盘的《神鹰突击队》、前导的《赤壁》、金山的《剑侠情缘》、奥世的《铁甲风暴》等。但是由于缺乏经营管理经验,这一时期我国的游戏产业没有形成明晰的产业链,加之盗版的冲击、市场秩序混乱、社会舆论压力等原因,游戏原创研发难以为继,刚刚萌芽的游戏产业很快就跌入低谷,犹如昙花一现。

(二) 初步成长期:2000—2005年

2000—2005年是我国游戏产业的初步成长期。进入21世纪,网络和通信技术的发展给

---

[1] 鲁威人,石正贵,宋立欣.游戏文化学[M].北京:首都经济贸易大学出版社,2019.
[2] 恽如伟,陈文娟.数字游戏概论[M].北京:高等教育出版社,2012.
[3] 西门孟.游戏产业概论[M].上海:学林出版社,2008.

我国游戏产业带来了重大发展机遇,以互联网为数据传输媒介的网络游戏开始在整个产业中占据主导,由此推动我国游戏产业进入网络游戏时代。这一时期,我国网络游戏的市场规模进一步扩大,原创网络游戏作品不断涌现,网络游戏的产业链初步形成,网络游戏的影响力也在不断增强。2000 年可谓是中国网络游戏的"元年",一大批网络游戏相继推出,如《万王之王》《网络三国》《千年》《石器时代》等。到了 2002 年,我国网络游戏玩家近 4000 万人,网络游戏产值达 10 亿元。在网络游戏产业产值成倍增长的同时,也吸引了越来越多的企业进入这个领域,出现了一些爆款作品,如盛大的《传奇》、巨人的《征途》、网易的《大话西游》《精灵》等,进一步推动了游戏产业的发展。2003 年,电子竞技被列为正式开展的第 99 个竞技类体育比赛项目。总的来看,在这一时期我国网络游戏开始从代理国外游戏阶段走出,自主研发能力不断增强,组建了一些网络游戏研发和运营企业,上线了一批具有自主知识产权的网络游戏作品,在游戏的开发、发行等方面开始逐步形成一套自己的发展体系。

(三) 快速发展期:2006—2015 年[1]

2006—2015 年是我国游戏产业的快速发展期。在这一时期,我国网络游戏产业发展迅速,市场规模快速扩张,自主研发设计能力得到较大提升,市场管理日趋系统化、规范化,网络游戏出口快速增长。从游戏市场规模来看,2015 年我国游戏市场实际销售收入达 1407 亿元;从游戏用户规模来看,2015 年我国游戏用户数达 5.34 亿人,相较于 2008 年的 0.67 亿人,增长了 7.0 倍;从游戏的自研产品收入来看,2015 年自研产品收入达 986.7 亿元,相较于 2010 年的 185.1 亿元增长了 4.3 倍;从游戏产品海外出口来看,2015 年游戏产品海外市场收入达 53.1 亿元,相较于 2006 年的 20.0 亿元增长了 1.7 倍。在游戏产业快速发展的同时,国家也加快监管步伐,先后出台了《关于网络游戏管理和发展的若干意见》《关于保护未成年人身心健康实施网络游戏防沉迷系统的通知》《关于改进和加强网络游戏内容管理工作的通知》《网络游戏管理暂行办法》《关于启动网络游戏防沉迷实名验证工作的通知》等一系列政策文件,有效推动了网络游戏的健康有序发展。总的来看,在这一时期,我国游戏产业增长速度明显放缓,但依旧保持着较高的增长速度,市场份额快速增长,由此不断推动我国游戏产业迈入成熟稳定期。

(四) 成熟稳定期:2016 年至今[2]

经过 10 年的快速发展,我国网络游戏产业开始进入成熟稳定期,主要表现为以下几个方面。一是在这一时期我国游戏产业整体保持稳中向好、稳中有升的良好发展势头。据统计,2020 年,我国游戏市场销售收入达 2786.87 亿元,同比增长 20.71%;游戏用户规模达 6.65 亿人,同比增长 3.7%。二是在这一时期我国自主研发能力进一步提升,"走出去"的步伐明显加快。2020 年我国自主研发游戏国内市场实际销售收入达 2401.92 亿元,同比增长 26.74%;自主研发游戏海外市场实际销售收入达 154.50 亿元,同比增长 33.25%,继续保持高速增长态势。三是在这一时期我国游戏产业呈现出多元化的发展趋势。一方面,传统的

---

[1] 根据《2010 中国网络游戏市场年度报告》《2015 年游戏产业年度报告》整理而成。
[2] 根据《2020 中国游戏产业报告》整理而成。

客户端游戏、网页游戏、移动游戏依旧保持平稳发展,在游戏市场中占据主导地位;另一方面,以电子竞技、游戏直播、VR游戏等为代表的新业态加速演进,为游戏产业的进一步发展提供了"新引擎"。同时,在这一时期我国游戏产业融合发展趋势不断增强,产业链持续升级,泛娱乐联动能力得到提升,呈现出全新的发展景象。

三、我国游戏产业的发展现状[①]

在过去的20多年间,受益于中国的人口红利,我国游戏产业取得了空前的发展,产业规模不断壮大、政策环境不断优化、产业链不断延伸、产品文化价值不断提升、原创能力不断增强、新型文化业态不断涌现。如今,现代社会的闲暇已被各种各样的游戏包围,游戏产业已逐步发展成为我国文化产业的深度参与者和增长新引擎,表现出了巨大的发展潜力。新时期移动互联网的进一步推广升级和以人工智能、大数据、5G、云计算等为代表的数字技术的应用,将会进一步激活我国游戏产业发展的内生动力,加快产业转型提质的步伐,推动整个产业的高质量、可持续发展。

(一)产业整体发展势头良好

作为当今我国数字文化产业门类中发展速度最快的类别之一,近年来,我国游戏产业始终保持着稳定的正向增长态势。据统计,2020年我国游戏市场实际销售收入达2786.87亿元,同比增长20.71%(见图8-1);游戏用户规模达到6.64亿,同比增长3.7%(见图8-2)。从游戏产业的细分市场来看,移动游戏已发展成为网络游戏市场中最大的细分市场。2020年我国移动游戏市场实际销售收入达2096.76亿元,占到整个游戏市场份额的七成以上,而客户端游戏、网页游戏的市场规模则呈现逐年下降趋势,市场规模日渐萎缩。从游戏企业发展状况来看,截至2018年末,我国上市游戏企业达199家,新三板挂牌企业142家,主要分布在广东、北京、上海、浙江等地,涌现出以腾讯、网易、盛大游戏、完美世界、金山、巨人网络、三七互娱、恺英网络等为代表的多家巨头游戏公司。

图8-1 2016—2020年我国游戏市场实际销售收入及增长率

[①] 结合近年来我国游戏产业报告整理而成。

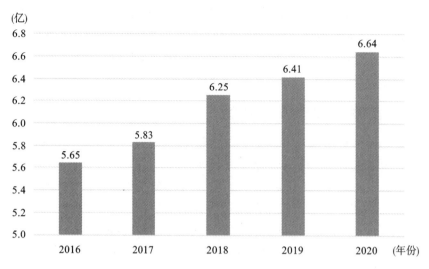

图 8-2 2016—2020 年我国游戏用户规模

（二）原创精品内容不断涌现

原创是游戏的生命力所在。作为内容产业，游戏产业的发展离不开对优秀文化资源的挖掘。近年来，游戏企业越来越重视游戏产品内容的锻造，积极深耕游戏产业的内容生产，推出了一批制作精良且具有良好市场反响的游戏作品，使得游戏的文化属性日渐凸显。据统计，2020 年，我国自主研发的游戏，国内市场实际销售收入达 2401.92 亿元，同比增长 26.74%（见图 8-3）。为鼓励我国原创游戏精品的发展，2016 年 11 月，国家新闻出版广电总局印发了《关于实施"中国原创游戏精品出版工程"的通知》，提出要进一步加强游戏出版内容建设，引导游戏企业打造更多传播中国价值观念、体现中华文化精神、反映中国人审美追求的精品游戏，要用 5 年的时间，累计推出 150 款左右的精品游戏，为广大人民群众特别是青少年提供昂扬向上、丰富多彩、寓教于乐的精神食粮。在此工程的推动下，近年来不断有原创精品游戏出现，成效显著。

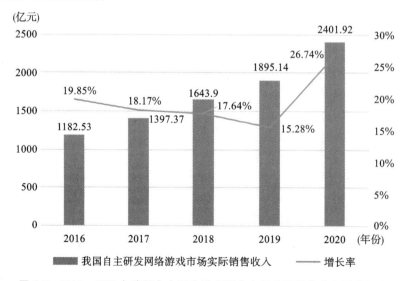

图 8-3 2016—2020 年我国自主研发游戏国内市场实际销售收入及增长率

（三）网络游戏环境不断净化

为解决我国在网络游戏监管方面的漏洞，营造良好的网络游戏环境，推动游戏产业的高质量发展，近年来国家通过出台法律法规、开展专项整治活动等多种方式，不断加强对网络游戏违法违规行为的整治，加大对未成年人的保护力度，加快游戏知识产权保护生态的建立，使得网络游戏环境逐步得到净化。一是不断加强网络游戏市场管理。2017年12月，中宣部联合工信部等八部委出台了《关于严格规范网络游戏市场管理的意见》，要求对网络游戏行业存在的违法违规行为和不良内容展开集中整治。为进一步加强对网络游戏的评议，2018年12月，在中宣部的指导下，网络游戏道德委员会正式成立。二是游戏版权管理工作日趋规范。2020年11月，新修订的《中华人民共和国著作权法》通过，为我国游戏行业的版权保护提供了重要法律支撑。同年，中国版权协会网络游戏版权工作委员会在北京成立。2021年3月，中宣部出版局下发了《游戏审查评分细则》，为游戏出版审批工作提供了更加科学准确的参考依据。三是加强对未成年人游戏行为的规范。2018年8月，教育部等八部门联合印发了《综合防控儿童少年近视实施方案》，要求国家新闻出版署要实施网络游戏总量调控，控制新增网络游戏上网运营数量，探索符合国情的适龄提示制度，采取措施限制未成年人使用时间。2019年10月，国家新闻出版署印发《关于防止未成年人沉迷网络游戏的通知》，从实行网络游戏账号实名注册制度、严格控制未成年人使用网络游戏时长等方面来规范未成年人使用网络游戏的行为。

（四）"走出去"步伐进一步加快

近年来，我国自主研发的游戏产品出海规模逐年攀升，在国际上的核心竞争力不断增强。据统计，2020年，我国自主研发的游戏海外市场实际销售收入达154.50亿美元，同比增长33.25%（见图8-4）。从出口区域来看，市场覆盖区域在不断扩大，既包含巴西、印度、印尼、土耳其、沙特等发展中国家，也包含美国、日本、韩国、英国、德国等发达国家，其中，美国、日本、韩国等三个国家合计占到了我国自主研发移动游戏出海收入的60.72%。从出口游戏产品来看，类型十分多元，包含策略类、射击类、角色扮演类、放置类、卡牌类、剧情互动类等，其中主要以策略类、射击类、角色扮演类游戏为主，三者在游戏海外收入中的占比分别为

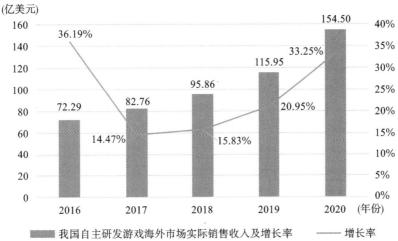

图8-4 2016—2020年我国自主研发游戏海外市场实际销售收入及增长率

37.18%、17.97%和11.35%,合计占比达到66.50%。

(五)新技术赋能产业转型升级

技术进步是游戏产业高速发展的内在动力。当前,以大数据、5G、云计算、VR/AR等为代表的数字技术的运用,不仅为游戏产业的转型发展提供了技术支持,而且给游戏行业带来了巨大影响,极大地拓宽了游戏产业的内涵与外延,催生出了许多新业态,如游戏直播、电子竞技、云游戏等,使得游戏产业链更加丰富。同时,技术的运用还推动了游戏与不同产业的融合发展,如"游戏+教育""游戏+旅游""游戏+影视""游戏+文创""游戏+体育"等,形成了多种创新联动模式,带来了多维市场的共赢。如今电子竞技游戏、VR游戏、云游戏已逐渐发展成为游戏产业新的利润增长点。据统计,截至2020年6月,我国游戏直播的用户规模为2.69亿,占网民整体的28.6%。2019年,我国VR游戏市场实际销售收入达0.7亿元,同比增长64.3%;AR游戏市场实际销售收入达26.7亿元,同比增长49.3%。

总的来看,我国游戏产业整体上呈现出良好的发展态势,但在爆发式增长的同时也暴露出不少问题,如自主研发游戏产品的国外竞争力弱、中小企业的游戏市场占有率低、优质产品的创新研发不足等。随着新技术的发展应用和市场环境的优化,我国游戏产业将继续朝着产业链更加丰富、原创能力不断增强、新兴业态逐渐成熟、影响力持续扩大的方向前进。

四、文化资源的挖掘与游戏产业的开发实践

在数字化时代,游戏已经不仅仅是一种简单的娱乐形式,而且是文化传播的一条重要途径。"悠久的历史、鲜活的人物是网络游戏取之不尽的素材,丰富的文化、文明的准则是网络游戏设计的丰富理念,精美的建筑、悦耳的音乐等审美元素是网络游戏引人入胜的场景"[①]。利用游戏传播传统文化具有独特的优势,不仅能够让更多的年轻人感受到传统文化的魅力,还能够焕发出传统文化的新活力,提高游戏的深度与内涵的层次。[②] 近年来,游戏产业与传统文化双向赋能愈加明显。下面主要从文化资源结合游戏产业的发展实践入手,选取一些较为典型的案例进行介绍。

【案例一:《江南百景图》】

《江南百景图》是由椰岛游戏自主研发的一款基于明代江南小镇建设的古风模拟经营类2D手游,于2020年7月2日正式上线。这款属于经营放置类、近乎单机化的轻量型手游,在上线不到3个月的时间里,多次登上免费游戏榜单之首。上线百日,它在Taptap的下载量就接近千万,在苹果商店(App Store)的下载量近30万,微博话题讨论次数超过390万,还多次登上微博热搜榜,堪称一款现象级国产游戏。该游戏中对传统文化意象、文学艺术形式与作品的利用,都有其独到创新之处,受到了不少玩家的好评。

---

① 任建东.网络游戏与传统文化的传播[J].伦理学研究,2010(6).
② 左祺琦.地方传统文化与网络游戏融合发展初探[J].中国出版,2021(4).

1. 深度呈现的江南意象

从古代到现代的文学艺术作品,"江南"都在不断被描写。文化积淀下的"江南"已不仅是一个地域的概念,更是一种特定意象,被赋予了特殊的文化意义。《江南百景图》正是基于现代人对江南的美好情感,以明代万历年间的应天府、苏州府、杭州府等江南六座古镇为游戏的展开背景,通过还原日常生活方式和各种文化建筑,营造出江南的文化氛围。

首先,通过对江南百姓日常生活场景的真实还原,不断增强游戏的代入感和体验感。在环境营造上,通过居民的日常对话、邻里生活,街道上奔跑的孩童、抱着孙儿的老妇人、小动物的行踪以及小偷飞贼等情景连接游戏与现实,让玩家感受到浓浓的生活气息。在游戏音效上,集市上会听到居民买卖吆喝的嘈杂声,书院里会传来孩童嬉闹的笑声,收租时会有钱币叮当响,让玩家仿佛置身理想中的江南小镇。游戏对中国传统的婚丧嫁娶习俗也有所体现:若是有人结婚,住宅就张灯结彩;若是有人去世,则饰以烛台白绫。面对快节奏的现实社会和冷漠的赛博空间,《江南百景图》嵌入日常生活的传统文化要素,表现出了一种生活化的温情。

其次,《江南百景图》还通过对江南地标性建筑进行还原,融合当地工艺技术,潜移默化地向玩家传递江南文化。如把南京大报恩寺、苏州留园、西湖十景等建筑场景融入游戏,并通过一系列的修建玩法彰显出古代匠人的智慧及高超的技术。当建筑修建完工,就有与之相对应的动态小图或故事内容的呈现,形象地让玩家了解相关背景知识。游戏场景里的生产性建筑,如苏州府的养蚕场和绣房等,融入了苏州非物质文化遗产——苏绣,再现了养蚕、缫丝、织布、刺绣的工艺流程。《江南百景图》将文化建筑和传统非遗技术与游戏融合,在其构建出的游戏场景中向玩家展现出江南文化的点点滴滴,在虚拟空间中体现着现实文化记忆的传承。

2. 精致的传统艺术画风

在游戏画风上,《江南百景图》传统水墨画卷式的风格是游戏市场的一股"清流",它跳脱了日韩游戏风格的影响,区别于市场上泛滥的武侠、仙侠风格,舍弃宏大华丽的场景,以精致见长,集中体现了中国传统艺术的审美取向,成为游戏最大的亮点,并因此荣获2020年第二届中国原创艺术类精品游戏大赛移动端"最佳原创艺术大奖"。这样的设计风格深受我国众多传世名画启发,整个游戏的主打基色采用了类似古代绘画宣纸的米黄色调,基本画风传承于明代吴派山水画和明清风俗画,支线情节则嵌入了明清通俗小说中的插图版画,使得整个画面清秀隽逸,整体偏向水墨风格,又体现了青绿重色手法。基于传统绘画的美术风格体现了中国式的审美意趣,以此描绘明代城市的社会生活情景,实现了内容和形式的协调统一,让人在游戏过程中有如深入画中世界之感。

在场景建筑风格样式上,游戏主要借鉴了古代风俗画卷,尤以参考明代仇英作品为最,对大量明清传统建筑进行了还原。参考的作品包含:明代仇英的《清明上河图》《人物故事图册》《独乐园图卷》《桃花源图》,明代仿仇英的苏州片,明代《南都繁会图》,北宋张择端的《清明上河图》,清代院本《清明上河图》《姑苏繁华图》,清代《苏州市井商业图》《乾隆南巡驻跸图》《弘历元宵行乐图》。许多建筑设施都可以从中直接找到参考原型,例如高台取自仇英的《清明上河图》、鳌山灯取自《南都繁会图》、珍宝馆取自仇英《人物故事图册·竹院品古》、赌坊取自《姑苏繁华图》，标志性的大报恩寺琉璃塔参考了明代《徐显卿宦迹图》以及西方描绘的琉璃塔绘画形象。小到一个小摊、一方休憩桌、居民形象，都能在这些传世名画中找到原型，极为考究。

  3. 别出心裁的文学改编

  异彩纷呈的文学作品为游戏创作提供了大量创意蓝本，如明代剧作家汤显祖创作的传奇（剧本）《牡丹亭》。原作叙述了官家千金杜丽娘对梦中书生柳梦梅人鬼相恋，最后起死回生、永结同心的故事，高度的思想性和艺术性使其在中国戏剧文学发展史上占有重要地位，从而使该作品不断地被重新讲述，创作成了多种艺术形式。《江南百景图》基于游戏背景和角色设定，将该故事改编成了一个支线探险任务，将古典章回小说的形式引入情节推进中。虽然这种改编由于过于脱离原著的情节和思想内核，叙事能力也显薄弱，颇受玩家诟病，但依然不失为一项创新之举。

  再如游戏中的"七狸山塘"具有典型的地域特色，给广大受众带来了新鲜感。山塘街曾是明代苏州地区较热闹的街区之一，东至阊门，西至虎丘，全长七里，故称"七里山塘"，民间又称为"七狸山塘"。源于一则传说：明朝建立之初，刘伯温曾被朱元璋派到苏州视察，设七只石狸镇守山塘河，以固一方安宁。时过境迁，这些石雕下落不明。2006 年，当地重修了七座神态各异的石狸。这七只可爱石狸各有吉祥美好的寓意，如今已成为古街上备受游人喜爱的景物。《江南百景图》在游戏中的苏州府地界复刻了这七座石狸，将美好的寓意引入游戏中。苏州府支线探险剧情其中一章也于"七狸山塘"区域展开，将七座石狸作为情节推进的重要节点，兼具趣味性与文化性。

【案例二：《天涯明月刀》】

  《天涯明月刀》是由腾讯北极光工作室研发的一款武侠题材的 3D 大型多人在线角色扮演电脑客户端游戏，于 2016 年 7 月 1 日在中国内地正式公测。游戏由古龙的武侠小说《天涯明月刀》改编而成，背景设定为北宋年间，群雄并立，江湖恩怨纷起。《天涯明月刀》是一款制作颇为精良的武侠网游，在游戏品质、用户口碑等方面都获得了较高的评价，也是腾讯游戏的代表之作。2020 年 10 月 16 日，腾讯推出了《天涯明月刀》端游改编的同名手游。《天涯明月刀》一方面延续了传统的武侠风格，将传统文化元素进行了大融合，另一方面在腾讯"新文创"理念的指导下，开展全新的 IP 运作模式，取得了良好的市场反响和综合效益。

  1. 武侠之下的中国传统文化内容

  武侠类游戏一直是国产游戏经久不衰的题材，金庸、古龙等武侠小说大家创作的作品构成了国产游戏的重要内容来源，并逐步成为我国对外文化输出的一个重要符号。武侠文化实质上是中国文化元素和内涵的一种综合呈现。因此，与传统文化牢牢绑定，既是《天涯明月刀》作为武侠类游戏的必然选择，也能借助传统文化赋予其更强的生命力，传统文化的丰富内容都是游戏可调配的文化资源。

  《天涯明月刀》在武侠题材下，借助传统文化的基本精神进行游戏的世界观、价值观建构，使得原本存在于书页上的抽象文字，古龙幻想中的武侠故事，被重新解读、组合、具象化为现实可感的东西，建构成了全新的理想化的游戏世界。一方面，《天涯明月刀》选取传统文化的思想精华作为某个具体设定的背景支撑，如龙门派的设计采用了孟子"民为贵，社稷次之，君为轻"的理念。另一方面，在游戏各故事情节中，自始至终遵循、鼓励正道侠客们贯行"侠义"精神，也就是"与人为善，勇于承担"的传统文化精神。

《天涯明月刀》中也融入了传统文化中丰富的文化内容。仅基于"琴棋书画"四艺，就创造了各种各样的特色玩法，如乐伶和文士角色的技能，玩家必做的书画收集任务，以及游戏中出现的 boss 角色"琴魔"，还有天干地支纪年法和十二时辰计时法、星象星运、中国的古典哲学"金、木、水、火、土"五行说和"乾、坤、巽、震、坎、离、艮、兑"八卦学说等，不一而足，都是游戏世界的重要内容。场景建筑也充分参考了类型丰富的传统建筑样式，徽派建筑、苏式园林、湘西民居、皇城建筑以及传统建筑中的"雕梁画栋""飞檐斗拱"等繁多的典型特色，都在游戏的大空间里呈现。此外，游戏中的节日活动、非玩家角色的服装，也都基于传统文化进行创作，力图呈现一个原汁原味、栩栩如生的古代中国。

2. 腾讯新文创下的"天刀"新文创

在腾讯大力推行新文创战略的背景下，《天涯明月刀》以"音乐""华服""文旅"为发力点，依托丰富的传统和现代文化资源，由线上游戏向线下实体延伸，打造"IP＋文化实体经济"的模式。

"音乐"是《天涯明月刀》新文创最早的发力点。早在"国风音乐"方兴未艾之时，《天涯明月刀》便开始邀请知名音乐人合作，启用将传统音乐元素融入流行音乐的全新制作方式，形成了独特的国风音乐，也在玩家心目中逐渐构建起国风认知。著名影视作曲家陈逸致为游戏操刀制作了一系列配乐作品，深受玩家喜爱和好评；联合李玉刚、周深、阿兰、迪玛希等知名音乐人共同创作演绎国风作品，《时光·沧海》《沧海·携风》等原创音乐5次斩获好莱坞传媒奖最佳 World Music 等多项国际音乐大奖及提名。在线下，《天涯明月刀》还参与举办了"心时纪国风主题演唱会"和"祈年纪长城国风音乐会"，获得乐迷的热烈反响。

"华服"是《天涯明月刀》重点打造的文化标签，以探索文化与商业的良性循环。《天涯明月刀》以华服为媒介，建立起与传统服饰文化之间的桥梁，用数字化方式为传统服饰文化赋予全新的表达。一方面，提升虚拟服饰的文化品质和用户体验；另一方面，以游戏为场景，让传统服饰文化被更多人直观体验，得到有效的传承与发展。自端游上线至今，《天涯明月刀》制作团队携手敦煌研究院、故宫博物院、上海京剧院等10家文博机构，以及云锦、花丝镶嵌、苏绣、粤绣等非遗传承人，推出了10套数字华服，品质和审美得到玩家广泛认可，年均销量增长率超过40%。在游戏外，《天涯明月刀》还推出了多款实体华服，并在2018年和2019年先后登陆纽约、巴黎时装周，向世界展现国风服饰之美。2019年9月，《天涯明月刀》公布了"天衣·华裳"计划，宣布将联合设计院校北京服装学院、华服品牌"华裳九州"等合作伙伴，共同传承与弘扬传统服饰文化。

"文旅"是《天涯明月刀》链接线下产业的重要方式。2019年与开封市文化和旅游局合作,打造了"一河五景国风游",将"八朝古都"开封的五大历史景点——龙亭公园、大宋御河、七盛角、开封府和清明上河园,与代表《天涯明月刀》核心乐趣的"画、情、逸、战、趣"五大特性相结合,汇聚宋瓷、木版年画、茶道等非遗文化,为玩家们展示了一幅充满北宋风情的画卷。时至今日,"一河五景"大宋国风游已得到了开封市官方的授权及挂牌,作为长期旅游线路,将开封千年古韵呈现给广大游戏玩家和游客。2020年10月,《天涯明月刀》与同程旅行推出"十城升明月,天涯伴同程"主题文旅线路,助力疫后文旅产业的复苏与前行。同年,《天涯明月刀》与张家界政府达成战略合作,以张家界美景为原型,将奇山异水融于游戏画面,并推出玩家打卡旅游线路的设计。

在"天刀×大湘西新文创战略"中,《天涯明月刀》与湘西音乐人阿朵合作,融入土家族音乐元素,进行游戏场景音乐创作;举办湖南特色"湘绣"主题华服+云天渡华服大秀;推出张家界砂岩地貌植入游戏场景+天刀主题文旅线路等战略。因此,该战略合作是《天涯明月刀》汇集"音乐""华服""文旅"三大发力点的全面实践,也是对新文创理念的深度贯彻。

作为一款大型武侠类客户端网游,《天涯明月刀》展现出了对文化元素强大的容纳整合能力,依托新文创的核心战略,《天涯明月刀》正在开辟一种可持续发展的商业模式,以游戏为中心,连接线上线下各文化行业,在融合科技与文化、连接传统与未来的道路上,其文化版图的构想将更加广阔。

【案例三:《尼山萨满》】

《尼山萨满》是一款以北方少数民族萨满文化为题材的轻度叙事节奏类手游,也是一款具有传承和保护少数民族文化意义的功能游戏,由腾讯游戏学院和NEXTStudio共同孵化,2018年4月23日在UP2018腾讯新文创生态大会上发布,同年7月20日在苹果商店(App Store)正式上架。《尼山萨满》自从上线以来就得到了游戏玩家和业内人士的赞誉,一路斩获2018年的美国Indie Cade创意美学奖、IMGA(中国)最佳音效奖、金陀螺奖最佳独立游戏奖等奖项。《尼山萨满》的故事情节改编自中国北方少数民族经典传说《尼山萨满传》,故事讲述的是一位名为尼山的女萨满帮助无辜孩童找回灵魂的事迹。游戏短小精致,通过瑰丽的神话传说、传统的美术风格、特色的音乐形式和神秘的道具设计,为玩家展现了一个中国北方少数民族传说中的奇幻世界。

【知识拓展】

功 能 游 戏

"功能游戏"一词,在我国第一次出现在大众面前是2018年2月24日,腾讯面向社会宣布"开始对功能游戏进行全面布局",随后引发社会各界对于"功能游戏"这一概念的热议。目前对于功能游戏的定义有多方面的理解。《游戏学》一书从狭义和广义两个角度进行了界定:"狭义上的功能游戏是指以解决现实社会问题与行业问题为主要目的的,将数字游戏的元素、设计、技术和架构创新应用于医疗、教育、军事、企业培训、社会管理等垂直领域的游戏";"广义上的功能游戏泛指被跨界应用到现实场景并能实现一定社会功能的数字游戏",是"指一种严肃游戏或应用性游戏,与传统娱乐性游戏的区分在于,它是以解决现实社会和行业问题为主要功能诉求的游戏品类"。

1. 少数民族的故事架构

作为满族口传文学代表,《尼山萨满传》是一部广泛流传于满族、鄂伦春族、鄂温克族、达斡尔族、赫哲族的萨满传说。作品以尼山萨满过阴追魂为主题,描写了萨满跳神、过阴、追魂、还魂的全过程,极富宗教色彩。它的内容涉及少数民族社会生活的诸多层面,包括文学、艺术、民俗、语言等,在少数民族历史上有"百科全书"的美誉。《尼山萨满》以该传说故事为蓝本进行游戏世界建构,整合传说的多个抄本,根据游戏的核心玩法以及现代人的偏好,凝练成5段话100多个文字故事概要,抽取出表现故事的核心价值,即百折不挠、勇往直前的意志品质和人在面对死亡时顽强求生的精神。在表现形式上,采用了独特的音乐剧模式,分章节叙述故事,通过场景和音乐的变化表现故事情节的发展。游戏环境中的收集图鉴也极具文化趣味,每个章节设置了6个可收集物品,鹿角帽、萨满鼓、扣夜星等少数民族特有的文化符号,都使脱胎自尼山萨满传说故事的游戏剧情更加丰满,也让玩家对少数民族的萨满文化有了更深的了解。

2. 传统剪纸的艺术风格

《尼山萨满》的美术设计全部脱胎自满族的民间剪纸艺术,极富民族特色和辨识度,实现了艺术风格与故事建构的高度统一。满族剪纸原起源于萨满信仰,与现代剪纸多用"阳刻"、线条为主、线线相连的特点不同,满族剪纸以"阴刻"见长,块面为主,线线相断,不求精致,但更具有粗犷、质朴的少数民族特点。整个游戏从人物形象到山水背景均使用这种剪纸形式,虽然画面移动比较平板单调,但结合剪纸这一特色,使得游戏动作画面形成了如皮影戏般的艺术效果,更能体现本土文化韵味。晨曦中起飞的神鸟、冥河里翻腾的大鱼、云雾缭绕的长白山、金光万丈的福神殿等,游戏中的每一幕场景虽然都只是以简单的二维剪纸形式呈现,但都充满着民族质朴而浪漫的细节和灵动。随着情节的推进,场景中还穿插着壁画、图腾等元素,色彩明亮与阴暗的运用也贴合少数民族和萨满传说的背景设定,使得塑造出的游戏场景和氛围极具原始宗教的神秘感。

3. 民族特色的音效配乐

对于一款叙事类音乐游戏,音效配乐的打造是重中之重。在该游戏中,配乐既要体现民族特色,又要保持与人物情节的适配性,还要满足音乐游戏需要的功能和难度,以及具备良好的听觉感受。《尼山萨满》的配乐较好地满足了上述条件,充满了原始部族的粗犷豪迈、浑厚大气,具有极强的节奏感。《尼山萨满》在还未正式上线前就已经在英国伦敦的 Casual Connect 上拿到了 Indie Prize 的"最佳游戏音效"提名,其在游戏音效上颇受认可。五首原创配乐由来自上海音乐学院的电子音乐作曲硕士研究生程汇聪制作,分别是《村落》《冥河》《鬼城》《圣域》《福神殿》,对应游戏的五幕,为游戏的意境注入了灵魂。鼓是这五首主题音乐中非常重要的乐器,鼓点清晰地注明音乐的节奏,多使用二胡、琵琶、箫等民族乐器,特别注重突出人声的部分,体现了萨满神歌的一些特点。音乐呈现与情节发展高度契合,把玩家迅速拉入神秘瑰丽的游戏世界。

4. 虚实连接的道具神鼓

神鼓在萨满传说和萨满教仪式中具有特殊的作用和意义,也是游戏中的重要道具。"在萨满过阴的过程中,鼓的作用在于使萨满兴奋麻醉、处在一种癫狂的状态,进而走向忘我,实现超越人类现有的逻辑理性思维,去达到一种与神灵沟通的超自然和超本能的状态。"长年致力于萨满信仰研究的学者邱冬梅博士讲道。"脱魂"之后的萨满可上天遁地,进入一个臆想的虚空世界。在游戏的代入感和沉浸感下,玩家也进入了一个虚拟世界,人们在这种游戏建构的"乌托邦"中得到了某种程度的精神满足。"萨满击鼓施展神力"的模式与音乐节奏类游戏的核心机制契合。在游戏中,玩家跟随音乐节奏点击屏幕从而敲击神鼓进行游戏,以萨满一角的视角参与游戏中的情节发展。此时,宗教仪式与游戏玩法,萨满的癫狂、兴奋与玩家的沉浸、愉悦不谋而合,就此打通了虚拟世界与现实生活。由此,萨满鼓在这里也成为一个符号,串联起了游戏内外的世界。

就游戏性而言,《尼山萨满》这款由6个毕业生研发的游戏还存在很大的不足之处,但从对文化的创新诠释、对传统艺术的表现角度来看,它确实是一种全新的尝试,是传统文化在游戏领域的一抹色彩,让人眼前一亮。2019年,《尼山萨满》被选为第十五届文博会"非遗+"展区内容。此类功能游戏让传统民族文化的传承发展在游戏中实现,突出表现了社会效益和文化价值。通过全新的技术,结合中国丰富的非物质文化遗产,尤其是对一些少数民族文化资源的创新利用,也能给游戏市场带来多样的可能。

【知识拓展】

表8-1 我国游戏产业发展中融合文化资源的游戏作品(部分)

名称	游戏类别	开发商	上线时间	主要涉及的文化内容
《金庸群侠传》	PC端游戏	河洛工作室	1996年	武侠文化
《梦幻西游》	PC端游戏	网易游戏	2003年12月	古典文学
《完美世界》	PC端游戏	完美世界公司	2005年11月	神话传说
《剑侠情缘网络版叁》	PC端游戏	金山软件公司 西山居工作室	2009年8月	武侠文化
《惊梦》	移动端游戏	网易游戏	2015年10月	古代文学、传统艺术
《逆水寒》	PC端游戏	杭州网易雷火科技	2018年6月	武侠文化
《古剑奇谭三:梦付千秋星垂野》	PC端游戏	上海烛龙信息科技有限公司	2018年11月	武侠文化

续表

名称	游戏类别	开发商	上线时间	主要涉及的文化内容
《绘真·妙笔千山》	移动端游戏	网易游戏	2019年1月	传统艺术、古代文学
《食物语》	移动端游戏	广州天梯网络科技有限公司	2019年9月	饮食文化
《匠木》	移动端游戏	成都东极六感信息科技有限公司	2020年6月	榫卯技艺
《墨魂》	移动端游戏	墨魂工作室	2020年8月	诗词文化
《四季之春》	移动端游戏	Mz Studio	2021年4月	节气文化

第九章

文化资源与音乐产业

音乐是一种艺术形式和文化活动,早在《周礼·春官宗伯》中就有"皆文之以五声,宫商角徵羽"的记载。文化资源与音乐产业发展联系密切,文化资源是音乐产业发展的内容基础,同时音乐产业发展又会极大地丰富和扩展文化资源内涵,二者可形成良性互动。近年来,音乐产业作为涵盖艺术价值、文化价值、社会价值、经济价值的产业体系,以其产业链长、关联产业多的特点,已成为文化产业的重要支柱,构成了人们日常生活中主要的休闲娱乐方式。当前,人工智能、5G、VR/AR、区块链等技术极大地推动了音乐、科技和产业的跨界融合,使音乐产业呈现出渗透性强、辐射力大的特点,逐渐发展成为我国文化产业跨越式发展的主要动力。

一、音乐产业相关概念

音乐产业从本质上说是属于经济学领域的一个概念,早在 2002 年之前其还多和"音乐商业""音乐经济""音乐工业"等概念混用。有关音乐产业的定义众说纷纭,学者汪月波认为音乐产业是音乐作品在社会传播中实现其经济效益的运作过程,是以销售为核心,考察流行音乐中的音乐作品(歌曲)、音乐家(艺人)、唱片公司、乐队、经纪人、音乐服务提供商、音乐律师等在音乐市场中的具体工作与彼此之间形成的利益关系。[①] 单蓓从产业经济学和管理学的视角对音乐产业进行解释,认为音乐产业主要包括核心音乐产业,如音乐唱片业、数字音乐业等,也包含一些与音乐产业有关联的外延性产业部分,如音乐录音设备制造业、音乐软件生产业等。除此之外,还包括与其他产业融合的混合型音乐产业的部分,特别是与媒体产业融合的部分,其属于广义的音乐产业范围,如音乐广播、音乐电视、多媒体网页制作等。[②] 张伟芳指出,音乐文化产业具体是指有关音乐内容的制作、传播、服务和消费的一系列活动。[③] 音乐文化产业是文化产业的重要组成部分,因此对音乐产业内涵的理解可以结合文化产业的相关概念。2018 年,国家统计局发布了新的文化产业统计指标体系,其中将文化

---

① 汪月波.论音乐产业[J].人民音乐,2017(2).
② 单蓓.我国音乐文化产业发展对策分析[J].吉林省教育学院学报(学科版),2010(4).
③ 张伟芳.我国音乐文化产业的现状、问题与发展路径[J].河南大学学报(社会科学版),2019(5).

产业定义为"为社会公众提供文化娱乐产品和服务的活动,以及与这些活动有关联的活动的集合"。由此,我们可以将音乐产业理解为"从事音乐产品生产和提供音乐类文化服务的经营性行业"。

有关音乐产业的分类,中国音像与数字出版协会音乐产业促进工作委员会和中国传媒大学曾联合对其进行过划分与界定,具体将音乐产业划分为核心层、关联层和拓展层。其中核心层包括音乐图书与音像出版产业、音乐演出产业、数字音乐产业、音乐版权经纪与管理产业等;关联层包括音乐教育培训产业、乐器产业、音响产业等;拓展层包括广播电视音乐、影视剧、游戏、动漫音乐产业、卡拉OK产业、国家音乐产业基地等。

二、我国音乐产业的发展历程

我国音乐产业的发展与改革开放和文化体制改革的进程密切相关。1979年前后,在广东诞生了国内第一家具有商业性质的音像企业——太平洋影音公司,该公司的成立标志着我国音乐产业的正式起步。40多年来,伴随着文化体制改革工作的不断深入,我国音乐产业的发展也先后经历了一个由小到大、从弱到强,从磁记录到光记录,再到数字化记录的发展阶段。下面主要从我国文化体制改革以及音乐市场的发展状况等方面入手,分四个阶段对我国音乐产业的发展历程进行简要介绍。

(一) 积淀期:1979—1991年

1979—1991年是我国音乐产业发展的积淀期。在改革开放的推动下,整个社会的文化娱乐消费需求呈现出激增的态势,以港台流行音乐为主体的音乐商业行为获得发展,流行音乐借助商业行为成为最具社会影响力的音乐形式。[①] 一时间以邓丽君、刘文正、凤飞飞等为代表的港台流行音乐人在内地迅速走红,以爱国、爱情、校园等为题材的音乐作品,如《我的中国心》《龙的传人》《乡间的小路上》《万里长城永不倒》等传遍大街小巷。同时,这一时期的音乐经济主要以中下游的音乐产品的复制生产为主。1987年,国内第一条CD生产线上线,随后各类音像公司纷纷成立。到1989年,全国已有300多家音像出版单位、数百家复制生产厂家、10余万家销售商。这一时期,在流行音乐快速发展的同时也暴露出诸多缺陷,如版权保护意识的缺乏,法律法规的不完善,以及市场机制的不健全,这也为后续音乐产业的发展留下了隐患。

(二) 发展期:1992—2014年

1992—2014年是我国音乐产业的发展期。1990年《中华人民共和国著作权法》的颁布使我国音乐产业的管理从此有了法律依据。在港台音乐的影响下,出现了引人注目的"内地偶像风潮",打破了多年来由港台青春偶像独占青少年音乐消费市场的局面。在市场化的浪潮中,以词曲作者-歌手-唱片公司-营销推广部门或专业营销公司-唱片销售商-终端设备制造商-用户为主的传统流行音乐产业链逐渐形成。2002年,党的十六大召开,包括流行音乐产业在内的文化产业的发展被纳入国家战略规划,这为音乐产业规模激增创造了重要的前提条件。在这一时期,音乐市场呈现出空前繁荣的景象,2004年以"超级女生"为代表的音乐电视选秀节目的出现开启了中国音乐产业的"选秀时代",各类网络音乐和电视选秀节目成

---

① 伊丽媛.中国音乐产业研究二十年[J].音乐研究,2019(2).

为唱片公司选拔歌手的一种新型途径,由此带动大陆的流行音乐产业进入一个以偶像为商务开发平台和消费热点的娱乐产业时代。① 与此同时,随着移动互联网和移动智能终端的普及,也带来了数字音乐产业的快速增长,并逐渐成为音乐产业发展的主导力量,极大地冲击了以唱片业为主的传统音乐产业。据统计,2013年中国数字音乐市场规模达440.7亿元②,规模以上数字网络音乐企业达695家。

(三)成熟期:2015年至今

自2015年以来,我国音乐产业逐步迈入成熟期。2015年,国家新闻出版广电总局发布了《关于大力推进我国音乐产业发展的若干意见》,这是国家首次发布的以指导音乐产业发展为主题的官方文件,从宏观战略层面提出了"十三五"期间我国音乐产业发展的指导思想、基本原则、发展目标以及重要任务,它的出现标志着我国音乐产业发展开始进入自觉阶段。整体来看,这一时期,音乐产业继续保持稳中向前的发展态势,产业发展环境更加完善,音乐原创体系日趋成熟,用户付费意识不断增强,产业之间的融合更加紧密。2016年,《国家"十三五"时期文化发展改革规划纲要》中明确提出将音乐产业列入重大文化产业工程,强调加强版权保护,将音乐产业提升至国家战略高度。据统计,到2019年,中国音乐产业总规模达3950.96亿元,同比增长5.42%。随着有关部门对音乐版权保护工作的不断加强,我国音乐产业的版权保护环境逐渐形成。2019年,中共中央办公厅、国务院办公厅印发了《关于强化知识产权保护的意见》,提出加大文化市场知识产权保护力度,构建知识产权保护工作格局。此外,在这一时期,数字音乐已逐步发展成为引领音乐产业发展的主要引擎。2019年,我国数字音乐产业规模达664亿元,数字音乐用户规模超过6.07亿人。③

三、我国音乐产业的发展现状④

在复杂的国内国际形势下,我国音乐产业在整体上仍保持稳中向前的发展态势,产业总体规模逐步提升,产业发展结构不断优化,商业模式和业务形态加快创新,政策环境和版权保护进一步完善。近年来,科技与音乐产业的深度融合,对我国音乐产品形态、行业结构和盈利模式产生了较大影响,不断助推我国音乐产业进入集约化、内涵式、可持续化发展的转型轨道。

(一)产业规模不断扩大

2019年,中国音乐产业总规模达3950.96亿元,同比增长5.42%(见图9-1),整体来看音乐产业发展的增速较之前有所回落,但整体向前发展的态势没有改变。从细分市场的产业规模来看,2019年产业规模排名前五的分别是卡拉OK、音乐教育培训、专业音响、乐器、数字音乐。其中,卡拉OK产业整体规模达1034.4亿元,同比增长2.34%,规模以上KTV场所达46800家,同比下降5.8%;音乐教育培训产业规模为920亿元,同比增长7.9%;乐器行业主营业务收入达447.64亿元,同比增长5.45%;专业音响产值为569亿元,同比增长2.11%;数字音乐产业规模达664亿元,同比增长8.4%。从细分市场的产业增速来看,2019

---

① 范建华.中国文化产业通论[M].昆明:云南人民出版社,2013.
② 赵志安.中国音乐产业发展报告2014[M].北京:中国传媒大学出版社,2015.
③ 中国传媒大学音乐产业发展研究中心项目组.2020中国音乐产业发展总报告[R].北京:中国传媒大学音乐产业发展研究中心项目组,2020.
④ 中国传媒大学音乐产业发展研究中心项目组.2020中国音乐产业发展总报告[R].北京:中国传媒大学音乐产业发展研究中心项目组,2020.

图 9-1 2015—2019 年中国音乐产业市场规模及增长率

年产业增速排名前五的分别是音乐版权经纪与管理、数字音乐、音乐演出、音乐教育培训、广播电视音乐。其中,音乐版权经纪与管理的产业增速高达 27.29%,表明我国音乐版权保护环境进一步优化。

(二)产业结构亟待调整

从音乐产业的产业结构来看,据统计,2019 年,音乐产业中,核心层的产值规模达 884.8 亿元,同比增长 8.77%,所占比重达 22.39%;关联层的产值规模达 1936.64 亿元,同比增长 5.57%,所占比重达 49.02%;拓展层的产值规模达 1129.52 亿元,同比增长 2.68%,所占比重达 28.59%。受经济持续下行的影响,2019 年音乐产业的核心层与关联层基本保持了稳中有进,其中,核心层的产业占比增长率同比提高了 3.1 个百分点;而拓展层则表现出明显的下滑趋势,产业占比增长率同比下降了 2.6 个百分点。这表明以音乐图书与音像、音乐演出、音乐版权经纪与管理、数字音乐为主的音乐产业核心层抗风险能力不断增强,而以广播电视音乐、卡拉 OK、影视、游戏、动漫音乐为主的拓展层亟待进行结构性调整。

(三)产业融合发展突出

新时期音乐产业以其独特的艺术性、文化性和多样性的表现形式,不断加快同旅游产业的融合发展。在各地的实践过程中,主要通过大型实景音乐演出、户外音乐节等方式,不断推动音乐产业的文旅化发展。① 随着人们文化消费需求的升级,户外音乐节以其娱乐性强、参与度高的特点成为年轻人喜欢的一种娱乐方式。近年来,音乐节的发展可谓遍地开花。据统计,2019 年,大型演唱会、音乐节票房收入达 42.59 亿元。与此同时,音乐产业与科技的融合发展也在不断加深,最直观的表现是近年来发展势头强劲的数字音乐产业。据统计,2019 年,中国数字音乐产业规模达 664 亿元,同比增长 8.4%。依赖于科技的有力支撑,数字音乐产业涌现出了流媒体音乐下载、移动 K 歌、音乐直播平台、音乐短视频平台等产业模式,有力地推动了音乐产业的发展。

---

① 孙梦青.“文旅”视野下的科技与音乐产业融合[J].产业创新研究,2019 (11).

总的来看,近年来我国音乐产业保持着良好的发展态势。随着数字技术、网络技术和播放设备的发展,音乐的创作、生产、传播和消费都发生了很大变化,面临着新的挑战,特别是我国现代音乐产业体系还不完备、原创能力不强、音乐企业规模不大、高素质人才缺乏、版权保护体系尚不完善等问题,制约了音乐产业的进一步发展。

四、文化资源的挖掘与音乐产业的开发实践

音乐广泛地存在于人们的日常生活中,是人民群众精神文化产品的重要组成部分。2015年,国家新闻出版广电总局出台了《关于大力推进我国音乐产业发展的若干意见》,指出要实施精品战略,推动原创和现实音乐题材创作,努力创作出版更多传播社会主义核心价值观、体现中华文化精神、弘扬中华优秀传统文化的音乐作品。这对我国音乐产业的发展提出了新的更高的要求。当前,以5G技术、区块链技术、虚拟现实技术等为代表的数字技术的不断应用将给音乐产业发展带来全方位的提质升级,对进一步实现音乐文化资源的创造性转化和创新性发展具有重要意义。下面根据传统文化资源结合音乐产业的发展实践,选取几个具有代表性的案例进行简要介绍。

【案例一:"国乐复兴计划"】

"国乐复兴计划"是2017年由北京十三月文化传播有限公司与中国唱片集团有限公司共同开启的一个音乐跨界项目。项目尝试通过中国民乐演奏大师和国际音乐人的深入合作,对中国民族音乐进行改编和演绎,以跨界融合的方式让中国民族音乐焕发出新的生机。2019年春节前夕,"国乐复兴计划"携手广东省文化和旅游厅,同十个国家共三十余位世界知名音乐家联合制作推出贺岁专辑《新乐府·全球大拜年》。专辑一经推出即受到各大媒体的争相报道,还被支付宝选定为春节集五福活动的开奖音乐。到2020年初,"国乐复兴计划"已与31个国家的音乐家、近百位民乐大师合作完成了数十张专辑,在全网收获了超15亿的播放量。"国乐复兴计划"于2019年成功亮相法国戛纳国际音乐博览会(MIDEM),并于同年10月亮相世界音乐博览会(WOMEX),成为该博览会历史上首个中国参展项目。此外,"国乐复兴计划"还被纳入《国家音乐产业优秀项目奖励计划》,其中《水锈》专辑于2019年获得全球音乐大赏(GMA)的最高奖,次年荣获2020年全美独立音乐奖(IMA)"最佳传统世界音乐专辑奖"提名。

【知识拓展】

世界音乐博览会[①]

世界音乐博览会(WOMEX)创立于1994年,是世界上最国际化的音乐展会,也是全球音乐界规模最大的展会。展会每年10月下旬在欧洲不同城市举办,为期5天。特色内容包括交易会、讲座、电影和展示音乐会等。

---

① 来自世界音乐博览会官网。

展会期间,全球音乐领域的唱片公司、经纪人、演出机构、艺人等数千名专业人士齐聚一堂,通过演出、讲座、创作营、展览等多种形式以乐会友,使 WOMEX 不仅是世界音乐产业的第一大网络平台,而且是全球范围内最多样化的音乐展会。博览会现场展示的音乐作品,从最传统的到新的全球本地地下音乐,涵盖了来自世界各地的民间、本土与侨民文化音乐、城市与电子音乐以及所有这些音乐的融合。

WOMEX 及其社区的许多代表旨在支持和加强文化在全球的作用,并通过培育和促进创造力和艺术来传播其价值观,以热情、宽容、多样化和富有成效的方式促进跨文化理解。

(一) 国乐大师集结:为"国乐复兴计划"提供人才支持

为推动"国乐复兴计划""融合跨界、推动中国民乐走向世界"目标的实现,北京十三月文化传播公司为"国乐复兴计划"打造了"新乐府"厂牌。"新乐府"厂牌集结众多的民乐大师,为"国乐复兴计划"提供了丰富的创作人才。当前,依托"新乐府"厂牌的音乐资源储备,"国乐复兴计划"已成功实现了与众多国乐大师的合作,包括现代派笙演奏家吴巍、多元乐器演奏家汪洪、二胡演奏家贾鹏芳、中国民乐大师果敢、琵琶大师闵小芬、民乐大师徐凤霞等。此外,"国乐复兴计划"还主动推进同国家级非物质文化遗产传承人的合作,同非物质文化遗产传承人一起,推进音乐类非物质文化遗产的生产性保护与创新性开发。如 2019 年 9 月,在"中国音乐世界表达——国乐复兴计划艺术家分享会"上,"新乐府"厂牌推动山东即墨盲人大鼓书非物质文化遗产继承人同法国乌德琴音乐节合作,推出了世界音乐专辑《即墨盲人大鼓书》,获得了音乐界的强烈反响。同年 10 月,《即墨盲人大鼓书》同二胡名家果敢创作的《北京胡同》一同参加了 WOMEX,在国际上发出了来自中国民乐的声音,展示了中国民乐的新形象。

【知识拓展】

法国戛纳国际音乐博览会[①]

法国戛纳国际音乐博览会(MIDEM)是世界上较具影响力的音乐博览会,是全球最大规模的专业音乐交易市场活动,被誉为音乐界的奥林匹克,迄今已有 50 多年历史,每年都在法国戛纳举办。这是一个纯粹以商业机制为考虑的专业展会,每年均有来自全球上百个国家的录音、出版、发行、版权、演唱会、数字媒体及 IT 行业的精英汇聚于此,构建人脉网络,就音乐界普遍关心的问题及音乐潮流走向等信息进行为期一周的交流,是一年一度的 B2B 音乐盛会。MIDEM 集出版、发行及营销等功能于一身,对全球无数的独立唱片厂牌而言,自然是将音乐产品营销至全球的最佳平台,全球的买家都会在此挑选值得投资的对象,戛纳也因此成为全世界音乐的重地。

---

① 来自法国戛纳国际音乐博览会官网。

自 2008 年开始，组团参展 MIDEM 是国家新闻出版广电主管部门支持的"中国文化走出去"项目之一，我国已连续参加 13 届展览，规模和影响力逐年递增。我国参展团联合国内唱片公司、音像出版制作单位和优秀的音乐品牌、原创型乐队，凝聚政府、企业、社会组织和独立音乐人等多方力量，借助网络和移动终端等新媒体的传播宣传方式，通过新闻发布会、项目或产品的推介、签约会、现场演绎等方式，向世界发布我国音乐产业相关信息，宣传我国最具代表性的音乐产品和作品，推介国内优秀的音乐企业和原创音乐人、乐队走出国门，面向世界。

（二）中国传统民乐：为"国乐复兴计划"提供内容基础

"国乐复兴计划"于 2019 年春节在北京五棵松 Mao Livehouse 举行了专辑发布会，推出了其贺岁专辑——《新乐府·全球大拜年》。该专辑充分运用中国传统的民乐元素及经典曲目，将我国耳熟能详的经典民乐曲目进行全新的编排和演绎，注入了来自现代的气息。专辑主题为中国的传统春节，因此专辑内的歌曲多选取寓意喜庆、吉祥的传统曲目作为基础，使整个专辑呈现出浓浓的中国韵味。比如，专辑选取了寓意对未来生活美好向往的《百鸟朝凤》，寓意积极奋进、开拓进取的《步步高》，表现热烈欢快气氛的《花好月圆》，寓意阖家欢乐、喜事连连的《喜洋洋》，表达"久旱逢甘霖"的喜悦之情的《旱天雷》，以及展现劳动人民勤劳朴素精神的《紫竹调》。与此同时，专辑还通过融入现代的音乐元素和演奏技法，充分满足当下的审美需要，使更多的人得以有机会和渠道了解、认识中国的民乐，感悟中国优秀音乐及其中流露出的中国人独特的文化内涵。《新乐府·全球大拜年》通过对中国民乐中春节元素及相关文化内涵的运用，用世界语言向全世界讲述了一部来自东方的音乐故事、文化故事。

（三）国乐跨界合作：为"国乐复兴计划"释放市场潜力

"国乐复兴计划"的一大特色在于其对不同风格、不同类型、不同表现形式的艺术的跨界尝试，因此在"国乐复兴计划"的推动过程中，由跨界融合而碰撞出的音乐火花成为"国乐复兴计划"创新曲目的最大特色。各种"破次元"的合作联动，一遍遍刷新着听众的感官，为民乐的现代化发展探索了各具特色的道路。如中国民乐与拉丁风情的碰撞，不仅将中国的文化推向了世界，更让民乐成为中国的一张独特名片。2020 年 1 月，一场古巴风情与中国特色相融合的音乐会在古巴驻华大使馆隆重举行。中国的民间音乐人张尕怂同古巴阿卡贝拉乐团 Vocal Sampling 同台亮相，通过中国大西北原生态的民俗音乐同古巴的拉丁风情相碰撞，使来自中国民间的乐声和来自遥远美洲的吟唱来了一场跨越时间、跨越地域的互动。这种跨界合作已不仅仅是一次音乐上的尝试与创新，更成为联络中古两国情谊，塑造中国对外文化交流形象的一个标志。又如在 2020 年初抗击新冠肺炎疫情的过程中，包括多位格莱美奖得主在内的 50 位"国乐复兴计划"全球合作音乐人共同翻唱了一首《在路上》。各国艺术家用本国母语演唱新创作的歌词，表达着"全球一家亲，我们共同在路上、在一起"的信念，用音乐传递跨越时空的人道主义精神。类似的跨界合作还有如乌克兰、以色列、法国、美国、南非、赞比亚、委内瑞拉等 10 个国家的音乐与中国民乐的交流融合，电子、雷鬼、摇滚、民谣等音乐类型同中国传统音乐的碰撞。全新的编曲演绎不仅使音乐跨越了国界，还为中国民乐及其背后的文化内涵打造出了一张音乐大碟。

【案例二:琴台音乐节】

琴台音乐节是由武汉市委市政府主办、琴台音乐厅承办的华中地区较有影响力的音乐盛典。自2012年武汉市举办首届琴台音乐节起,迄今已连续举办了9届,琴台音乐节成为武汉乃至华中地区一张重要的文化名片。琴台音乐节每年都会选定一个主题,并围绕主题对音乐演出进行编排,各类音乐通过自己的形式对主题进行阐释。琴台音乐节通常选择武汉琴台音乐厅作为主会场,每届根据不同主题再选择不同的分会场。琴台音乐节通常持续20天,其间既有众多来自全国各地的音乐人,同时也有武汉本地的音乐表演团体参与演出,是一场内容丰富的音乐盛会。2020年,琴台音乐节先后开展了包含剧场音乐系列、古琴系列、群众合唱展演、流行音乐展演、市民音乐沙龙五大板块近60场音乐演出和活动,线上直播观看人次达1753.8万。

1. 以音乐主题整合文化资源

每届琴台音乐节都会确定一个主题,这个主题通常是整场音乐节演出的文化核心和音乐活动开展的基本方向,在整个音乐节开展的过程中起到总揽全局、奠定基调的作用,不同的主题使每一届琴台音乐节都呈现出不同的特色和风格。例如,首届琴台音乐节以校园文化为基本方向,因此在演出活动中加入了许多校园文化的音乐节目,并推进了"武汉地区校园音乐会""武汉音乐学院东方中乐团民乐音乐会"等校园音乐演出活动;第三届琴台音乐节以中国传统戏曲文化展示为主题,向观众呈现了一场来自传统戏曲、弘扬民族国粹的音乐盛宴,推出了歌剧《高山流水》,不仅展现了古琴曲艺,而且体现了武汉"知音善乐"的城市形象;第七届琴台音乐节以"我的祖国"为主题,将整个音乐节注入了"红色文化"的内涵,其间演绎了《闪闪的红星》《渔光曲》《平原游击队》《五朵金花》《红色娘子军》《红旗颂》《海霞》《冰山上的来客》《绒花》《游击队之歌》《我的祖国》等代表中国红色精神的曲目,让琴台音乐节呈现出红色文化的气息。多样的文化主题在为琴台音乐节奠定文化背景的同时,也使传统文化、红色记忆、青春回忆等文化内涵通过音符传递到每个观众的心中。

2. 以传统民乐再现历史经典

琴台音乐节在举办之初就坚持"立足本土文化、弘扬民族文化"的总体理念,着重关注本地文化及传统文化在音乐节中的体现。通过运用本地传统音乐、传统戏曲以及民族乐器,让音乐节在给观众带来视听盛宴的同时展现出本地特色文化的独特魅力。如第三届琴台音乐节,开幕式"行云流水"戏曲音乐会以汉调、楚风、京韵为主要内容,让武汉市京剧、汉剧、楚剧的三位领军人物刘子微、王荔、夏青玲同台献艺,演唱了《贵妃醉酒》《寻女》等经典桥段,吸引了上千戏迷前来捧场;第六届琴台音乐节着重展现武汉的"知音文化",选取了著名的古曲《高山流水》;第九届琴台音乐节围绕古琴文化,开展了一系列古琴演出,举办了《山河无恙·古琴在此》古琴名家专场音乐会,邀请到了中国爱乐乐团、中央民族乐团等著名音乐团体,以及"筝坛圣手"王中山等参与音乐会的演出,整场音乐会可谓星光熠熠。琴台音乐节通过将武汉本地的"知音文化"与中国传统的古琴文化相结合,使武汉"高山流水觅知音"的城市文化得以通过潺潺的古琴曲流淌出来,进入听众的心中,让听众对俞伯牙和钟子期的君子之交有更深的体会,对中国传统文化中的"知音"有更深入的理解。

3. 以人文地标展现时代风貌

武汉不仅有全国知名的武汉长江大桥、长江江滩,还有古琴台、黄鹤楼、晴川阁等著名的人文地标建筑。丰富的本地人文建筑资源为琴台音乐节创造了坚实的文化基础,如在第九届琴台音乐节期间,武汉爱乐乐团就充分利用黄鹤楼的历史文化内涵,以黄鹤楼景区为演出舞台,融入富含荆楚文化特色的编钟配乐,为疫后武汉演绎了一场大型交响曲《浴火重生》,表达对医护人员的感激之情;琴台音乐节在晴川阁、黄鹤楼和古琴台开展了以"满城尽寻钟子期·琴台共谱知音曲"为主题的系列活动,让《碧涧流泉》《关山月》等古琴曲在古建筑中悠悠响起,联结古代与现代的音乐情思;琴台音乐节还在汉口"江滩"开展了以"长江放歌·拥抱阳光"为主题的群众合唱活动,活动以长江为"轴",以两岸江滩为舞台,颂扬了人民对伟大祖国的热爱和对美好生活的向往。琴台音乐节巧妙地将武汉本地的文化景点及相关文化资源融入音乐节的活动中,创新了音乐节的舞台形式,打造出富含本地文化特色的演出舞台,实现了音乐活动同武汉丰富文化资源的交融,促进了武汉文化内涵的展示与表达。

【案例三:"古画会唱歌"】

"古画会唱歌"是由故宫博物院、NEXT IDEA 腾讯创新大赛组委会、QQ 音乐联合主办的一项主题活动,旨在鼓励青年创作者以音乐创作的形式传递中国古画的文化内涵,传承传统文化。[①] 活动尝试用现代的技术表现古人的音乐、用现代的音符抒发古人的情怀,将绘画用音乐的方式进行呈现,还原数百年前蕴含于古画中的音乐故事和文化意涵。2018 年 7 月,"古画会唱歌"NEXT IDEA 音乐创新大赛正式启动。活动以"古画会唱歌"为主题,鼓励青年音乐创作者以音乐为载体,准确传递中国古画的文化内涵,抒发作者情趣,传承优秀传统文化。此外,该活动还取得了故宫博物院的大力支持,故宫开放了包含《千里江山图》《清明上河图》《韩熙载夜宴图》《洛神赋图》等一批珍藏名画的创作授权,以此作为音乐人创作的素材来源。"古画会唱歌"活动一经启动就吸引了大量音乐人的参与,开启的第一个月就收到了 500 余首高质量的原创音乐作品,并吸引了 400 多万人次的线上参与,最终共发行了包括《丹青千里》《韩熙载夜宴图》《芦汀密雪》《听琴图》等在内的 14 首歌曲。

1. 古画:现代音乐创新的源泉

作为一种古老的艺术形式,绘画通常可以将各种复杂而丰富的情感与故事凝结于尺幅之内,将千万种情感表达于水墨之间。中国传统绘画尤其强调对意境的

---

① "古画会唱歌" 故宫名画首次征集音乐创意[EB/OL]. (2018-07-26)[2021-05-09]. http://ent.cnr.cn/zx/20180726/t20180726_524312037.shtml.

体现,强调对情感的表达,因此,在中国留存下来的古画中,往往蕴含着丰富的时代特色和独特的文化内容。用音乐的形式对古画的文化意涵进行表达,是一种开拓性的尝试,对探索古画内涵的创新性表达具有重要意义。古画会唱歌活动就是以某幅传世经典画作为来源,进行词曲创作,将古画中的文化同当代的创造力连接起来,生动地表现画作者的思绪和情感,实现古画跨越千年的"吟唱"。创作者通常以重现原画中的具体场景、提取画中某一文化元素、抒发原画作情感等方式进行音乐创作,把音乐和绘画进行有机的结合,实现音乐与古画的"奇妙的超链接"。例如,千年前,一位18岁的天才少年挥笔画下《千里江山图》①,千年后,另一位即将18岁的少年(易烊千玺)将此画"唱"给世人。两个少年跨越千年的对话,产生出奇妙的"化学作用"。当18岁的王希孟挥笔画出佳作《千里江山图》时,他或许不会想到在千年之后,另一位即将18岁的少年会以一种轻逸悠扬的方式描绘画中那个可居可游的山水境地,表达他的豪情壮志;千年后的少年或许也不会想到有一天他将通过音乐作品《丹青千里》同千年之前的挥毫少年来一次跨越时空的交流。"古画会唱歌"活动促成了这种可能,两位少年得以通过音乐来交流,通过古画来畅谈。《丹青千里》的MV一经发布就引起了广泛关注,在发布的5小时内就获得了近千万次观看、53万次转发和1万多条评论。以画为源,就是要让古画中的文化内涵得以通过音乐的词句讲述出来,音乐创新了古画的讲述方式,古画为音乐提供了文化的来源,二者相得益彰,为听众带来一场来自千年古画的视听盛会。

2. 歌词:传统古画再现的载体

传承千年的古画为歌曲的创作带来基本的文化内涵,而富有诗意的歌词则给古画带来年轻的活力。传承千年的古画都是当时天才艺术家们的力作,是对他们所处年代的深思、对社会历史背景的生动诠释,作品背后的历史文化价值十分深厚。准确把握原作品的文化内涵,是歌词创作的关键。为了更好地让歌词表达出古画的内涵,"古画会唱歌"活动邀请了故宫博物院的文化专家对古画的文化背景及相关内容进行讲解,同时还邀请了音乐领域的专业人士如方文山等为歌词的创作进行指导。如《丹青千里》中"丹青是谁年少壮阔落笔,山水青绿岁月只镌刻传奇"一句,不仅将《千里江山图》的豪情与壮丽凝练句中,同时还用"镌刻"一词将古画高远的审美情操体现得淋漓尽致。又如《双璧惊鸿——记〈洛神赋图〉》中"展卷灵风拂面,洛神香魂驻颜"一句,用一个"灵风拂面"将《洛神赋图》得以流传千年的神韵展现得一览无余。再如《韩熙载夜宴图》中"沐手人不言,帘外清吹兴正酣;杯酒再饮见底,天下哪有不散",将五代十国时期南唐的放纵享乐和对未来的悲观展现得淋漓尽致。依据古画故事创作的歌词,不仅将来自古画的韵味融入了歌曲之中,更将古画中的文化内涵生动地展现了出来。

3. 曲谱:古画场景还原的核心

依托古画创作的曲谱,是歌曲中可以表现文化内涵的重要部分。中国古代的音律同现代的音律有所差异,因此在曲调创作及整体呈现上会有较大的不同,尤其

---

① 《千里江山图》是时年18岁的北宋画家王希孟所做,此画是宋代青绿山水画中具有突出艺术成就的代表作,是中国十大传世名画之一。

是在情感表达方式上的差异。中国古代的音律由"宫、商、角、徵、羽"五个基本声调构成,同现代的"do、re、mi、fa、so、la、xi"有着不小的差异。因此,在依据古画开展曲谱创作的过程中,恰当地运用传统文化资源对歌曲进行创作是"古画会唱歌"活动中歌曲创作的重要特点。以《韩熙载夜宴图》为例,《韩熙载夜宴图》是五代十国时期南唐画家顾闳中的绘画作品,画中包括琵琶演奏、观舞、宴间休息、清吹、欢送宾客五段场景,内容丰富,涵盖面广,具有较强的写实性。因此,歌曲《韩熙载夜宴图》的曲调从温和舒缓的弦乐中引入,如将一幅画卷逐渐展开,将夜宴舒缓的氛围呈现出来;随后鼓声的加入让歌曲渐渐生成动感,表现出随着宴会的继续,客人开始变得放松和愉悦;渐渐地,鼓点逐渐加重,编钟、编磬、竹笛、箫等古典乐器的加入,丰富了层次,烘托出宴会正逐步进入高潮的前奏;忽然,节奏加快,鼓声、弦乐声、人声、管乐声同时加重,肆意表现着自己的色彩,将夜宴的氛围推向高潮;这时,所有的乐声戛然而止,只剩一个空灵的人声开始独白,将宴会结束后的落寞与空虚充分地表现出来。以画为根,用曲谱将古画的内容向观众一步步描绘出来,通过乐曲将古画蕴含的情愫与态度诉说出来。

【知识拓展】

中国国际音乐产业大会

中国国际音乐产业大会由国家音乐产业基地数字音乐示范园区主办、无限星空音乐集团承办,从2010年筹备第一届到2021的第八届,中国国际音乐产业大会已逐步成为中国最具影响力和认知度的音乐行业交流盛会。2021年1月22日,第八届中国国际音乐产业大会圆满落幕,大会开幕式当天,组委会宣布"库客音乐"荣获中国音乐产业大奖。最终库克音乐、腾讯视频、微博音乐、中国联通沃音乐、丰华音乐经纪公司5家企业获得音乐产业贡献奖。此次大会还将人民音乐出版社、叶小纲、舒楠、刘青、捞仔等评选为抗疫优秀企业及个人。

第十章

文化资源与电影产业

电影是一种综合性的艺术表现形式,涵盖了文学、绘画、摄影摄像、表演、音乐、计算机等多方面知识,是继文学、戏剧、绘画、音乐、舞蹈、建筑、雕塑之后世界公认的第八大艺术形式。电影素材大多源于文化资源的深度挖掘和塑造,电影的创作和宣传又极大地促进了文化资源的保护和开发,二者相辅相成、彼此促进。近年来,我国电影产业迅速发展,极大地整合了中华传统文化资源,塑造了我国电影产业的核心竞争力,赢得了国际主流电影市场话语权。当前,随着电影技术的不断发展,动作捕捉、AI特效等逐渐成为电影发展的重要支撑,同时电影的内涵不断提升,产生了一批关注生活、追求艺术的优秀影片。

一、电影及电影产业相关概念

过去"电影"曾被称为"影戏",而现在"电影"成了其唯一的表达词汇。在英文里电影则有"film""movie""cinema"等多种表达。从电影的发展史来看,关于"电影"的概念以及边界的讨论从未停止。作为科学技术长期发展的产物,电影是指由摄影机、放映机、胶片、银幕等一系列高科技产物所构成的总和。德国著名电影理论家齐格弗里德·克拉考尔在其著作《电影的本性——物质现实的复原》中指出,按其本质来说电影是照相的一次外延,电影的真正功能在于原貌地表现客观现实生活的真实流动。① 张燕和谭政从物质技术和美学艺术层面对电影做了界定。从物质技术层面,电影是根据"视觉滞留"原理,运用摄影和录音手段,把外界事物的影像和声音摄录在胶片或数字载体上,通过放映以及还原技术在银幕上形成能表达一定内容的活动影像和声音的一种技术,即电影是记录并呈现运动画面和声音的工具。从美学艺术层面,电影是以电影技术为手段,以画面和声音为媒介,在银幕上运动的时间和空间里创造形象、再现和反映生活的一门艺术。② 根据2016年颁布的《中华人民共和国电影产业促进法》中对电影的定义,电影是指运用视听技术和艺术手段摄制、以胶片或者数字载体记录、由表达一定内容的有声或者无声的连续画面组成,符合国家规定的技术标准、

---

① 齐格弗里德·克拉考尔.电影的本性——物质现实的复原[M].邵牧君,译.北京:中国电影出版社,1981.
② 张燕,谭政.影视概论教程[M].2版.北京:北京师范大学出版社,2016.

用于电影院等固定放映场所或者流动放映设备公开放映的作品。总的来看,电影作为一门综合的艺术表现形式,是综合运用各类电影放映技术发展起来的一种现代艺术。

随着经济、文化、科技的日趋壮大和强盛,电影产业与其他文化产业一起成为国民经济发展的重要支柱。具体来看,电影产业是通过生产、流通、传播等方式为社会提供物态化的电影产品和相关服务的一种产业,是以电影制作为核心,进行生产、发行和放映以及电影音像产品、电影衍生品、电影院和放映场所的建设等相关产业经济形态的统称,通常可分为故事片、科教片、纪录片和美术片四大片种。从属性上来看,电影产业兼具经济和社会文化两种属性,电影产业的发展不仅能够带来巨大的经济效益,而且通过影片内容传达能够起到教育引导作用。

二、我国电影产业的发展历程

我国电影产业的发展与国家的发展、社会政治经济的发展息息相关,呈现出明显的阶段性特征。可以说,电影是时代进程的一面镜子,时代是电影发展的重要动力。[①] 以19世纪末20世纪初电影传入中国为开端,在一个多世纪的发展历程里,我国电影产业也经历了一个从无到有、从萌芽到成熟、从计划经济时代到市场经济时代,从较为单一到日益丰富多彩的发展历程,其间也遭遇了一些曲折、坎坷甚至是动乱,这些都促进了中国电影产业的成长。如今,电影产业受到了前所未有的重视,国家扶持力度不断加强,多管齐下推动电影产业发展驶入快车道。下面主要根据我国电影产业在发展演进过程中所呈现出的总体特征,共分成五个时期来简要介绍电影产业的发展历程。

(一)奠基萌芽期:19世纪末至1949年

从19世纪末电影传入中国到新中国成立的这个时期是我国电影产业的奠基萌芽期。1896年8月11日,"西洋影戏"在上海完成了首次放映。1905年,由北京丰泰照相馆任庆泰执导、谭鑫培主演的《定军山》完成拍摄,标志着中国电影的正式诞生。此后在张石川、郑正秋、黎民伟等人的努力下,中国电影开始逐渐发展起来。1913年,中国第一部短故事片《难夫难妻》拍摄完成。1922年,中国第一本电影刊物《影戏杂志》正式创刊。1923年,第一部在商业和艺术上获得双重成功的国产片《孤儿救祖记》问世。到了20世纪30年代,中国电影迎来了一次兴盛与高潮。1931年,我国第一部有声电影《歌女红牡丹》公映,标志着中国电影开始从无声时代进入有声时代。在这一时期以夏衍为首的党的电影小组成立,左翼文化工作者进入电影界并逐渐成为各电影公司的创作骨干,陆续拍摄了一批颇具影响力的影片,如《狂流》《神女》《十字街头》《风云儿女》等,改变了中国电影的创作生产面貌,中国电影由此进入新的发展阶段。此外,这一时期的中国电影也开始走出国门,在国际舞台上崭露头角。1934年,由蔡楚生编导的《渔光曲》成为第一部获得国际荣誉的中国电影。

1937年,中国进入全面抗战时期,让刚刚兴盛的中国电影遭到严重摧残,电影公司纷纷破产倒闭,电影制作数量锐减,反战反侵略宣传成了电影的时代主题。据统计,在全面抗战期间,大后方的抗战影人一共拍摄了21部故事片和近百部抗战宣传片。[②] 1938年,在延安解放区建立了党的第一个电影机构——延安电影团,拍摄制作了一些纪录电影,如《延安和

---

① 尹鸿.关乎人文 化成天下——改革开放40年的中国电影[J].北京电影学院学报,2018(2).
② 陆弘石.中国电影史1905—1949[M].北京:文化艺术出版社,2005.

八路军》《南泥湾》等,留下了珍贵的影像资料。1945年8月,随着抗日战争的全面胜利,中国电影迎来了复苏。1949年4月,中国共产党成立了中央电影事业管理局作为电影事业的领导机构。1949年7月,中国文学艺术工作者第一次代表大会召开,国统区进步电影工作者与解放区电影工作者共同参加,形成了新中国电影事业和电影产业的基本队伍。

(二)初步生长期:1950—1975年

1950—1975年是我国电影事业的初步生长期。新中国成立后,中央电影事业管理局改称文化部电影事业管理局,具体领导全国公私营电影事业及有关事宜的发展。随后以长春电影制片厂、北平电影制片厂、上海电影制片厂为代表的国营电影制片厂纷纷成立,并在短短一年时间里拍摄完成了《桥》《中华儿女》《白毛女》《刘胡兰》《赵一曼》《新中国的诞生》等多部影片。与此同时,一些私营电影制片公司也相继出现,拍摄完成了《乌鸦与麻雀》《三毛流浪记》等影片。新中国成立初期的中国电影可谓蒸蒸日上,随着电影行业公私合营的完成,中国电影迎来了又一次快速发展的高潮。据统计,到1965年,我国的电影制片厂达16个,覆盖了故事片、纪录片、译制片等各个方面,放映单位20363个,观影人次达46.3亿人次,发行收入达1.3亿元,放映收入达2.8亿元。[①] 从1949年到1965年,电影制片在产量上迅速增长,共生产故事片603部、科学教育片1980部、美术片279部、新闻纪录片8344部[②],并涌现出了以《上甘岭》《永不消逝的电波》《林家铺子》《五朵金花》《冰山上的来客》《甲午风云》等为代表的故事片和以《猪八戒吃西瓜》《小蝌蚪找妈妈》《牧笛》《大闹天宫》为代表的美术片,影片思想艺术质量逐步提高。据统计,从1966年到1975年,共摄制故事片69部。[③] 总的来看,这一时期在生产条件极其困难的情况下,我国电影业取得了令人瞩目的成绩,在电影的题材、类型、风格等方面都逐渐形成气候,但是在国家计划经济模式下,电影的生产、发行和放映要严格按照行政指令进行,所以在这一时期我国只有电影事业而没有电影产业,"电影事业"一词也成了电影业的官方表述。

(三)快速成长期:1976—2000年

1976—2000年是我国电影产业的快速成长期。1978年,中共十一届三中全会做出了实行改革开放的伟大决策,紧接着,全国范围内迅速掀起了思想解放的热潮。随着整个社会发展环境的宽松和人们思想的解放,我国电影事业开始调回正轨,并出现了一些新的发展气象。早在1976年10月,各电影制片厂就开始恢复电影创作生产工作,并出现了一批"伤痕电影""反思电影"。到了1978年左右,我国电影事业已基本得到恢复。据统计,1978年,全年共生产电影故事片21部,电影发行收入达5亿元,放映收入达8.97亿元,1979年还创造出了全年290亿人次的观影记录。

在改革的春风下,电影业开始重新审视市场的力量,并相继启动了我国电影事业的体制改革工作。1984年,中共第十二届中央委员会第三次会议审议通过了《中共中央关于经济体制改革的决定》,提出要进行政企分开,增强企业活力。在此背景下,国有电影制片厂开始从事业单位转型为企业,独立核算、自负盈亏。1986年3月,电影事业管理局由文化部划归新成立的广播电影电视部(即后来的广电总局)领导。1987年,中国明确提出"娱乐片"概

[①] 刘正山.中国电影产业70年创新发展经验回顾及转型升级研究[J].中国电影市场,2019(10).
[②] 周斌.新中国70年电影产业的变革与拓展[J].武汉科技大学学报(社会科学版),2020(6).
[③] 沈芸.中国电影产业史[M].北京:中国电影出版社,2005.

念,标志着中国电影工业出现了向市场经济转型的明确意向和行为。① 进入20世纪90年代,随着社会主义市场经济体制改革目标的确立,我国电影体制改革的步伐逐步加快。1993年,广播电影电视部颁布了《关于当前深化电影行业机制改革的若干意见》,规定各制片厂可直接与地方发行单位进行商谈,进口影片则统一由中影公司向各省、市、自治区公司发行,预示着中国电影转向市场化的改革逐渐拉开序幕。

1994年,广播电影电视部出台了《关于进一步深化电影行业机制改革的通知》(以下简称《通知》),提出了关于电影行业机制改革的一系列具体意见和措施。为进一步激发国产电影创作,《通知》还明确指出授权中影公司每年以国际通行的分账发行的方式引进10部"基本反映世界优秀文化成果和当代电影艺术、技术成就的影片",由中影公司在国内发行。"分账大片"的引进对于激活国内电影市场的活力、丰富国产电影题材具有重要意义。1995年,国产电影开始以票房分账的形式发行放映。1996年,新中国成立以来规模最大、规格最高的全国电影工作会议在长沙召开,正式启动电影精品"9550"工程(即在"九五"计划期间,拍摄50部精品电影,每年10部),依靠政策扶持激发国产电影创作。通过电影领域内体制机制改革,为我国电影产业的发展拓展了空间,由此推动了我国电影产业的快速发展。

随着电影产业的快速发展,中国电影创作者开始了大量的艺术创作,并陆续涌现出一批又一批家喻户晓的影片,比如以谢晋、谢铁骊等为代表的第三代导演创作的《大河奔流》《天云山传奇》《牧马人》等,以吴贻弓、吴天明、张暖忻、黄健中为代表的第四代导演创作的《城南旧事》《老井》《小花》等,以张艺谋、陈凯歌、田壮壮等为代表的第五代导演创作的《红高粱》《霸王别姬》《秋菊打官司》《大红灯笼高高挂》《活着》《蓝风筝》等。1997年,冯小刚导演的作品《甲方乙方》首次在国内电影市场上提出了"贺岁片"的概念,如今的"贺岁档"已成为电影市场上最热门、竞争最激烈、票房产出能力最高的放映档期。在这一时期,中国电影也开始积极与世界文化展开对话,走向世界影坛。1988年,《红高粱》获得第38届柏林电影节金熊奖;1993年,《霸王别姬》获得第46届法国戛纳电影节金棕榈奖;1992年和1998年,《秋菊打官司》和《一个都不能少》分别获得第49届和第56届威尼斯电影节金狮奖,等等。中国电影呈现出一种前所未有的国际影响力,甚至在世界影坛上刮起了一阵声势浩大的"中国风"。

总的来看,这一时期的中国电影处在恢复、发展与转型的时期,在国家政策和市场经济的引导下,中国电影开始从过去指令性计划主导的"电影事业"向市场主导的"电影产业"过渡,并迎来了又一个快速发展期。

(四) 黄金发展期:2001—2011年

进入21世纪尤其是自2001年加入世贸组织以来,中国电影产业获得了新的发展机遇,迅速迈入发展的快车道,迎来了发展的黄金时期。随着电影产业体制机制改革工作有序推进,产业发展环境持续改善,市场发展潜力不断释放,以国有电影企业为排头兵、民营电影企业为支撑的多元化的发展格局逐渐形成,大量优秀电影作品不断涌现,创造了举世瞩目的黄金十年。

一方面,电影体制机制改革工作有序推进。如何打破区域界限,发挥市场导向作用,加快一体化的现代电影市场建设,一直是困扰我国电影产业发展的一道门槛。自2001年加入

---

① 侯光明,刘正山.中国电影工业化的现状与发展新思考[J].中国电影市场,2020(1).

世界贸易组织以来,我国电影产业化改革工作取得根本性突破。一是国有电影制片厂纷纷开始了集团化改革的探索。国有电影企业是我国电影产业发展中的"主力军",早在1998年的全国电影工作会议上就明确提出要进行"集团化改革试点"工作,随后中国电影集团、长春电影集团、上海电影集团、西部电影集团、潇湘电影集团、峨眉电影集团、珠江电影集团等国有电影集团陆续组建。通过集团化改革进一步优化了国有企业的资源配置与组织架构,这对于发挥国有电影企业的规模优势、提高电影产业竞争力、释放国有电影企业的发展潜能等具有重要作用。二是随着社会主义市场经济体制的建立与完善,我国民营影视企业也逐渐显现出越来越强的市场竞争力,如以光线传媒、万达电影、大地影院、博纳影业、华谊兄弟、华策影视、横店影视等为代表的民营影视企业大批涌现,展现出亮眼的市场表现力,逐步发展成为我国电影行业的中坚力量。近年来,一些互联网企业依托其在平台和资金方面的优势纷纷布局文娱板块业务,如猫眼影业、阿里影业、腾讯影业等的出现,不断深耕内容生产,推出了一系列题材多元、质量上乘的作品,展现出中国电影市场惊人的爆发力。

另一方面,国家陆续出台了一系列产业发展政策,产业发展环境日益优化。2000年,国家广电总局、文化部下发了《关于进一步深化电影业改革的若干意见》,从组建企业集团、试行股份制、推行院线制等多个方面就如何深化电影业的改革工作提出了相应意见。2002年,《电影管理条例》出台,明确提出鼓励国有、非国有单位及个人进行多种方式经营。随后又陆续出台了《关于改革电影发行放映机制的实施细则》《关于成立电影院线批报程序的通知》《电影制片、发行、放映经营资格准入暂行规定》《中外合作摄制电影片管理规定》《电影剧本(梗概)立项电影片审查暂行规定》《电影企业经营资格准入暂行规定》等一系列促进电影产业发展的文件。2010年,《关于促进电影产业繁荣发展的指导意见》出台,提出要大力推动我国电影产业跨越式发展,实现由电影大国向电影强国的历史性转变。

(五)高质量发展期:2012年至今

自2012年起,中国电影产业开始进入高质量发展期,电影市场潜力不断释放,产业化水平逐步提升。从电影票房来看,据统计,2019年全国电影总票房达到642.7亿元,相较于2012年的170.7亿元增长了2.8倍。从电影生产情况来看,据统计,2019年全年共生产影片1037部,涵盖了故事电影、动画电影、科教电影、纪录电影、特种电影等多种类型,包含了喜剧、动作、犯罪、战争、爱情、奇幻、历史、动画等多种题材。从观影人次来看,据统计,2019年全年观影人次达到17.27亿。从影院建设情况来看,据统计,2020年全国银幕总数达75581块,稳居全球首位。

随着电影产业的飞速发展,对于一部有着完整体系、以解决问题为导向的"电影领域法"的建立并完善的需求愈加强烈。[①] 2016年11月,我国文化产业领域第一部专门法律——《中华人民共和国电影产业促进法》审议通过,不仅将近几年来电影产业发展过程中积累的经验提升至法律层面,肯定了中国电影改革道路的巨大成就,而且通过法律进一步强化了电影的产业属性和市场价值,标志着中国电影产业开始迈入有法可依的新阶段。2018年12月,国家电影局下发《关于加快电影院建设促进电影市场繁荣发展的意见》,明确提出要进一

---

① 武玉辉.《中华人民共和国电影产业促进法》成功之处及时代意义[J].电影艺术,2019(1).

步深化电影院线制改革,设定院线市场退出机制,尤其对于长期管理不善、经营乏力的院线公司将实行市场退出,对新组建的院线调高了入市门槛,这对于新时期推动我国电影迈入高质量发展阶段具有重要意义。据统计,截至 2020 年,国内共有电影院线 51 条。当前,以院线为主体的发行放映机制日趋完善,极大地增加了电影市场的活力,迅速成为我国电影产业发展的新引擎。

总的来看,这一时期在市场经济发展导向下和国家政策扶持推动下,我国电影产业表现出了强劲的发展势头,电影市场不断成熟,优秀影片持续涌现,电影强国建设征程已经开启。但是面对复杂的国内外环境,要想实现从电影大国向电影强国的转型发展,还有很多问题需要解决。

三、我国电影产业的发展现状

自党的十八大以来,我国电影产业取得了长足的发展,产业发展政策日益完善,产业链条日趋完整,市场规模、票房收入、银幕数等稳步增长,"走出去"的步伐也日益坚定。当前,受到经济下行大环境的影响,中国电影产业发展速度趋缓,但是电影市场供给结构日趋合理,减量提质的发展趋势明显。

(一) 电影市场供给结构更加合理

近年来,在我国电影生产制作速度明显放缓的背景下,带来了我国电影市场供给结构的不断优化。从电影的产量来看,据统计,2019 年共生产各类电影共计 1037 部(见图 10-1),较上年减少了 41 部。从电影作品的类型来看,2019 年共生产故事片 850 部,较上年减少 52 部;生产动画影片 51 部,与上年持平;生产科教影片 74 部,较上年增长 17 部;生产纪录影片 47 部,较上年减少 10 部(见表 10-1)。虽然近年来我国电影产量出现了明显下降,但随着电影市场发展日趋成熟,兼具思想性、艺术性和观赏性的优秀作品在不断涌现,亿元票房电影的数量在不断增长,"内容为王"的发展思路越来越成为共识,由此带来了电影生产的下降和电影市场供给结构的不断优化。

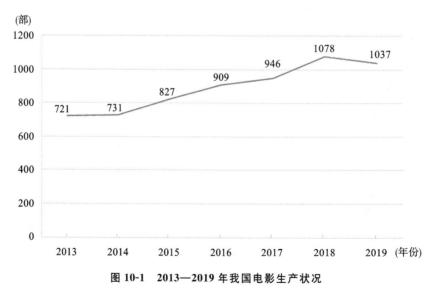

图 10-1　2013—2019 年我国电影生产状况

表 10-1　2011—2019 年我国各类电影生产情况(部)

类　　别	2019 年	2018 年	2017 年	2016 年	2015 年	2014 年	2013 年	2012 年	2011 年
生产故事影片数	850	902	798	772	688	618	638	745	558
生产动画片数	51	51	32	49	51	40	29	33	24
生产科教影片数	74	57	44	32	38	25	18	15	26
生产纪录影片数	47	57	44	32	38	25	18	15	26
生产特种影片	15	11	28	24	12	23	18	26	5
合　　计	1037	1078	946	909	827	731	721	834	639

(二)电影票房增长速度明显放缓

据统计,2019 年,我国电影总票房达到 642.7 亿元(见图 10-2),同比增长 5.4%。截至 2020 年,我国电影票房超过 20 亿元的电影有 11 部,超过 30 亿元的电影有 6 部,超过 40 亿元的有 2 部,超过 50 亿元的有 2 部,电影市场的"头部效应"日益凸显。近年来我国电影票房发展增速逐年放缓,但单部影片的票房纪录在不断刷新,口碑效应成为影响票房的重要因素。

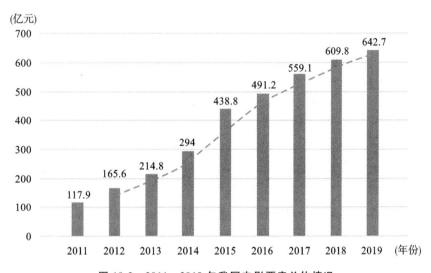

图 10-2　2011—2019 年我国电影票房总体情况

(三)银幕建设和观影人次稳步增长

近年来,我国影院和银幕等电影基础设施发展迅速,稳居世界第一。据统计,2020 年,全国银幕共计 75581 块,全年新增银幕 5794 块,银幕总量位居全球第一。从影院建设来看,截至 2019 年,全国共有影院 11453 家。与此同时,我国在影院基础设施方面还呈现出向三四线城市下沉的趋势,整体发展格局逐步优化。从观影人次来看,近年来,我国观影人次呈现出稳步增长的态势(见图 10-3)。2015 年,我国观影人次首次突破 10 亿。2019 年全年观影人次达 17.3 亿,同比增长 0.64%。

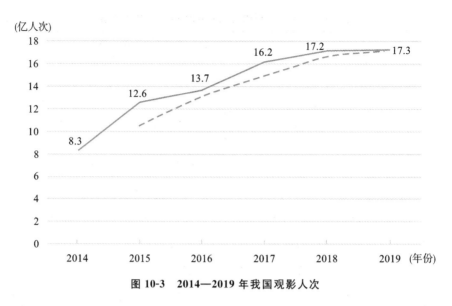

图 10-3　2014—2019 年我国观影人次

（四）电影与互联网融合不断加深

随着互联网与电影的深度融合，电影的制作、发行、播映、销售等环节网络化、信息化趋势不断加强。

首先，网络电影得到快速发展。网络电影作为互联网和电影融合发展的产物，早在 2014 年爱奇艺率先提出"网络大电影"这一概念以来，先后经历了井喷式快速增长到减量提质的转型发展。目前，网络电影已成为电影行业中十分重要的组成部分，越来越多的知名导演、演员加入进来。在网络电影的题材方面，基本上沿袭了悬疑、怪兽、奇幻、战争、武侠、冒险、喜剧等传统题材类型。在网络电影的质量上，不断有一些精良影片出现，并得到市场认可，比如《狄仁杰之飞头罗刹》等悬疑片，《陆行鲨》《大章鱼》《蛇王》等怪兽片，《鬼吹灯之龙岭神宫》《鬼吹灯之湘西密藏》等冒险片。与此同时，网络电影的产能过剩、同质化、内卷化等问题依旧比较突出。因此，未来要不断深耕网络电影的内容制作，致力于打造精品佳作，构建一个更加健康、更加可持续的网络大电影发展生态。

其次，电影在互联网平台上的播映能力显著增强。视频在线播映不仅扩展了电影市场的消费半径，也延长了院线电影的艺术生命。2020 年受新冠肺炎疫情影响，全国影院被长期关停，此时电影互联网平台的播映显现出了独特的优势，可以说庞大的网络用户和强烈的观影需求为电影作品在互联网平台上的播映提供了动力。从网络用户情况来看，截至 2020 年底，我国网民规模达 9.89 亿，互联网普及率达 70.4%，网民使用手机上网的比例达 99.7%，网络视频（含短视频）用户规模达 9.27 亿。从互联网平台的发行情况来看，2020 年，网络电影规划备案突破 3780 部。其中，在"爱优腾"三大平台正式上线影片达到 756 部，同比增长 7%；票房过千万的网络电影共 77 部，票房总额达 13.51 亿元，同比增长 156%。2020 年，在极其特殊的大环境下，网络电影迎难而上，表现出了强大的发展韧劲，撑起了电影行业的"半边天"。随着电影在互联网平台上的播映能力的不断增强，网络播映已发展成为电影产业发行不可忽视的一股力量，院网之间的界限正在打破，尤其是影片《囧妈》选择在互联网播出的做法，在给传统院线带来冲击的同时，也加速了电影播映模式的重构。

最后,互联网平台给电影营销带来了全新的发展空间。"互联网+"深度融合电影产业,不仅通过大数据为创作赋能,也借由票务平台、社交平台和各类新媒体平台推动电影宣传发行的升级。① 互联网和智能手机的普遍应用,带来了人们消费习惯的极大改变,随时随地进行线上购票、在线选座成为可能。如今,线上购票已成为电影购票的主渠道,淘票网和猫眼娱乐两大购票平台占据了绝对的市场份额。据统计,2019年全国电影购票线上化率达到85.7%,其中猫眼的占比为42.6%,淘票票的占比为31.5%。当前,社交媒体营销和短视频营销正为中国电影的营销工作带来全新的契机,越来越多的影片开始重视映前、映期的网络营销工作,如影片《我和我的家乡》首支预告片在抖音短视频平台获得总播放量超2亿、点赞超150万次的成绩。作为该电影的独家短视频合作平台,抖音还策划了"拍家乡上电影"的主题挑战,通过大荧幕与小荧幕的互动,推动电影宣发的升级。

总的来看,当前我国电影产业的发展有新机遇也有新挑战。从创作情况看,电影生产能力与潜力得到有效发挥,但有数量缺质量、有"高原"缺"高峰"的现象仍然存在,高品质、多样化、可持续的创作生产能力还有待继续提升。从市场和消费情况看,电影产业供需两旺、良性循环的基础坚实有力,疫情防控常态化条件下保持高水平、高质量发展还有待继续努力。从国际层面看,中国电影强势复苏领跑全球,保持和扩大优势、增强国际竞争力与影响力还有待持续发力。②

四、文化资源的挖掘与电影产业的开发实践

文化资源是电影创作的宝库,电影是实现文化资源现代性转化的有效载体,用电影讲好中国故事不仅是中国电影艺术创作规律的题内应有之义,同时也是电影文化主体传播和弘扬中华文化的历史使命。③ 2014年10月,习近平总书记在文艺工作座谈会上的讲话明确指出,要把创作生产优秀作品作为文艺工作的中心环节,努力创作生产更多传播当代中国价值观念、体现中华文化精神、反映中国人审美追求,思想性、艺术性、观赏性有机统一的优秀作品,这为我国电影创作指明了方向。近年来,中国电影对传统文化进行现代转化的步伐在加快,越来越多具有"中国气派"的电影精品不断涌现,这对拓展延伸电影作品的精神内核,弘扬民族精神和时代精神,有着十分重要的意义。下面对优秀传统文化资源结合电影产业发展实践的几个经典案例进行介绍。

【案例一:《百鸟朝凤》】

影片《百鸟朝凤》是中国第四代导演领军人物吴天明的遗作,改编自作家肖江虹的同名小说,主要围绕中国传统民间技艺唢呐展开,讲述了在传统式微、世风浮躁的时代背景下,唢呐王焦三爷和徒弟游天鸣——新老两代唢呐匠坚守信念、传承技艺的艰辛故事。2016年影片正式上映,累计票房超过8600万元,成为国内罕见的高票房文艺片。同时,该影片在国内国际的许多电影节上荣获多个奖项,如在第

---

① 刘汉文,陆佳佳.2019年中国电影产业发展分析报告[J].当代电影,2020(2).
② 打造献礼建党百年电影精品 扎实推动电影高质量发展 2021年全国电影工作会在京召开[N].中国电影报,2021-03-03.
③ 李立,高慧燃.中国传统文化资源与影视剧艺术创作[J].现代传播(中国传媒大学学报),2010(7).

29 届中国电影金鸡奖上获得"评委会大奖""最佳故事片",在第 21 届北京大学生电影节上入围原创影片大赛奖项,获得第 13 届精神文明建设"五个一工程"优秀作品奖,法国 tours 电影节"观众最喜爱影片奖",在釜山国际电影节、东京电影节中成为官方展映影片。[1] 作为一部典型的非遗题材电影,影片中所演绎的唢呐的命运在一定程度上也代表了中国传统文化的境遇,内涵意蕴耐人寻味。

1. 唢呐艺术的集中呈现

在影片中,唢呐和唢呐曲《百鸟朝凤》既是道具,也是连接人物、构成影片的重要主线,具有强烈的典型意义。在影片中,唢呐曲《百鸟朝凤》一共出现了六次:第一次是游天鸣从师娘那里知道了《百鸟朝凤》是送别逝者的最高礼节;第二次是游天鸣偷偷回家时听到的父亲对邻居的吹嘘,炫耀游天鸣正在学习《百鸟朝凤》;第三次是在焦三爷的传声仪式上,焦三爷将代表着《百鸟朝凤》的金唢呐传给了游天鸣;第四次是在游天鸣第一次出活挣钱的时候,他带着礼物去探望师父,师父在酒足饭饱后非常激动地演奏了一段《百鸟朝凤》;第五次是在窦村长的丧葬仪式上,焦三爷与游天鸣师徒二人协力为德高望重的窦村长演奏了一段《百鸟朝凤》;第六次是游天鸣在师父的墓前吹奏《百鸟朝凤》,以此表达对师父的哀思。[2] 唢呐曲《百鸟朝凤》的每一次出现都蕴含了深刻的情感,或激动,或哀伤,或惋惜,勾连起师徒二人学艺、演艺、授艺、交班的故事细节和据德成艺、艺以载德的精神信仰[3],不断推动电影情节向前发展,完整地叙述了民间艺人对唢呐传承、坚守的故事。

2. 一丝不苟的工匠精神

在中国的传统文化观念中,始终有着对于"匠心"的追逐和敬仰,这种工匠精神在《百鸟朝凤》影片中也有所体现。影片主人公焦三爷是一位唢呐老艺人,在焦三爷看来,唢呐是一门匠活,吹唢呐不仅是养家糊口的行当,更是对文化的传承,正如他所说的那样:"唢呐不是吹给别人听的,是吹给自己听的。"在挑选唢呐的接班人时,焦三爷表现得极为严格与慎重,他的徒弟众多,其中也不乏像蓝玉这样天赋过人者,但蓝玉做事马虎,缺乏耐心,所以尽管天赋很高,仍然没有机会得到焦三爷的真传。因为在焦三爷看来,"继承人必须把唢呐这门手艺作为自己的生命去捍卫"。按照规定,不同德行的人配得上的唢呐仪式也不同:一般人只能用得起四台,而《百鸟朝凤》的受用者只能是德高望重、口碑极好的人。影片中焦三爷在查村长的葬礼上,拒绝吹奏《百鸟朝凤》,因为查村长自私自利,更算不上德高望重。而窦村长去世时,焦三爷破天荒地要为其吹奏《百鸟朝凤》。在焦三爷眼里,只有窦村长这种无私奉献、有着高尚品质的人才能真正受得起《百鸟朝凤》,即使他身患重病,吹到吐血,但依然坚持用生命维护唢呐传统文化和工匠精神。正是由于焦三爷的坚持,《百鸟朝凤》这首曲子才有了它的价值,这也体现了唢呐匠人对唢呐这门技艺的极高崇尚与敬畏。

3. 对传统文化的执着坚守

文化的传承需要一代代传承人的坚守,这种对文化的坚守在《百鸟朝凤》影片

---

[1] 庄艳梅.从工匠精神到文化自信——对电影《百鸟朝凤》的新思考[J].中北大学学报(社会科学版),2019(3).
[2] 张艳蕊.唢呐曲《百鸟朝凤》在吴天明电影遗作中的多重隐喻[J].大连民族大学学报,2019(2).
[3] 杨海明.电影《百鸟朝凤》主题的"生存论-存在论"诠释[J].四川戏剧,2017(7).

中展现得淋漓尽致。作为一名唢呐匠,焦三爷和游天鸣把唢呐看得和生命一样重要,所以当唢呐变得不再流行时,他们依然对传统唢呐技艺表现出了执着的坚守。在电影的最后一段,焦三爷被诊断出肺癌晚期,他让游天鸣把自己家里最值钱的一头老牛给卖了,而卖牛的钱,焦三爷却说:"这钱是要给你置办一套新家伙。"在生命尽头,焦三爷想的还是唢呐的传承,而且不惜用自己的生命去捍卫。这种为了艺术坚持,不惜耗尽自己的生命也要将中国传统文化艺术传承下去的精神令人钦佩。焦三爷的这种坚守也在一定程度上影响着下一代,当唢呐变得不再流行,唢呐艺人无法再以自己的手艺养家糊口时,游天鸣不听师兄弟和父母的劝告,仍然坚守着唢呐,坚守着曾经对师父许下的诺言。游天明不止一次说过他是跟师傅发过誓,一定要撑起游家班,尽管前路曲折难走,但他依旧坚持。正是有着成千上万这样的民间艺人,才使得中国传统民俗乐的灵魂和精神得以延续。

4. 尊师重道的人文精神

中国被称为"礼仪之邦",尊师重道的人文精神在《百鸟朝凤》影片中得到了生动体现。在影片中,当游天鸣第一次出活儿挣了钱后,立马买了礼物去看望师傅师娘,临走时还把所有的钱都留给了师父;当蓝玉没有被选为接班人要离开师父时,虽然只是一个小孩子,但是他明白"一日为师,终身为父"的道理,磕头跪谢师父师娘的培育之恩,给人留下了深刻印象。这种礼仪之道是中国传统文化长期熏陶的结果,尊师重道的传统文化礼仪,不管是在过去的封建社会还是现代,都发挥着重要的作用。

(根据《论电影〈百鸟朝凤〉中的中国传统文化精神》[①]整理而成)

【案例二:《我在故宫修文物》】

《我在故宫修文物》是为纪念故宫博物院建院90周年拍摄的电视纪录片,电影版《我在故宫修文物》是在原同名热播电视纪录片的基础上,经过重新剪辑制作而成。作为与故宫主题有关的纪录片,《我在故宫修文物》影片跳脱出以故宫为主体的宏观叙事方式,站在故宫文物修复师的视角,展示古老文物的修复过程以及文物修复师的生活故事,重塑有关故宫历史记忆的人物符号。2016年12月16日,电影版《我在故宫修文物》正式上映,借助之前电视纪录片打下的良好基础,电影一经上映就获得了广泛的关注和好评。

1. 平民化的叙事视角

影片在选题上不再单纯展示故宫的恢宏之态,而是另辟蹊径,采用平民化和故事化的叙事视角,将镜头对准一群个性鲜明的文物修复师,讲述他们平凡而真实的日常工作和生活,把有血有肉、生活化、职业化的修复师形象刻画在观众心中。比如,杨泽华师傅休息的时候喜欢弹吉他以放松心情;屈峰师傅在辽金代观音木雕像修复完成后的炫耀;王有亮在完成工作之余,急切地骑上电动车来到故宫门外,只为抽上一口烟,缓解高强度工作的疲劳;当观音像被搬走时,全体木器组员工难舍

---

① 孙媛,黎若楠.论电影《百鸟朝凤》中的中国传统文化精神[J].大众文艺,2019(1).

难分的心情；漆器组闵师傅和徒弟坚守割漆的传统技法；一位女师傅花了10年时间只为临摹一幅《清明上河图》……每个人物都是浓墨重彩的呈现对象，他们组成了文物修复工作的完整意义，使得故宫不再是一个冷冰冰的博物院，而是有人气、有生命的存在，消弭了文物与观众之间的距离。这种朴实无华的叙事风格，使整部片子给人一种舒适轻松之感，也打动着观众的内心。

2. 工匠精神的呈现与传承

影片以文物修复为主线，自始至终都在围绕耐心、执着、敬业、严肃认真、不计得失、耐得住寂寞的工匠精神向观众传递情感，主要体现在以下四个方面。一是尊师重教的师道精神。影片中着重强调了师徒关系、师徒技艺与精神传递。比如青铜器组的师傅王有亮和徒弟高飞的故事为观众讲述了尊师重道的师道精神。二是一丝不苟的制造精神。比如钟表组的王津老师在修铜镀金乡村音乐水法钟时，不仅恢复了钟表的走时功能，还恢复了它的演艺功能。三是精益求精的创造精神。王五胜在修复唐三彩马的时候，由于唐三彩马破损严重，需要进行创造性修复，他寻求木器组中央美院雕塑系毕业的年轻人的帮助，并专程前往陶瓷馆寻找灵感。四是知行合一的实践精神。杨泽华在修复书画时将传统技艺与现代技术相结合，将现代活力融入古书画的修复中。

3. 基于新媒体的立体交互式传播①

以往电影的传播主要是通过新闻发布会、路演、点映等线下方式进行前期宣传，但是随着新媒体的兴起和发展，各类视频网站、影视论坛和社交平台使纪录片的传播渠道得到了前所未有的拓展。作为由爆款电视纪录片拍摄的电影，电影版《我在故宫修文物》自宣布拍摄开始就一直受到国内各大媒体的争相报道。借助之前电视纪录片打下的良好基础，2016年12月16日，影片一经上映就获得了各大平台的广泛关注，微博、微信等社交媒体轮番推动，形成纵深式、垂直式、立体化的整合传播。在微博上的阅读数超过2800万，众多微博红人相继推荐、转发和评论，《人民日报》《中国青年报》等权威媒体的官方微博也加入传播中，形成#我在故宫修文物#话题讨论；在微信公众号中有关文章也超过400篇，其中众多文章阅读量过万；在知乎上，"如何评纪录片《我在故宫修文物》？"成为精华问答。通过多平台的口碑传播，《我在故宫修文物》迅速火爆，广受关注。

(根据《从〈我在故宫修文物〉看国产纪录片的成功之道》②整理而成)

【案例三：《风语咒》】

《风语咒》作为"画江湖"IP系列首部动画电影，是基于2012年上映的大型三维动画连续剧《侠岚》继续创作而成，主要讲述了侠客朗明寻母救母、拯救苍生、匡扶正义的故事。影片于2018年8月3日正式上映，上映首日票房突破3000万，位居同期票房榜季军，最终获得了1.13亿的票房收入。同年，影片在第32届中国电影

---

① 刘锦宏,阳杰.新媒体时代文化纪录片传播效果影响因素浅析——以《我在故宫修文物》为例[J].中国广播电视学刊,2017(12).

② 李颢宇.从《我在故宫修文物》看国产纪录片的成功之道[J].出版广角,2020(8).

金鸡奖上荣获最佳美术片奖。在先进动画技术与成熟产业的支持下,《风语咒》跳出了国产动画的低幼化模式,在题材选择、价值观念、艺术表现形式等方面,均表现出了浓郁的民族文化色彩,新华网曾给出了这样的评价:"作为一部完全由'中国制造'的动画电影,《风语咒》展现了鲜明的民族气派","成人向动画电影的市场定位愈发清晰,而《风语咒》正是沿着这条路线的新探索"。

1. 题材选择:侠义精神的呈现

影片以中国武侠精神为内核,主要讲述了朗明封印"饕餮"、保护人间安宁的故事。几千年前,四大凶兽之一的"饕餮"被上古侠岚用失传已久的秘术"风语咒"封印,阴险狠毒的大反派假叶却为了一己私欲,将"饕餮"解封祸乱人间。此时,从小就认为自己掌中有侠岚印记的失明青年朗明,因为相依为命的母亲梅姐失踪,从而踏上了充满危险的寻母之路。历经成长的磨难,朗明参透了"风语咒"的要义,再次成功封印"饕餮",击败假叶,并且真正成为"愿以己身,保一方净土"的侠岚。影片正是通过对这样一群身怀高强武艺、保卫一方安宁的侠客的描绘,展现出中华民族坚韧不拔和努力拼搏的品质,体现出中国古代兼济天下的侠义精神。

2. 价值观念:中国传统文化的精神内核

《风语咒》集中展现了我国传统侠义之道、孝亲之道。一是侠义之道。武侠文化作为中国传统文化的重要组成部分,它是表现民族正义的文化符号,体现着中华民族行侠仗义、不畏强权、除暴安良的文化精神。在影片中,朗明之父在没有成为侠岚的情况下,仍然还是选择帮助他人、造福地方,最终被村民们视为神明,受人尊敬。若干年后,同样不是侠岚,甚至在年幼时因为眼疾而常常被人欺负的朗明也挺身而出,救孝阳岗和村民们于水火,这正是值得赞扬的刚毅勇敢的侠义精神。二是孝亲之道。孝文化是中华民族优秀的道德文化,在影片中,朗明与母亲梅姐的孝亲之情从母子二人相依为命的地方"孝阳岗"便可见一斑。从表面上来看,朗明没大没小,直呼母亲"梅姐",母子二人甚至还常常斗嘴,但两人的母子之情确实极为深厚。梅姐在明知朗明眼睛治不好的情况下,仍然到药店买了 2333 次药,后来也正是因为对朗明复明的愿望太过强烈而变为怪兽,但即便如此,她还是惦记着朗明的眼睛有没有恢复。而朗明在母亲失踪后毅然踏上了寻母之路,在看到母亲变成的罗刹即将掉入悬崖时,他不顾自身安危前去抢救,这些正是血浓于水孝亲之道的体现。

3. 艺术表现形式:保持民族化的格调

《风语咒》在艺术表现形式方面,展现了民族文化格调。首先,在画面呈现上,整个影片无论是山水风光、房顶的瓦当、街井的山墙、牌坊、飞檐、石拱桥,还是云烟缭绕的玖宫岭,乃至人物衣着发型,再到各类细节,都呈现出一种华美、浓重的民族化风味。如小孩子喜爱的零食糖葫芦、墙壁上的书法、祭祀典礼上的三星堆人像、朗明爸爸送给朗明并被朗明一直珍藏的风车礼物等,细致入微地传递着东方美学的内涵。其次,在角色设定上充分运用了五行元素,如影片中五位侠岚的服饰颜色青、白、红、黑、黄分别代表着其在五行中的属性木、金、火、水、土这五种元素,便于观众分辨出侠岚的属性与能力。除此之外,在侠岚与敌对势力战斗的过程中充分体现了"五行相生""五行相克"的理念,例如侠岚手中的侠岚印记是侠岚身份的象征,是根据传统易学文化中的"左旋"概念设计而来的,也可理解为"气旋"。① 另外,电影中"那个村"举行祭祀仪式时,岸边的祭司所戴的面具以及身上穿的祭服的设计灵感均来源于三星堆文化。最后,在电影的音效上,为保障影片原汁原味的中华文化气质,绝大部分使用的都是中国民乐,如扬琴、唢呐、秧歌、竹笛、锣鼓等,电影中只有最后主人公顿悟风语咒那段使用了圆号、大提琴等交响形式。为了增添中国风音乐的时尚元素,剧组邀请著名音乐人方文山加盟创作,为影片带来富有青春活力又极具民族色彩的插曲。

(根据《民族文化体系下的〈风语咒〉》②、《浅谈〈风语咒〉对中国国产动漫发展的启示》③整理而成)

【知识拓展】

华语电影五大奖项

(1) 中国电影华表奖。始于1994年,两年一届,前身为文化部优秀影片奖。由国家新闻出版广播电影电视总局主办,是中国内地电影最高政府荣誉奖,采用北京天安门城楼前的华表为奖杯造型,设置有优秀故事片奖、优秀少数民族题材影片奖、优秀导演奖、优秀男女演员奖、优秀数字电影、优秀农村题材影片奖、优秀境外华裔导演奖、优秀境外华裔演员奖等奖项。

(2) 大众电影百花奖。简称百花奖,是以百花盛开命名,体现了"百花齐放、百家争鸣"的文艺方针,是由周恩来特地指明举办的电影大奖,始创于1962年,1963年停办,1980年恢复举办。该奖是由观众投票产生的群众性电影奖项,因而被称为"观众奖"。百花奖设置有最佳影片奖、最佳导演奖、最佳男女主角奖等奖项。

(3) 中国电影金鸡奖。创办于1981年中国农历鸡年,以金鸡啼晓激励电影工作者为我国社会主义电影事业的兴旺发达而奋发努力,由电影界各门类专家学者组成评委会进行评选,因此又被称为"专家奖"。1992年,在中国电影金鸡奖与大众电影百花奖评奖、颁奖基础上创办了金鸡百花电影节。目前,中国电影金鸡奖设置有最佳故事片、最佳科教片、最佳美术片、最佳纪录片、最佳男女主角等奖项。

(4) 香港电影金像奖。创办于1982年,每年一届,由香港电影金像奖协会组织颁发,是华语电影界较重要的奖项之一,旨在鼓励优秀香港电影的创作与发展,目前,设置有最佳电影、最佳导演、最佳男女主角等奖项。

(5) 台湾电影金马奖。创办于1962年,每年一届,由中国台湾电影事业发展基金会主办,接收来自世界各地的华语电影,由专业人士投票讨论后选出得主。设置有最佳导演、最佳剧情长片、最佳男女主角以及终身成就奖、特别奖等奖项。

国内外各类电影节

国际电影制片人协会(FIAPF)是国际性电影制片行业的组织机构,由电影业相对发达的23个国家组成,现有国际团体会员26家,是国际电影行业最具权威的

---

① 张燕妮.《风语咒》中糅合传统民族文化元素的造型分析[J].大众文艺,2019(4).
② 王茹.民族文化体系下的《风语咒》[J].电影文学,2019(2).
③ 李帮儒,贺迎秋.浅谈《风语咒》对中国国产动漫发展的启示[J].电影文学,2019(13).

组织。中国于1992年加入该国际组织。根据FIAPF的划分标准,电影节共有A、B、C、D四类,即竞赛型非专门类电影节、竞赛型专门类电影节、非竞赛型电影节、纪录片和短片电影节。目前,被评为A类电影节的共有15个(见表10-2),其中威尼斯国际电影节、戛纳国际电影节、柏林国际电影节被合称为"欧洲三大国际电影节",威尼斯国际电影节是世界上第一个国际电影节。

表10-2 国际A类电影节

所属地区	电影节名称	最高奖	所属国家	创办时间	举办时间
欧洲	威尼斯国际电影节	金狮奖	意大利	1932年	每年8月至9月
	戛纳国际电影节	金棕榈奖	法国	1939年	每年5月
	柏林国际电影节	金熊奖	德国	1951年	每年2月
	洛迦诺国际电影节	金豹奖	瑞士	1946年	每年7月至8月
	圣塞巴斯蒂安国际电影节	金贝壳奖	西班牙	1953年	每年9月
	卡罗维发利国际电影节	水晶球奖	捷克	1946年	每年7月
	莫斯科国际电影节	圣乔治奖	俄罗斯	1959年	每年7月
	华沙国际电影节	华沙大奖	波兰	1985年	每年10月
	塔林黑夜国际电影节	金狼奖	爱沙尼亚	1997年	每年11月至12月
美洲	蒙特利尔国际电影节	美洲大奖	加拿大	1977年	每年8月至9月
	马塔布拉塔国际电影节	金树商陆奖	阿根廷	1989年	每年11月
亚洲	东京国际电影节	金麒麟奖	日本	1985年	每年10月至11月
	上海国际电影节	金爵奖	中国	1993年	每年6月
	印度国际电影节	金孔雀奖	印度	1952年	每年1月
非洲	开罗国际电影节	金字塔奖	埃及	1976年	每年11月

第十一章

文化资源与电视产业

电视既是一种文化的载体,也是一种创意的结晶。① 作为文化资源传播的主要媒介,电视是人们认识和熟悉文化资源的重要方式,文化资源是电视产业的内容来源,也是电视产业进一步发展的基础资源,二者关系密切。近年来,电视产业综合运用电视台等载体,融合各类多媒体资源,推动了电视节目的创新创优,突出了电视节目内容的文化属性,丰富了优秀电视节目的日常供给,极大地满足了人们日益增长的精神文化追求。当前,随着新技术的发展,我国电视节目供给质量整体得到了提升,但电视产业也面临多重挑战。比如中国电视靠数量规模发展的红利期已成为过去,如何实现电视产业转型升级成为当前的工作重点。

一、电视及电视产业相关概念

作为一个具有多重含义的词汇,电视在不同情境中会有不同的所指,它可以是一件商品、一台电视节目,也可以是一种传播媒介……"television"一词最早是由法国科学家康斯坦丁·波斯基于1900年在为一次国际会议起草报告时创造的。从词根来看,"television"一词是由希腊文"tele"和拉丁文"visio"组成,意为远处传递的画面。在《辞海》中,"电视"被解释为传送图像的一种广播、通信方式,即应用电子技术对静止或活动的景物的影像进行光能转换,然后将电子信号传送出去,使远方能及时重现影像。《新华词典》中对"电视"的解释为:①将活动景物的图像和声音变成电信号,并使图像和声音重现的过程;②利用上述过程传送的图像;③电视接收机的简称。总体来看,电视可被视为一种传递图像和声音的现代传播媒介。

作为文化产业的重要组成部分,电视产业化是经济社会发展的必然结果,主要包括"电视节目的生产、交易、播出、传播等前期生产活动,以及广告、付费电视、衍生品经营等后期受众资源开发活动"②在内的产业链条。具体来看,电视的产业链是围绕着电视节目的制作、发行、放映等阶段而形成的若干个产业市场,上游是电视节目的研发与制作方,中游是电视

---

① 彭立,彭泺.作为文化创意产业的电影电视[J].当代文坛,2014(4).
② 唐世鼎,等.中国特色的电视产业经营研究[M].北京:中国国际广播出版社,2009.

节目的发行方,下游是消费者和衍生品开发商等。此外,有学者还从市场分工的角度进一步提出电视产业实际上可以看作是由资本市场、生产市场、流通市场、播出市场、消费市场、调查市场等主要环节组成的市场链条。① 随着数字电视、卫星直播等电视媒介技术的发展,在电视领域陆续涌现出互联网电视、手机电视、楼宇电视、车载电视等产品类型,不断改变着电视产业的组织结构。

二、我国电视产业的发展历程

电视产业的发展在一定程度上能够折射出社会与时代的变迁。在我国,受传统观念的影响,长期以来电视被刻上了不以营利为目的的事业单位的印记,主要发挥着党政"喉舌"和宣传教育的作用,而忽略了其所具有的产业属性。直到进入20世纪90年代后,电视才开始被更多的研究者看作是一种产业。② 经过一代又一代人的不懈努力,我国电视业经历了从无声到有声、从黑白到彩色、从模拟到数字再到网络化的发展。当前,以数字化、网络化、智能化等为代表的数字技术的发展,不断推动着我国电视产业迈向新的发展阶段。下面主要根据我国电视产业在发展演进过程中所呈现出的总体特征,分五个时期简要介绍电视产业的发展情况。

(一) 奠基萌芽期:1958—1977年

1958年是中国电视发展元年,这一年天津无线电子厂制造出了我国第一台黑白电视机,预示着我国迈入电视媒体时代。1958年5月1日,北京电视台(1978年改名为"中央电视台")试播成功,标志着我国电视事业的正式诞生。经过4个月的实践,北京电视台9月2日开始转为正式播出,并明确每周二、四、六、日播出。紧接着其他省、区、市也纷纷开始了地方性电视台或转播台的筹建工作。截至1966年,全国共建成包括上海电视台、哈尔滨电视台、天津电视台等在内的12座电视台。③

早期的中国电视可以说是在一穷二白的环境下诞生的,老一代电视人克服重重困难,研发出了一套早期电视演播技术,创造出了新闻宣传类、知识教育类、文化娱乐类等基本电视节目形态,为我国早期电视事业的发展奠定了坚实的基础。在电视节目制作方面,完成了《电视新闻》《简明新闻》《国际新闻》等一批早期新闻类电视节目的初创,开办了《文化生活》《科学知识》等知识性、教育性电视节目。同时,老一代电视人还在电视文化娱乐节目的创作上进行了大胆尝试,取得了较好成效。如1958年5月在电视上播放了影片《林冲》,同年6月采用直播的形式播出了中国第一部电视剧——《一口菜饼子》,1961年开始制作《笑的晚会》文艺节目等。

在电视节目制作技术方面,由于我国早期的电视制作技术装备和基础设施比较落后和简陋,因此基本上是采用直播的方式,如电影直播、演播室直播和电视直播等,加之制作成本高,因而早期电视节目的产量也不高。从1958年到1966年,全国共播出100多部电视剧。20世纪60年代,黑白电视开始普及,1964年12月,北京电视台用黑白录像机录制了豫剧《朝阳沟》的第二场和京剧《红灯记》的"智斗鸠山",并在1965年元旦晚会中播出,这是我国

---

① 陆地.中国电视产业启示录[M].上海:上海交通大学出版社,2007.
② 熊波.新媒体时代中国电视产业发展研究[D].武汉:武汉大学,2013.
③ 刘习良.中国电视史[M].北京:中国广播电视出版社,2007.

第一次采用录像方式制作电视节目。① 总的来看,处于奠基萌芽期的电视产业在客观条件相对薄弱的背景下成功地迈出了艰辛却坚定的第一步。

(二) 初步形成期:1978—1990年

1978—1990年是我国电视产业的初步形成期。1978年,中共十一届三中全会顺利召开,从根本上冲破了长期以来"左"倾错误思想的桎梏,由此开启了我国电视事业发展的新局面,之前被关停的电视台纷纷得以恢复,许多新的电视台也陆续开办,电视节目制作技术得到提升,一批优质的电视节目被创作出来,整个行业呈现出一片欣欣向荣的景象。顺应改革的春风,1978年,北京电视台正式改名为"中央电视台",也正是在这一年,我国引入了第一条彩电生产线,生产出了第一台彩色电视机。进入20世纪80年代后,国产电视机开始大量涌入市场,进入了千家万户。

1979年8月,第一次全国电视节目会议召开,会上就如何搞好电视节目进行了深入讨论,这标志着中国电视开始了"走自己的路"的探索。在电视广告方面,1979年1月28日,上海电视台播放了我国电视史上第一条商业广告——《参桂补酒》,广告一经播出就在社会上引起了强烈反响。紧接着,社会上出现了各类广告代理公司,这标志着我国电视节目"制播分离"的开始。在电视剧制作方面,以《四世同堂》《西游记》《红楼梦》《末代皇帝》《围城》《渴望》《篱笆、女人和狗》等为代表的各类型优秀剧作开始大量涌现,发展势头迅猛,推动了国产电视剧进入快速成长期。到1991年,国产电视剧年产量已达到5000部。在电视新闻方面,1983年,第十一次全国广播电视工作会议召开,会上确立了"以新闻改革为突破口,开展多种经营"的产业发展方针,会后各电视台纷纷开展电视新闻节目改革,树立起了"新闻立台"的观念,新闻节目逐渐成为电视节目的主体。在电视文艺方面,1983年中央电视台第一届春节联欢晚会的成功举办成为电视文艺节目发展中具有标志性的事件,"春晚"的创办极大地丰富了观众的节日生活,并逐渐发展成为新的民俗活动。在电视管理方面,根据1983年召开的第十一次全国广播电视工作会议上提出的"四级办广播、四级办电视、四级混合覆盖"的建设方针,地方办电视的积极性开始被充分调动起来,有力地推动了我国电视事业的发展。

随着各项促进措施的实践和推进,电视产业在国民经济中的地位日益凸显。在1985年《国家统计局关于第三产业的统计报告》中,广播电视第一次被划归为第三产业。随后,关于电视理论的研究工作也开始展开,《北京广播学院学报》《中国广播电视学刊》《电视研究》等刊物开始创办,电视研究正逐步走上正轨。总的来看,这一阶段是我国电视产业的发展开始由完全事业型向事业单位、企业化管理的转变,尤其是电视广告的出现,拓展了电视业的资金来源渠道,培养了电视人的商业经营思维,为20世纪90年代电视产业的快速发展奠定了基础。

(三) 快速发展期:1991—2000年

1991—2000年是我国电视产业的快速发展期。1992年,党的十四大确立了社会主义市场经济体制的发展目标,为电视产业进一步走向市场创造了更为有利的外部条件。这一时期电视人口的覆盖率实现了从1992年的81.30%增长到2000年的93.65%。电视节目

---

① 王次炤.艺术学基础知识[M].北京:中央音乐学院出版社,2006.

的样态、运营方式和社会宣传等也取得了长足进步,风格日趋多样、特色愈发鲜明,逐步探索出一条符合中国国情的电视产业发展道路。

在市场机制的引导下,我国电视事业体制改革步伐不断加快,逐渐摆脱了政府拨款制作的方式,走出了一条商业化运作的新路。1992年,中共中央、国务院下发了《关于加快发展第三产业的决定》,指出电视媒体要面向市场,实行企业化管理,做到自主经营、自负盈亏,这标志着国家开始认可电视媒体面向市场发展的做法。在此期间,电视广告的收入首次超过了政府的财政拨款。为促进电视产业的健康发展,这一时期还颁布了《中华人民共和国广告法》《广播电视管理条例》《广播电视设施保护条例》等法律法规,有效地规范了各类电视产业活动。

与此同时,各类电视节目也纷纷开始了"制播分离"的探索,电视"制片人制"渐趋形成,电视节目交易网络得以初步建立。一些电视传媒公司开始积极与资本市场对接,上海东方明珠股份有限公司、中视传媒股份有限公司等挂牌上市,推动了电视的产业化、商业化。总的来看,这一时期从国家层面进一步明确了电视媒介的事业、产业双重身份,在电视产业初具市场规模、广告收入飙升的同时,电视节目、电视衍生产品、资本经营和电视技术等市场也开始出现并初步发展起来。①

(四)巩固提升期:2001—2013年

进入21世纪后,我国电视产业发展迈入巩固提升期。这一时期,电视产业仍保持着较快的增长态势,但电视市场的饱和以及产业内部体制机制矛盾的日益凸显,使得整个产业的增速明显放缓。因此,进行产业内部结构调整,减少产业发展中存在的不稳定性和危险性,开发产业发展新的增长点成为这一时期电视产业发展的主要特征,主要表现在以下几个方面。

一是积极进行电视产业的集团化探索。2000年11月,国家广电总局下发了《关于广播电视集团化试行工作的原则意见》,指出要以发展为主题,以结构调整为主线,加快广播电视集团的组建,整合资源、优化配置,形成规模优势,进一步壮大产业实力,提高产业竞争力。在此背景下,湖南广播影视集团、武汉市广电集团、上海文化广播影视集团、浙江广电集团、北京广播影视集团、中国广播影视集团等20多家广电集团相继挂牌成立,掀起了我国电视产业集团化改革的浪潮。但在电视产业集团化改革推进过程中,许多地方出现了"换汤不换药"的改革问题,引发了就"电视产业是否应该走集团化道路"的讨论。2006年,中共中央、国务院印发《关于深化文化体制改革的若干意见》,明确指出要重点培育发展一批实力雄厚、具有较强竞争力和影响力的大型文化企业和企业集团,这为电视产业体制机制改革指明了方向。

二是进一步加强行业管理。在这期间一大批部门规章和规范性文件出台,如《广播电视播出机构违规处理办法(试行)》《广播电台电视台播放录音制品支付报酬暂行办法》《广播电视广告播放管理暂行办法》等。2001—2010年,国家广电总局共制定并发布62个部门规章。②

三是在重大活动中的舆论引导作用显著提升。这期间我国电视媒体成功完成了对北京

---

① 唐世鼎,等.中国特色的电视产业经营研究[M].北京:中国国际广播出版社,2009.
② 张君昌,张文静.新中国70年广播电视发展成就与经验启示[J].传媒,2019(20).

奥运会、新中国成立60周年纪念活动、上海世博会、广州亚运会等重大活动的全方位、立体式报道的任务；在重大突发事件中全面开启了"直播"与"联动"报道方式，如关于2003年抗击"非典"、2008年南方雪灾、抗震救灾等的特别报道，展现出了电视媒体在应对突发事件时的责任与担当。

四是完成三网融合试点工作。三网融合是指电信网、广播电视网、互联网的融合，通过融合形成三者之间互联互通、互相访问、相互交叉的格局。2010年，我国正式启动了三网融合试点工作，明确了试点工作的时间表和工作重点。到2012年，三网融合试点工作正式结束。试点工作结束时，我国三网融合试点城市已达54个，基本涵盖了全国，覆盖人口超过3亿人，网络视频用户累计达4亿，IPTV用户近2000万，数字电视用户为1.2亿至1.6亿，用手机收看视频者达1亿多人①，这为日后三网融合全面开展打下了良好的基础。总的来看，这一时期我国电视产业发展呈现出快速增长的特点，电视产业化得到了进一步的升级与完善。同时，电视产业在促进产业运营、完善公共事业、满足人民需求的层面上也取得了长足进步。

（五）融合转型期：2014年至今

2014年至今是我国电视产业的融合转型期。网络技术和互联网平台的飞速发展，在为电视产业发展带来挑战的同时也创造了机遇，使得信息传播方式发生了深刻变化。为走出传统电视媒体收入持续下滑、影响力下降的发展困境，以及更好地应对新媒体快速发展所带来的冲击，各级电视机构纷纷选择了与互联网融合发展的方式以实现转型。电视产业在与互联网融合发展的过程中，先后经历了一个从触网到竞争再到融合的媒介融合过程。② 中共十八届三中全会提出"推动传统媒体与新兴媒体融合发展"的重大战略部署，吹响了中国电视媒体融合发展的号角。2014年8月，中央全面深化改革领导小组第四次会议审议通过了《关于推动传统媒体和新兴媒体融合发展的指导意见》，就如何推动媒体融合发展提出了明确要求和具体部署。在党中央的统一安排部署下，全国各级广播电视机构积极行动，电视媒体融合工作取得重要进展。中央、省、直辖市、自治区各级广播电视机构的"二微一端一站"（微信、微博、客户端、网站）建设已基本完成，"中央厨房"成为许多地方各级广播电视台的重要建设项目，各地融媒体中心均处于加快建设阶段。截至2020年，国家广播电视总局已批复同意湖北、陕西、京津冀地区、江苏、湖南等地的媒体融合发展创新中心建设工作。通过对电视媒体融合发展实践的总结可知，实施融媒体发展战略已不再是传统媒体面临的战略抉择，而是其生存发展的必要手段。③ 当前，在电视媒体融合发展过程中依旧存在不少"难点""堵点""断点""痛点"亟待解决，如电视节目原创动力不足、精品内容缺乏、同质化现象愈发严重、版权纠纷时有发生……为加快电视媒体融合迈向更深层阶段，主动拥抱技术革新，实现电视产业的高质量发展，2020年11月，国家广播电视总局印发了《关于加快推进广播电视媒体深度融合发展的意见》，指出要打造具有强大影响力和竞争力的新型主流媒体，全面加强内容建设与供给，强化先进技术创新引领，推动全媒体人才队伍建设，不断满足人民群众美好生活需要。总体来看，融合转型期的电视产业突出表现为与网络媒体的交往与互动，广播与电视之间、广播电视媒体与新兴媒体之间的融合步伐不断加快，由此加快了电

---

① 《中国文化产业年鉴》编辑部.中国文化产业年鉴.2013[M].北京：光明日报出版社,2014.
② 李戈,欧阳宏生.中国电视融合发展理念的四次浪潮述评[J].当代电视,2020(6).
③ 杨红彬.全媒体视域下广播电视台融合发展路径探究[J].中国广播电视学刊,2020(4).

视产业的转型发展。

【知识拓展】
近年来国家关于媒体融合发展的部分重要政策见表11-1。

表11-1 近年来国家关于媒体融合发展的重要政策梳理(部分)

时　　间	政　策　文　件
2014年8月	《关于推动传统媒体和新兴媒体融合发展的指导意见》
2016年7月	《关于进一步加快广播电视媒体与新兴媒体融合发展的意见》
2017年5月	《国家"十三五"时期文化发展改革规划纲要》
2018年11月	《关于加强县级融媒体中心建设的意见》
2019年4月	《国家广播电视总局办公厅关于建立"国家广播电视总局媒体融合发展专家库"的通知》
2019年10月	《国家广播电视总局关于创建广播电视媒体融合发展创新中心有关事宜的通知》
2020年9月	《关于加快推进媒体深度融合发展的意见》
2020年11月	《广播电视技术迭代实施方案(2020—2022年)》《关于加快推进广播电视媒体深度融合发展的意见》

三、我国电视产业的发展现状[①]

媒体融合发展进程的不断深入,为电视产业转型升级带来了新的发展空间,产业发展的理念、内容、技术、手段、体制机制等都得到了全方位的升级。在经历了高速增长之后,我国电视产业开始迈入减速增质的高质量发展阶段,智慧广电的建设和媒体融合的深入发展也必将成为产业发展的新引擎。

(一)电视产业总体发展势头良好

随着电视产业转型升级步伐的加快,整个电视产业内部表现出了强大的发展韧性,呈现出稳中有升的发展趋势,电视节目制作播出水平不断提升,电视节目制作投资与创收持续增长。从电视节目制作投资来看,2018年全国电视节目制作投资额达427.24亿元,与2017年基本持平,较2016年增长了34.80%,呈现出较快增长态势。从电视行业创收来看,2019年全国广播电视行业总收入8107.45亿元,同比增长16.62%。从电视节目制作时间来看,2019年全国电视节目制作时间为345.58万小时,同比有所下降(见图11-1)。其中,新闻资讯类电视节目制作时间108.61万小时,专题服务类电视节目制作时间87.03万小时,综艺益智类电视节目制作时间39.98万小时,影视剧类电视节目制作时间12.03万小时,广告类电视节目制作时间43.74万小时。从电视节目的播出来看,2019年电视节目播出时间为1950.99万小时,同比有所增长(见图11-2)。其中,新闻资讯类电视节目播出时间279.72万小时,专题服务类电视节目播出时间256.20万小时,综艺益智类电视节目播出时间375.76万小时,影视剧类电视节目播出时间848.45万小时,广告类电视节目播出时间211.97万小时。

---

① 参见《全国广播电视行业统计公报》《文化产业统计年鉴》。

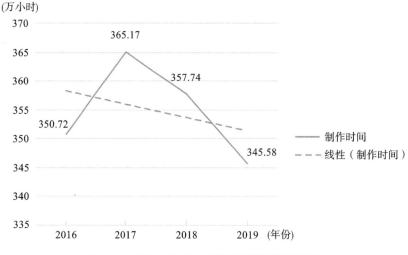

图 11-1　2016—2019 年全国电视节目制作时间

图 11-2　2016—2019 年电视节目播出时间

（二）电视产业内容供给能力持续增强

近年来，随着数字及互联网技术的发展和居民娱乐消费水平的提高，电视产业主动拥抱时代变化迅速迈入媒体融合发展阶段，由此引发了新一轮电视文化热潮，涌现出一大批优质电视内容，延展了电视内容创作的深度与广度，提升了优质电视内容的供给能力。从电视剧的制作与播出来看，2019 年全国共制作发行电视剧 254 部 1.06 万集。围绕扶贫、革命、创业、党史等多元主题的优质剧集大量涌现，精品原创内容占比提高，整体口碑不断攀升。从电视纪录片的制作与播出来看，2018 年，全国共制作电视纪录片的总时长为 7.59 万小时，播出时间为 44.67 万小时，与 2017 年相比均有小幅增长。随着产业发展环境的不断优化，电视纪录片市场进一步成熟，陆续出现了许多"现象级"的精品力作，如"舌尖"系列、"国宝"系列、"风味"系列、"航拍"系列、"乡愁"系列等，收获了较高的关注度。与此同时，电视纪录片的舆论引导与主题宣传作用日益凸显，抗疫题材、脱贫攻坚题材、抗美援朝题材等主题电视纪录片大量涌现,聚焦当下、记录现实的电视纪录片呈现出良好的发展态势。从电视节目尤其是文化类电视节目的制作与传播来看,近年来,以《中国诗词大会》《朗读者》《国家宝藏》《经典咏流传》《典籍里的中国》等为代表的文化类电视节目层出不穷、迅速升温,成功在电视荧屏上掀起了文化热。

（三）媒体融合加快电视行业的转型升级

数字技术、网络技术的发展和移动互联网的普及,带来了传统媒体与新兴媒体的融合发展,为电视行业的转型升级提供了巨大的发展空间。2019年广播电视机构融合发展业务收入达647.01亿元,同比增长25.29%。网络平台成为剧集传播的重要渠道,"先网后台"的播出顺序已成为常态。第47次《中国互联网络发展状况统计报告》显示,截至2020年12月,我国网民规模达9.89亿,网络视频(含短视频)用户规模达9.27亿。随着电视媒介的深入融合和网络视听平台的成熟,越来越多的网络自制节目进入电视市场供人们选择。2020年,仅在互联网上线的纪录片已达259部,相较2019年的150部增长了72.7%。在网络剧方面,2020年全国网络视频平台共上线网剧268部,涌现出了大量精品剧作,如《我是余欢水》《都挺好》《长安十二时辰》《隐秘的角落》等,并带来了腾讯视频、爱奇艺、优酷、芒果TV等网络视频平台收视率的一路飙升。

（四）电视内容传输覆盖网络不断完善

广电事业的发展离不开现代化传输网络体系的支撑。当前,以有线、无线、卫星、移动智能等为主的"多种方式、协同覆盖",共同构成现代广播电视内容传播体系。近年来,国家通过实施"智慧广电"建设工程、广播电视户户通工程、广电5G覆盖工程等,使得广播电视内容传输覆盖网络不断完善,广播电视节目综合人口覆盖率稳步提升。到2019年底,全国电视节目综合人口覆盖率达99.39%（见图11-3）,同比增长了0.14个百分点。有线电视网络数字化传输能力不断增强,到2018年底,全国有线广播电视覆盖用户数达3.46亿户,其中,数字电视覆盖用户数达3.23亿户。有线电视网络高清化、智能化发展态势良好,截至2019年,全国高清有线电视用户突破1亿户,同比增长9.16%;有线电视智能终端用户达2385万户,同比增长26.59%。

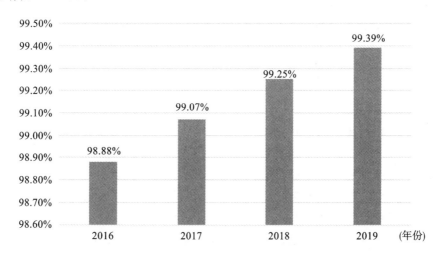

图11-3　2016—2019年全国电视节目综合人口覆盖率

总体来看,当前我国电视产业发展呈现出投资不断扩大、电视节目产出不断增长、节目内容质量不断提升、受益人群不断扩大的基本特征。互联网的兴起给传统的电视行业带来了较大冲击,促使电视产业向融媒体模式发展。与此同时,随着电视观众文化素质的不断提升,电视节目在内容的质量上面临着更高的要求,创新电视节目制作水平、增加文化内容创意,是当前电视产业发展面临的重要问题。未来,随着电视产业化的进一步推进及融媒体的进一步发展,关注电视节目的内容创作、完善电视节目发行模式,将成为推动电视产业持续健康发展的重要内容。

四、文化资源的挖掘与电视产业的开发实践

文化资源为电视产业的发展提供基础内容,电视产业为文化资源的产业化开发提供渠道。作为主要的文化产业之一,电视产业的发展具有重要意义,它不仅可以增加文化供给,满足人们多样化的精神文化需要,而且有助于推动文化产业转型升级,助力社会经济高质量发展。近年来,我国电视产业迅速发展,一方面,许多电视节目形神兼备,既有意思又有意义,既有"传统味"又有现代感;另一方面,电视产业广开源头,从深度、广度上进一步深化、拓展文化资源。① 当前,优秀传统文化在电视行业中的回归成为一种趋势,以《中国诗词大会》《国家宝藏》《经典咏流传》等为代表的各类原创类电视文化节目如雨后春笋般涌现,在传承与展示优秀传统文化、丰富电视节目表现内容等方面展现出了独特的魅力。下面根据文化资源结合电视产业进行发展的实际情况,选取几个具有代表性的案例进行简要介绍。

【案例一:《国家宝藏》】

《国家宝藏》是由中央电视台、央视纪录国际传媒有限公司联合制作的大型文博探索节目。作为一档集科普性与娱乐性于一体的原创类电视节目,《国家宝藏》紧紧围绕如何让文物"活起来"的节目立意,以全国各大博物馆内的馆藏文物作为叙述主体,力图通过电视化的呈现"让文物开口说话"。《国家宝藏》自2017年底在央视播出以来就广受好评,在社会上引起了强烈反响,在全国掀起了一股"博物馆热"。其中,第一季节目荣获第24届上海电视节"白玉兰奖"最佳季播电视节目奖,第二季节目获评国家广播电视总局2018年第四季度广播电视创新创优节目奖。作为一档有态度的"现象级"作品,《国家宝藏》为"如何讲好中国文物故事"树立了典范,无论是从节目立意、节目形式、表现手段、融合传播等方面都做出了积极有效的探索,为该类节目的制作带来了很多创新启示。

1. 节目立意:文物的保护、传承与创新

国宝级文物是《国家宝藏》的"主角"。作为一种器物媒介,国宝承载着中华文明和记忆,是蕴含中国传统文化的重要文物资源。但如何挑选这些国宝?节目组制定了一套标准,即不仅仅局限于文物本身的珍贵程度,而是更看重国宝所蕴含的深刻文化意涵,此可谓另辟蹊径。第一季节目中的27件国宝重器由故宫博物院、上海博物馆、南京博物院、湖南省博物馆、河南博物院、陕西历史博物馆、湖北省博

---

① 冯胜勇.提升电视文化类节目质量的思考[J].电视研究,2016(7).

物馆、浙江省博物馆、辽宁省博物馆九大国家级重点博物馆馆长联袂推荐。河南博物院"贾湖骨笛"的入选，因其是华夏民族初音的历史见证；"铜鎏金木心马镫"改变了世界骑兵史；湖南省博物馆"长沙窑青釉褐彩诗文执壶"则是中国古代海上丝绸之路的历史见证；①"云纹铜禁"展示了我国古代劳动人民的智慧；"宁波万工轿"蕴藏着精益求精、专注创新的"工匠精神"；《千里江山图》是对绿水青山的守护；"曾侯乙编钟"敲出了中华正音……这种选材视角是节目能够延续成功的关键，意在通过对国宝中蕴含的人文精神、民族性格、历史智慧的挖掘与展示来串联整个中华文明历史进程，努力让观众不仅能了解文物过去的传奇经历，也能深刻认识文物承载的文化基因，并从中汲取力量，接受厚重文化的洗礼。

2. 呈现形式：综合多种艺术表现手法

围绕着让文物"活起来"的中心主题，节目组大胆创新，以文化为核，综合运用综艺的节目形态、剧场的叙述结构与纪录片的纪实手法，把每件入选国宝的前世今生用艺术化的形式讲述出来，带给观众全新的收视体验。为了更为全面地讲述国宝背后的故事，节目组大胆突破原有的"宝藏＋鉴赏"的节目形态，采用叙事化的讲述方式，巧妙地设计了"前世传奇"与"今生故事"两个环节，通过对国宝"前世传奇"与"今生故事"的演绎，在古今幻实之间，将国宝背后的悠悠文韵娓娓道来，拉近了观众与历史文物的距离。节目还使用了戏剧、音乐剧、小品、舞剧、歌剧等艺术形式进行情景重现，开创了在电视舞台上用情景剧的形式来展现文物故事的先例，提升了节目的观赏性和趣味性。在对国宝"前世传奇"内容进行选取时，节目组兼顾了史料的原真性和艺术性，将严肃的历史故事以"奇闻逸事"的形式进行展现，实现了传统文化与现代文化的融合。而在"今生故事"的嘉宾选择上，节目组选择了最能与观众沟通、共情，与文物不会有割裂感的嘉宾讲述文物的今生故事，让故事的讲述更加具有感染力，让人印象深刻。此外，节目还综合运用了 AR、VR、3D 打印、多媒体影像等科技手段，打造了令观众震撼、惊喜的舞台效果，实现对文物及创作过程的全面展示，让展示窗内冰冷的文物鲜活了起来，提升了观众的观看体验。

3. 传播方式：多种传播要素融合运用

作为一档文博探索类综艺节目，《国家宝藏》融合了多种传播要素的优势。一是发挥明星效应。挑选不同年龄层观众喜爱的各类明星在节目中担任"国宝护宝人"，极大地提升了节目的传播力和国宝的影响力。二是提升节目专业性。博物馆馆长的加入提高了节目专业性，《国家宝藏》邀请 9 家博物馆馆长组成"国宝守护联盟"，他们从专业的角度进行讲解，让观众在观看文物之余了解文博知识。三是吸引年轻受众。《国家宝藏》通过在视频弹幕网站哔哩哔哩上播放，用充满网感的话语解读传统文化，借助"弹幕"这种年轻人喜欢的话语方式与观众互动，最大限度地拉近了与年轻观众的距离。四是整合新媒体资源。全方位整合视频网站、微博、微信公众号、短视频、app 等新媒体力量，进行全媒体矩阵的信息传播，引发了最广范围和最大深度的关于中华优秀文化讨论的热潮。

---

① 孙静.《国家宝藏》：文博综艺类节目的新标杆[J].中国广播电视学刊，2018(5).

【案例二:《大秦帝国》系列】

电视剧《大秦帝国》系列是根据孙皓晖的同名小说改编的长篇历史剧,讲述了战国时期的秦国经变法而由弱转强,东出与六国争霸进而一统天下,再到最后走向灭亡的全过程。该系列电视剧目前已播出四部,分别是《大秦帝国之裂变》《大秦帝国之纵横》《大秦帝国之崛起》《大秦帝国之天下》(后改名《大秦赋》),总计剧集达两百集左右。作为国产重大历史题材电视剧,大秦帝国系列电视剧在海内外市场上都取得了巨大成功。2011年,《大秦帝国之裂变》入围第28届中国电视剧"飞天奖";《大秦帝国之纵横》于2014年荣获第27届中国电视剧金鹰奖"优秀电视剧奖",于2015年荣获第30届电视剧飞天奖"优秀电视剧奖"。

1. 作品题材:还原历史,尊重史实

历史题材剧作的史实还原是观众最关注的作品元素。为了尽可能还原历史真相,剧组邀请了数位历史学家担任历史顾问,对剧中的人物、器物、历史事件等进行整体把握。创作团队在史料的收集和研究上投入了巨大精力,如《大秦赋》编剧团队在先秦史料中抽丝剥茧,历经八年打磨,并融合最新考古史料,对史实做了最大限度还原[1];《大秦赋》为实现对吕不韦这一历史人物的精准定位,不仅梳理了相关史料,还对吕不韦编纂的《吕氏春秋》进行了深入研究。这种对历史真相的认真态度让《大秦帝国》系列电视剧成为业内翘楚,也是《大秦帝国》系列电视剧广受好评的重要原因,有影评曾指出:"拒绝戏说,尊史重实,使该剧成为较高水平的历史正剧。不刻意追求和强化人物情节的传奇性,客观地说历史、现情节,以'大事不虚,小事不拘'为原则,严谨地还原史实并观照当下理念。这部弘扬秦人精神的历史剧告诉我们,优秀民族文化的传承不能靠历史虚无主义的戏说与消解,更不能丢掉民族文化内核而符号化地嫁接他者价值观。"对历史的尊重,使《大秦帝国》系列电视剧在内容质量上成为行业标杆,也为其呈现历史、弘扬文化创造了基本的条件。

2. 作品制作:追求精细,体现专业

对历史情境和环境的营造是《大秦帝国》系列电视剧备受关注的原因之一。为了尽可能还原历史,剧组在创作时聘请了专业的秦文化礼仪专家,从风俗礼制、人物仪态、举手投足、文言对话等各方面对演员进行培训,对当时人物的着装束发、日常交往中的礼节、朝堂之上的揖礼等细节进行讲解。为了取景需要,剧组曾到新疆的雪域高山、戈壁草滩进行实地拍摄,甚至还在新疆乌尔禾搭建了一座完整城池。同样也是为了追求更准确、更真实的场景,剧组不惜成本将影视城的城墙进行了整体改造,做出夯土效果。在道具制作方面,制作团队聘请专家设计兵器,设计制作了上万套服装和上千件盔甲。在演员妆饰方面严格参考了史料记载和古壁画像,并通过对比、考证以达到最佳效果。对细节的追求使《大秦帝国》系列电视剧拥有超高质量的呈现效果,为观众带来了高质量的文化体验。

3. 作品表现:兼具艺术性与时代性

古装正剧虽强调遵循历史原真性的原则,但同时也需符合现代人的审美。该

---

[1] 李夏至.《大秦赋》力求还原史实细节[N].甘肃日报,2020-12-23.

系列作品在对历史真实性和现代艺术性的融合上体现出了很高的专业水准,可以说是兼具传统审美与现代审美的精品佳作。从2006年开拍第一部作品《大秦帝国之裂变》到2019年《大秦赋》杀青,这一系列电视剧的创作在坚守中国先秦美学风格的同时,还结合当代观众的审美,对作品历史意境的营造进行了创新性调整,确保剧中的妆容规制、服饰搭配等都符合角色地位、人物形象和情节需求,经得起推敲。"六合同风,九州共贯"的大一统信念是中华儿女家国情怀的根源,是几千年来中国人血脉里延续不断的信仰。① 剧中所讲述的积贫积弱的秦国通过不懈的历史变革最终完成中国历史上第一次大一统的故事,不仅展现了家国情怀的历史精神,也契合了当前民族复兴的时代特色,能让观众产生强烈的共鸣。

【案例三:《舌尖上的中国》】

《舌尖上的中国》是由著名纪录片导演陈晓卿拍摄的一部美食类纪录片。2012年5月14日CCTV-1《魅力记录》栏目首播了《舌尖上的中国》第一季。2012年6月,电视纪录片同名图书《舌尖上的中国》由光明日报出版社出版。2014年4月18日,第二季节目在央视综合频道播出。第三季节目于2018年2月19日在央视综合频道和纪录频道同步播出。作为中国第一次使用高清设备拍摄的大型美食类纪录片,《舌尖上的中国》获奖无数:2012年10月,获得第22届中国厨师节"中国饮食文化传播奖";2012年12月,获得2012中国(广州)国际纪录片节"金红棉奖"评审团大奖;2013年,获得2012中国电视榜"推委会特别大奖";2014年5月,获得中国广播影视大奖(第23届"星光奖")电视纪录片大奖;2014年9月,获得第13届精神文明建设"五个一工程奖"。作为中央电视台的重点项目,《舌尖上的中国》在节目题材、节目形式和节目制作等多个方面都有很多值得学习的地方。

1. 节目题材:不只中国饮食,还有中国文化

《舌尖上的中国》打破了传统央视纪录片广博宏大的主题,将叙事视角从大国大事转移到民众生活,围绕中国人日常生活中的必需品——茶米油盐酱醋茶展开,将各地的特色美食与不同的人物故事相融合,采用讲故事的方式,在展示中国各地特色美食的同时,还探讨了人们从传统劳作到烹饪食物的创新,体现了人们对美好生活的向往与追求。这也使得观众在欣赏美食的同时,还能体悟蕴含其中的朴素的民族情感和文化传统,了解中国社会的变迁以及传统价值观、人际关系等内容,具有高度的大众性和人文情怀。如第一季中《主食的故事》这一集,以每个人都离不开的五谷为出发点,讲述了不同地域多样主食背后的民俗文化,如兰州的牛肉面、大西北的羊肉泡馍、嘉兴的大肉粽子等。节目组还特别注意对当地居民的生活日常进行拍摄,使得镜头更加富有生活气息。《舌尖上的中国》通过对美食故事的讲述,将背后所传达的自强不息、勤劳节俭等中华传统美德娓娓道来,让观众得以对传统文化有更加生动直观的感受。

---

① 延艺.《大秦帝国》的创作技法——兼议重大历史题材电视剧的现状与前景[J].声屏世界,2020(6).

2. 节目形式:以多样手法展示特色文化

《舌尖上的中国》采用了故事化的叙事策略,借鉴了故事片的手法,注重选取包含矛盾冲突和丰富情节的事件,使得纪录片在叙述的过程中更具吸引力。① 具体来看,纪录片的每一集节目的切入方式都有所不同。例如:第一季是以特定美食为切入点,通过视觉、色觉、味觉等感官体验带给人们强烈的冲击力;第二季则从时节、脚步、心传、秘境、家常、相逢、三餐七个角度讲述食物及其背后的故事,同时还运用了交叉叙事的手法,通过对不同内容的交替叙述,制造了悬念,给予了观众想象空间,更加突出了人文情怀和叙事元素,达到了良好的节目效果。此外,节目还通过轻快的叙事节奏、精巧细腻的画面以及碎片式的处理技术将中国饮食文化和东方智慧展现得淋漓尽致。总的来看,多种不同呈现技法的运用,使《舌尖上的中国》在讲述美食的同时兼顾人文情怀,为观众带来了一场来自美食及其背后的朴素人文情怀的文化大餐。

3. 节目制作:专业化、高水准

《舌尖上的中国》被网友称为"隔着屏幕都能闻到香味"的美食纪录片。节目成功的背后离不开团队的用心制作。第一季制作团队历时1年多、辗转了70多个不同的地方才完成拍摄;第三季为拍摄400多种美食,节目摄制组足迹遍布100多处不同地方,采访了300多人。在拍摄方面,节目团队除了使用高清摄像机外,还大量使用了微距拍摄,以便从微观角度更好地展示中国美食。在故事讲述上,节目在解说词撰写技巧方面也琢磨了一番,尝试从多个层面对主题进行阐释,达到了很好的节目效果。在配音上,节目通过真实的同期声和温情的配音语言营造出了一个亲近的氛围②,在较大程度上消除了与观众的距离感。在配乐上,节目充分调动多元化的音乐资源,在讲述不同地域饮食的时候融入当地的音乐文化,给纪录片本身增添了来自远方的、真实而生动的声音。如在西安拍摄以"主食"为主题的节目时,曾邀请西安本地说唱团队"黑撒"参与拍摄,通过"黑撒"之口用西安方言来说唱西安美食;在甘肃拍摄兰州拉面时,采用伊斯兰风格的音乐作为背景音乐;在北京拍摄焖面时,加入了由唢呐演奏的《春节序曲》。精心的准备、专业的技术、温情而真挚的解说以及恰当的配乐,使《舌尖上的中国》为观众营造了真实而生动的美食场景,让观众得以更好地进入纪录片的讲述中,随解说一起品味美食、体验文化。

【知识拓展】

截至2021年5月,央视、地方卫视播出的文化类综艺节目(部分)及文化类纪录片(部分)如表11-2至表11-4所示。

表11-2 近年来央视播出的文化类综艺节目(部分)

首播时间	节目名称	节目内容与形式	播出情况
2013年	《中国汉字听写大会》	汉字+答题	共播出三季
2014年	《中国成语大会》	成语+答题	共播出二季

---

① 孙景丽.浅析电视纪录片叙事手法故事化倾向与表达[J].电影评介,2012(4).
② 李琳.美食类纪录片对传统文化的传播——《舌尖上的中国》个案分析[J].声屏世界,2020(17).

续表

首播时间	节目名称	节目内容与形式	播出情况
2016 年	《中国诗词大会》	诗词＋答题	共播出六季
2017 年	《中国民歌大会》	民歌＋答题＋表演	共播出二季
2017 年	《国家宝藏》	文物＋综艺＋纪录	共播出三季
2017 年	《朗读者》	文学＋朗读	共播出三季
2017 年	《中国戏曲大会》	戏曲＋答题＋表演	共播出七期
2018 年	《经典咏流传》	诗词＋音乐	共播出四季
2019 年	《故事里的中国》	中国故事＋戏剧＋影视＋综艺	共播出二季

表 11-3　近年来地方卫视播出的文化类综艺节目（部分）

首播时间	节目名称	播出平台	节目概括	播出情况
2020 年	《我在颐和园等你》	北京卫视	售卖文化物品	共播出一季
2020 年	《了不起的长城》	北京卫视	长城文化体验	共播出一季
2019 年	《上新了·故宫》	北京卫视	明星＋故宫文物	共播出三季
2019 年	《遇见天坛》	北京卫视	文化体验＋国品联名爆款带货	共播出一季
2018 年	《一本好书》	江苏卫视	还原经典作品	共播出二季
2018 年	《匠心传奇》	江苏卫视	户外真人秀＋工艺技术	共播出一季
2018 年	《诗意中国》	深圳卫视	推理博弈＋诗意文化	共播出三季
2017 年	《见字如面》	黑龙江卫视	书信朗读	共播出五季
2017 年	《国学小名士》	山东卫视	国学知识＋竞技	共播出一季
2013 年	《汉字英雄》	河南卫视	中华汉字	共播出三季

表 11-4　近年来播出的文化类纪录片（部分）

首播时间	节目名称	播出平台	播出情况
2018 年	《风味人间》	浙江卫视、腾讯视频	共播出两季
2018 年	《如果国宝会说话》	CCTV-9、爱奇艺	共播出三季
2018 年	《人生一串》	广东卫视	共播出两季
2017 年	《航拍中国》	CCTV-1、CCTV-9、央视网、腾讯视频、优酷网	已播出三季
2016 年	《我在故宫修文物》	CCTV-9	共播出一季
2016 年	《本草中国》	江苏卫视、CCTV-9、CCTV-4、爱奇艺	共播出两季
2016 年	《草本中国》	江苏卫视、CCTV-9 纪录频道、CCTV-4 国际频道、爱奇艺	共播出两季
2014 年	《布衣中国》	CCTV-9	共播出一季
2013 年	《汉字五千年》	CCTV-9	共播出一季
2012 年	《舌尖上的中国》	CCTV-1、CCTV-2、CCTV-7、CCTV-9、爱奇艺、优酷 CNTV	共播出三季

第十二章

文化资源与演艺产业

演艺是以音乐、舞蹈、戏剧、曲艺等为主要形式的表演艺术。演艺产业是对演艺文化资源的产业化开发,位居文化产业的"核心领域"。[1] 演艺产业与文化资源是双向赋能的关系:一方面,演艺产业以文化资源为基础,推动其内容生产和创新发展;另一方面,文化资源借助演艺产业的开发实践,加快自身的创造性转化与创新性发展,两者融合互动,使演艺产业在创作开发时兼具社会效益和经济效益。近些年,演艺产业不仅顺应了市场经济发展的趋势,满足了民众的精神文化需求,而且也推动了传统表演艺术及所蕴含的文化、精神的传承与弘扬。当前,随着社会经济的发展,尤其是在数字经济的推动下,演艺产业不断进步,显现出多元化、融合化的趋势,极大地促进了演艺产业的转型升级。

一、演艺及演艺产业相关概念

演艺自古有之。一般来说,人类的各类演艺活动大多是由古代的巫术和宗教祭祀仪式发展而来,在很长的历史时期中大多是以歌舞的形式呈现于民族文化中[2],并在不同时期具有不同的表现形式,如世俗剧、神迹剧、木偶戏、皮影戏、杂耍、哑剧、戏曲等古代艺术表演形式,又如冰上舞蹈、马戏、歌剧、演唱会、音乐喜剧、相声、小品、芭蕾、实景演出等现代艺术表演形式。作为一种以舞台表演和现场表演为主要方式的艺术行为,演艺因其形式的灵活性、效果的生动性及观众的互动性得到了越来越多的关注。

在我国文化产业体系中,演艺产业具有典型的"双原创性"特点,即为完成一场较为完美的演出,不仅需要原创的剧本,还需要原创性很高的"在场性"复制。[3] 学者王玉从产业化的角度指出:"演艺产业是指表演艺术在长期发展和自我调适过程中,进行市场化或商业化的必然结果,也是表演艺术生存发展与变迁演进的主基调。"[4] 张振鹏则从生态学的视角进行分析,认为:"演艺产业是以演艺产品供给与精神消费需求关系的经济方式调节为核心,由产

---

[1] 张晓明,胡惠林,章建刚. 2008年中国文化产业发展报告[M]. 北京:社会科学文献出版社,2008.
[2] [英]尼尔·格兰特. 演艺的历史[M]. 黄跃华,等译. 太原:希望出版社,2005.
[3] 张晓明,胡惠林,章建刚. 2008年中国文化产业发展报告[M]. 北京:社会科学文献出版社,2008.
[4] 王玉. 中国表演艺术发展史述略[J]. 春秋,2013(6).

品供给者、消费者、管理部门、中间及相关组织等多个利益主体在一定环境中共同创造价值的产业形式。"①在重新修订的《营业性演出管理条例》中,营业性演出被定义为"以营利为目的为公众举办的现场文艺表演活动";演艺产业是指以演艺产品的创作、生产、表演、销售、消费及经纪代理、艺术表演场所等配套服务机构共同构成的产业体系。

通俗地理解,演艺产业是从事演艺生产、提供演艺服务的经济活动的集合。随着演艺产业的发展,其产业市场也在不断细分。根据中国演出行业协会发布的《2018中国演出市场年度报告》,我国演艺产业可细分为音乐类演出、舞蹈类演出、戏剧类演出、曲艺杂技类演出、旅游演出五大主要市场。

二、我国演艺产业的发展历程

早在计划经济时期,我国的演艺业已有所发展,但由于这一时期演艺工作完全是由政府包办,缺乏市场化和产业化的运作体系,所以并没有出现真正意义上的演艺产业。改革开放以来,随着市场机制的建立和群众演艺消费需求的不断增长,演艺的产业化进程逐步加快,不论是内容呈现还是观影方式都在不断创新求变。下面主要从我国文化体制改革、演艺市场开放情况等方面综合考虑,划分五个时期对我国演艺产业的发展状况进行简要介绍。

(一)萌芽期:1978—1984年

1978—1984年是我国演艺产业的萌芽期。随着国民经济逐渐恢复与发展,社会公众的文化消费需求随之被激发。在此背景下,中国的文化产业获得了一定程度的发展,表演艺术走出大一统样板文化的阴影,娱乐业开始起步。1978年,北京舞蹈学校改为北京舞蹈学院,并推出了中国古典舞"身韵课",成为中国古典舞发展的里程碑。此后,一批中国古典舞的优秀作品纷纷涌现,走进大众的视野,如《木兰归》《新婚别》《黄河》《长城》《江河水》等。1982年,文化部印发了《关于民间艺人管理工作的若干试行规定》,指出民间艺人是我国社会主义文艺队伍的组成部分,要求各地加快制定民间艺人管理规定,鼓励民间艺人从事个体性营业演出。1983年《全国剧场管理工作试行条例》出台,提出剧场即各类艺术表演团体演出的场所在经济管理上可以参照企业管理的方法,实行单独核算,以提高经营管理水平。总的来看,这一时期国家开始陆续出台一些政策指导我国经营性演出活动,由此推动了我国演艺产业的萌芽。

(二)探索期:1985—1991年

随着改革开放的全面展开,20世纪80—90年代我国演艺产业进入探索期。1985年是我国演艺产业发展的一个重要时间节点,这一年国家统计局发布了《关于建立第三产业统计的报告》,文化艺术被列入其中,表明文化艺术的产业性质开始得到政府的认可,同时也凸显了文化艺术在国民生产中的分量。同年,文化部印发了《关于艺术表演团体的改革意见》,拉开了我国艺术表演团体改革的序幕。1988年,为加快推进演艺团体体制改革工作,国务院下发了《关于加快和深化艺术表演团体体制改革的意见》,指出长期以来国家对艺术表演团体统包统管的体制已与当前的发展不相适应,提出要逐步实行"双轨制"改革办法,即部分表演团体实行全民所有制,由政府文化主管部门主办,而大多数艺术表演团体实行多种所有制形式,由社会主办。此后,我国文化部门开始积极探索改革道路,文化工作者的生存意识、商品意识、竞

---

① 张振鹏.生态学视角下的演艺产业——评《演艺产业生态学刍论》[J].山东社会科学,2019(4).

争意识等显著增强,公众的文化消费也逐步朝着娱乐型、多样化、可参与等方向发展。

(三)成长期:1992—2002 年

1992—2002 年是我国演艺产业的成长期。1992 年,随着社会主义市场经济体制改革目标的确立,我国文化体制改革的步伐明显加快,由此带动了演艺产业的大发展,出现了诸多民营的艺术团体、演出公司等。与此同时,国家先后颁布了《演出市场个人收入调节税征收管理办法》《关于文化部演出管理职责划分的通知》《文化部涉外文化艺术表演及展览管理规定》《营业性演出管理条例》《营业性演出管理条例实施细则》等文件,对演出活动进行全方位的规范管理,推动了演艺产业的正规化、规模化发展。总的来看,这一时期国家对演出市场的管控依旧比较严格,但文化体制改革和艺术表演团体改革工作的开展,在一定程度上放宽了对演出市场的限制,进一步推动了我国演艺产业的发展。

(四)扩张期:2003—2013 年

2003—2013 年是我国演艺产业的扩张期。2003 年 6 月,国有艺术表演团体体制改革工作有序展开。2004 年,国家统计局发布了《文化及相关产业分类》,演艺产业被列入文化艺术服务类,出现在文化产业核心要素层中。2005 年,文化部、财政部等四部委联合印发了《关于鼓励发展民营文艺表演团体的意见》,提出要按照"平等准入、公平待遇"的原则,多措并举支持民营文艺表演团体的发展。2009 年 7 月,我国第一部文化产业专项规划《文化产业振兴规划》出台,演艺娱乐产业被列为重点发展的文化产业类别。同年,文化部印发了《关于深化国有文艺演出院团体制改革的若干意见》,指出要加快国有文艺演出院团的转企改制步伐,实行事业单位企业化管理,培育新型市场主体。随即国有文艺演出院团转企改制工作全面推开,到 2010 年底已有 343 家国有文艺演出院团完成或正在进行转企改制,并通过资源整合、兼并重组等方式组建了 46 家演艺集团。① 2013 年,国有文艺演出院团转企改制基本完成,以企业为主体、事业为补充的新型演艺体制格局基本建立。总的来看,这一时期我国演艺产业发展环境不断优化,市场要素和主体不断激活,大量社会资本不断涌入演艺行业,众多民营艺术团体、演出公司相继涌现,有力地推动了我国演艺产业走向深度发展阶段。

(五)纵深期:2014 年至今

2014 年至今是我国演艺产业的纵深期。自 2014 年以来,以文化为内容、以旅游为形式的旅游演艺得到快速发展,由此带动我国演艺产业迈入提质增效阶段。众多文旅企业集团开始把旅游演艺作为主业,通过与主题公园、旅游小镇等融合发展,逐渐向上下游领域延伸,向食、住、行、游、购、娱和会展等业务链拓展,如宋城集团、华侨城集团、华夏文旅集团等。与此同时,演艺产业其余细分市场潜力不断释放,相声"出圈",演唱会、音乐节和 LiveHouse 供不应求,话剧、舞剧等创新剧目不断涌现,并在年轻人中掀起了一番热潮。随着演出市场的蓬勃发展,演艺产业内部也涌现出许多新趋势、新业态,"云演艺"伴随数字化的发展应运而生。

三、我国演艺产业的发展现状

"十三五"以来,中国演艺市场规模逐年增长,行业整体发展态势稳步向好,展现出了巨大的发展潜力。如今演艺产业的演出方式更为丰富、演出形式更加灵活、演艺空间更加多

---

① 赵静,李毅.文化产业大发展下的演艺产业发展路径探究[J].企业经济,2013(10).

元、演艺形态更加融合,不断推动着我国演艺产业实现规模性扩张和跨越式发展。

(一)演艺产业总体发展态势良好

得益于政策、资本、技术、市场等因素的推动,近年来我国演艺产业总体发展势头良好,演艺市场不断壮大。2019年,我国演出市场总体经济规模达到538.00亿元,同比增长4.65%(见图12-1),艺术场馆演出观众数量达到6785万人次,同比增长15.8%;至2019年末全国共有艺术表演团体17795个,比上年增加672个,从业人员41.23万人,比上年略有减少(见表12-1)。从演艺产业具体细分市场来看,2018年,专业剧场演出10.15万场,同比增长9.14%,票房收入79.61亿元,同比增长3.11%;大型演唱会、音乐节演出0.26万场,同比增长8.33%,票房收入39.85亿元,同比增长5.87%;旅游演出6.31万场,同比增长9.93%,票房收入37.47亿元,同比增长9.21%。① 演艺产业的发展还直接推动了演艺作品的创作,热门文学、影视、游戏IP改编的舞台作品不断涌现,对全国400家重点艺术院团的统计显示,2019年创排艺术作品816部,其中,新创523部,复排228部,移植改编65部。②

图12-1 2015—2019年我国演出市场总体经济规模及增速

表12-1 2011—2019年全国艺术表演团体基本情况

年 份	机构数 (个)	从业人员数 (人)	演出场次 (万场)	国内演出观众人次 (万人次)	演出收入 (万元)
2011	7055	226599	154.72	74585.05	526745
2012	7321	242047	135.02	82805.09	641480
2013	8180	260865	165.11	90064.26	820738
2014	8769	262887	173.91	91019.68	757028

---

① 2018中国演出市场年度报告[BE/OL].(2019-07-29)[2021-05-10].https://new.qq.com/omn/20190729/20190729A0O79M00.html.

② 中华人民共和国文化和旅游部2019年文化和旅游发展统计公报[BE/OL].(2020-06-22)[2020-06-22].http://www.gov.cn/xinwen/2020-06/22/content_5520984.htm.

续表

年 份	机构数（个）	从业人员数（人）	演出场次（万场）	国内演出观众人次（万人次）	演出收入（万元）
2015	10787	301840	210.78	95798.99	939313
2016	12301	332920	230.60	118137.67	1308591
2017	15742	402969	293.57	124739.06	1476786
2018	17123	416374	312.46	117569.42	1522685
2019	17795	412346	296.80	123019.54	1277742

（二）旅游演艺迈入提质增效阶段

旅游演艺是在文化产业大发展、大繁荣的背景下，将演艺产业和旅游相结合而产生的具有高度产业化特点的演出形式。作为市场驱动型产业，旅游演艺在近40年的发展过程中遍地开花，展现出了巨大的发展潜力。2018年，旅游演出场次达6.31万场，同比增长9.9%，其增幅是演艺产业细分市场中增幅最大的类别，票房收入达59.1亿元，同比增长9.21%。其中，主题公园旅游演艺票房达27.7亿元，占票房总额的46.9%；实景旅游演艺总票房达15.6亿元，占票房总额的26.4%；独立剧场旅游演艺票房达15.8亿元，占票房总额的26.7%。① 2019年3月，文化和旅游部印发的《关于促进旅游演艺发展的指导意见》提出，要着力推进旅游演艺转型升级、提质增效，充分发挥旅游演艺作为文化和旅游融合发展重要载体作用。旅游业的快速发展也为旅游演艺行业提供了发展动能，2019年前三季度，国内旅游人数达到45.97亿，同比增长8.8%。② 目前，我国旅游演艺在大众旅游需求持续旺盛、文化创新愈发活跃、科技更新日益迅猛的背景下，正在经历从数量增长到质量优化、从简单模仿到自主创新、从盲目扩张到理性布局的转化。③

（三）消费群体趋于年轻化、区域化

从演艺消费群体的年龄分布来看，我国演艺市场消费呈现出明显的年轻化，20～35岁的年轻人占据了绝对比重。2018年演出市场消费群体中，"90后"人群占60%以上，其中"95后"人群占消费人群总数的15%。"80后""90后""00后"三大群体倾向于观看演唱会、话剧、歌剧等演艺活动，成为演艺消费的主力军，为我国文娱消费市场的未来发展提供了巨大的增长空间。从演艺消费群体的区域分布来看，我国演艺产业消费呈现出明显的区域化，主要集中于一、二线城市。2019年，一、二线城市的演出用户占比达76%，北京、上海、武汉、成都、西安、重庆、杭州等成了演艺活动的主要消费城市。

（四）新技术引领演艺产业转型升级

新技术的广泛应用为演艺产业注入了新的动力，推动演艺产业朝着数字化、智能化方向发展。2017年4月，文化部出台《关于推动数字文化产业创新发展的指导意见》，提出要大力

---

① 2018中国演出市场年度报告[BE/OL].（2019-07-29）[2021-05-10]. https://new.qq.com/omn/20190729/20190729A0O79M00.html.

② 前三季度国内旅游人数达45.97亿人次[BE/OL].（2019-12-25）[2020-12-20]. http://www.gov.cn/xinwen/2019-12/25/content_5463781.htm.

③ 张野. 开封旅游演艺发展的"清园经验"[N]. 中国旅游报，2019-04-23.

推动演艺娱乐、文化旅游等文化产业的数字化转型升级。当前,5G、人工智能、VR/AR、超高清视频、人脸识别等数字技术在演艺产业中的应用,推动了"智慧演艺"的建设,丰富了演艺的内容和观演形式,提供了更加多元的文化消费体验,这对于促进传统演艺产业升级改造、培育新型演艺形态、扩大演艺产业的受众具有重要意义。受疫情影响,2020年"云演艺"应运而生,助力演艺产业走出发展困境,并迅速发展成为演艺产业的一种新模式,掀起了一波市场开发的热潮。

总的来看,当前我国演艺产业总体发展态势良好,票房收益稳步上升,各细分市场潜力不断释放,但整体上仍存在不少发展的痛点,如演艺内容创新困难、盈利方式单一、融资渠道不通畅等。未来,演艺产业将深入探索与旅游、餐饮、主题公园以及数字技术等的融合发展,创新观演形式,拓展发展新空间,加快演艺产业的转型升级、提质增效。

四、文化资源的挖掘与演艺产业的开发实践

演艺产业的发展离不开文化资源的挖掘,演艺产业所产生的产品和服务又是一种新型文化资源。近年来,无论是一些传统剧团的演出活动,还是依托现代技术开发的沉浸式演艺项目,不断从内容上进行挖掘、从源头上进行创新,涌现出了以《又见敦煌》等为代表的一大批沉浸式演艺项目,展现出演艺产业的勃勃生机。本部分根据文化资源结合演艺产业的发展实践情况,选取了四个具有代表性的案例进行简要介绍。

【案例一:旅游演艺《知音号》】

《知音号》是一出取材于民、体现江城文化的城市戏剧。该剧以知音文化为灵魂,以大汉口长江文化为背景,挖掘武汉码头文化、江岸区的历史风貌和沿江大道的时代变迁,叙述了20世纪20—30年代大武汉的故事。《知音号》作为长江首部漂移式多维体验剧,自2017年公演以来,已吸引了全球65万名观众登船游览,先后获得了"2018年中国实景旅游演艺十强""2018年中国沉浸式旅游演艺五强""2019年度中国文化和旅游推广创新优秀案例""2020年服贸会发展潜力示范案例"等大奖。《知音号》现已成为全国独有的文化和服务双IP模式,是武汉城市文化旅游新名片和中国文旅产业新地标,也是演艺文化资源产业化开发的经典案例。

1. 轮船上的老汉口

闻名全国的"过早文化"是武汉烟火气最贴切的表达,老旧的街道弥漫着老武汉的人情味,这些都在《知音号》中有所表现。导演团队以20世纪初武汉民生轮船公司的"江华轮"为原型,搭建了一艘同名的真实轮船作为表演载体,大到整个船身,小到船上的铆钉都按照当年的风格还原。这种搭建复古的载体,将所有旧时文化记忆融入其中,让观众易于感知当时的文化氛围。当游客来到码头时,复古气息便扑面而来,通过卖报的小童、卖力吆喝的小贩、提皮箱戴礼帽的绅士、匆忙赶路的旗袍淑女等演员的演绎,直接营造出旧时文化生活的氛围,使观众仿佛置身于20世纪20—30年代的武汉码头。当游客登上"知音号",仿佛进入了鲜活的城市历史博物馆,可以近距离触摸到老武汉的脉搏。

2. 轮船上的人生百态

《知音号》彻底打破了传统戏剧的"第四堵墙"概念，消除了既定疆域与界限，颠覆了既有的剧场理念和戏剧思维，让观众也成为故事的一部分。整个表演采取与传统戏剧不同的表达方式——不分观众区和表演区，即"知音号"每一个角落都有可能呈现曾经发生过、发生着或即将发生且不可预知的故事。而在船上所展演的一个个精心编排的故事基本都取材于20世纪20—30年代的武汉，通过鞋匠、报童、房地产商、科学家、扁担郎、搬运工等不同阶层的108个身份各异的人物故事，共同拼接出20世纪20—30年代的武汉画面，演绎着百年前的聚散悲欢。比如在轮船二楼的每间小船舱内，都会有一位演员扮演不同身份的武汉人，向观众讲述地皮大王刘歆生、承建武汉大学的沈祝三、著名歌唱家周小燕、见惯世面的酒保、经营茶叶的商人等人生故事。船和码头即剧场，剧情就在观众身边上演。这些人生的波澜起伏和悲欢离合，通过演员的艺术化处理及表演呈现，观众靠近演员聆听故事，更清晰地了解人物的往事，看见那个年代的个体命运和城市记忆，领略20世纪20—30年代武汉的百态人生。

3. 轮船上的旧时文化

《知音号》打造了一个沉浸式体验武汉文化的空间，观众可以从不同维度深入体验旧时的武汉生活。《知音号》通过与"汉口二厂"合作，复制武汉老品牌"国民饮料"和利汽水，复古的瓶装设计和经典的柠檬海盐味汽水，既让外来的观众从舌尖感知旧时武汉的国际化风韵，也让本地观众尤其是武汉年轻人感受舌尖上的乡愁。同时，《知音号》还通过"知音戏剧婚典"IP，将互动穿越感和历史文化感，与独有的文化气息融合，打造出属于"知音号"的特色婚礼，让传统婚庆民俗重现。"知音号"上的婚典分为知音·并蒂、比翼、齐眉、连理、和鸣五个环节，在每个环节尽显复古的文化情怀。如武汉百年老字号"汪玉霞"喜饼被陈列在婚礼的案头，中国插花大师苏艳玲精心制作的中式插花出现在婚礼的桌上，一张旧时的结婚证也出现在婚典仪式上。在婚礼过程中，新人还需面对这张旧时的结婚证书，朗读一段中国传统的婚礼誓词："谨以白头之约，书向鸿笺，好将红叶之盟，载明鸳谱……"《知音号》举行的戏剧式婚典，将中国传统文化融入婚礼，并结合武汉长江文化、知音文化、复古的文化情怀，以及长江阳台的自然美景、两江四岸的现代景观，构建起别致的婚礼体验，传递传统文化的魅力。

《知音号》作为武汉文旅项目的IP，以沉浸式的旅游演艺模式，还原出了几代人对于城市、江水的记忆，吸引了众多国内外游客前来打卡，这种运用城市文化资源进行演艺的创新表演是值得学习和借鉴的。

【知识拓展】

张艺谋、王潮歌、樊跃等人打造的"印象系列"山水实景演出，通过将非遗元素成功融入旅游场景，引爆了国内旅游演艺的热情。各地也纷纷打开自己的非遗"宝库"进行挖掘，邀请知名导演和演艺公司，打造了一系列实景演出（见表12-2）。近年来，随着旅游演艺的深入发展，演艺市场也走向沉浸式体验模式，旅游演艺紧跟步伐，逐步尝试沉浸式体验。

表12-2　2004—2018年国内编排的部分旅游演艺剧目

节目名称	上映时间	演出类型
《印象·刘三姐》	2004年	实景旅游演艺
《印象·丽江》	2006年	实景旅游演艺
《长恨歌》	2006年	实景旅游演艺
《天门狐仙·新刘海砍樵》	2009年	实景旅游演艺
《鼎盛王朝·康熙大典》	2010年	实景旅游演艺
《印象·大红袍》	2010年	实景旅游演艺
《印象·武隆》	2011年	实景旅游演艺
《文成公主》	2013年	实景旅游演艺
《梦里老家》	2015年	实景旅游演艺
《最忆是杭州》	2016年	实景旅游演艺
《张家界·魅力湘西》	2000年	独立剧场旅游演艺
《多彩贵州风》	2006年	独立剧场旅游演艺
刘老根大舞台(北京)	2009年	独立剧场旅游演艺
《又见平遥》	2013年	独立剧场旅游演艺
《汉秀》	2014年	独立剧场旅游演艺
《延安保育院》	2014年	独立剧场旅游演艺、红色旅游演艺
《12·12》	2016年	独立剧场旅游演艺、红色旅游演艺
《不眠之夜》	2016年	独立剧场旅游演艺
《知音号》	2017年	独立剧场旅游演艺
《又见敦煌》	2018年	独立剧场旅游演艺

"浸没式戏剧"的前身是美国戏剧理论家理查·谢克纳的"环境戏剧",随着时代语境的发展而延伸至"浸没式戏剧",其概念最早起源于英国的Punchudrunk剧团。"浸没"旨在打破传统戏剧的观演关系,观众不再固定地坐在台下观看舞台上的表演,被动地接受演员所传达的情节,而是能够自由选择自己的观剧空间,跟随自己想跟随的角色,以第一视角参与到戏剧展现当中,发掘独属于自己的线索与解读。①

【案例二:舞剧《永不消逝的电波》】

《永不消逝的电波》是由上海歌舞剧团创排推出的主旋律红色题材舞剧,由陈飞华担任制作人、罗怀臻担任编剧,王佳俊、朱洁静两位演员分饰男女主人公李侠

---

① 梁梦苇.浅析浸没式戏剧《成都偷心》的戏剧美学创新[J].戏剧之家,2021(1).

及其夫人兰芬(李侠和兰芬是以解放战争时期共产党电台发报员李白及其夫人裘慧英为原型改编的)。《永不消逝的电波》于2018年12月21日在上海国际舞蹈中心首演,一经上演就受到年轻观众的追捧,巡演所到之处一票难求,成功地打破了观众对红色题材演艺作品的刻板印象。该剧相继获得第十六届中国文化艺术政府奖"文华大奖"、第十五届精神文明建设"五个一工程奖",为红色文化资源产业化提供了经验借鉴。

1. 用现代舞蹈叙述红色故事

《永不消逝的电波》以"100位为新中国成立作出突出贡献的英雄模范"人物之一——李白烈士的真实事迹为原型,改编讲述了主人公李侠,为革命事业和兰芬假扮成夫妻,在敌占区潜伏12年直到奉献出生命的故事。根据对历史和人物的把握,舞剧《永不消逝的电波》通过无声的舞蹈表演方式,传达出在解放前夕的黑暗中,那些隐姓埋名的地下工作者,用生命丈量光明、无惧牺牲的家国情怀,蕴含着人民对和平、对光明的深切渴望与期待,向观众传达了他们永不动摇的革命精神。比如,舞剧中小学徒与卖花女的双人舞、女特务与男主管的双人舞、李侠与兰芬的双人舞,从不同角度刻画了人物形象,展现了小学徒为革命牺牲的不悔精神,凸显了李侠与兰芬从战友到爱人的感情变化。这些双人舞穿插在高度紧张的剧情中,以温和的表达重温回忆,推进故事内容,凸显了地下工作者的形象和寻常百姓的烟火气息,折射出他们身上那种勇往直前和永不动摇的革命精神。该剧作为一部谍战剧,通过现代舞蹈塑造了地下工作者的伟大形象,让观众深切认识到,正是因为有他们的牺牲才会有我们现在的幸福生活。如今我们虽然生活在和平年代,但也有无数像李白一样的无名英雄,在默默地守护人民、国家和民族,深刻揭露了"电波"在今天的意义,有利于引发观众的深思及爱国情感。

2. 用海派元素点缀舞台布景

《永不消逝的电波》以解放前夕的上海为故事背景,所以整个舞剧的所有元素都紧扣"老上海"这一主题进行刻画。舞台上的每个布景,从石库门、弄堂、马路、黄包车和旗袍裁缝店等这些大物件,到马扎、蒲扇和装饰画这些小物件,都是老上海社会生活中真实存在的。舞剧中新媒体投影技术是海派文化融入舞剧的点睛之笔,字幕表、报纸、密码代码、石库门街景、雨景等布景造势皆是通过投影技术实现,真实地还原了故事发生的场景,将观众带入那个时代,使观众与人物同呼吸共命运,更加深刻地感知到地下党们的精神。《永不消逝的电波》精准地抓住了上海的地方特色,将海派文化融入舞台,突破了原先红色演艺题材作品的格式化创作模式,营造出在海派文化中讲述红色故事的真实而奇妙的氛围,极致地体现了老上海的文化特色。

3. 用地方乐曲渲染故事意境

《永不消逝的电波》不仅在舞美方面融入了海派文化元素,还在舞剧最重要的音乐环节导入了地方音乐《渔光曲》,给观众带来了极致的视听盛宴。《渔光曲》是剧中"弄堂旗袍舞"舞段的名称,在烟灰色的舞美灯光和优美的《渔光曲》中,身着灰色缎面旗袍的女演员们手持蒲扇,用一种上半身靠后的体态,将兰芬清晨围炉生火、烧饭、尝羹汤、伸懒腰的日常生活和日晚倦梳头、小女人昏昏欲睡的娇态极尽诠释,像一幅风情写意画般展现出上海女性精致、柔美、慵懒的慢生活情趣。[①] 同时,伴随着乐曲,以群舞形式展现出"老上海"弄堂里家长里短的烟火气,还原了在石库门弄堂里身着高开衩、窄腰身旗袍的海派女子的生活场景,让观众极致感知被誉为"东方巴黎"的"老上海"的城市文化魅力。

【知识拓展】

《渔光曲》是我国作曲家任光的代表作,也是电影《渔光曲》的主题曲,由安娥作词、任光谱曲,创作于1934年。《渔光曲》以海浪起伏的特定节奏和突出的船歌风格,表达了当时社会底层渔民的真实生活及情感状态。

舞剧《永不消逝的电波》打破了以红色文化为题材创作的藩篱,对红色经典重新解读,将传统舞剧命题用现代思维进行创造性转化和创新性发展,形成了一套与现代红色舞剧相适应的审美理论体系,并通过全新的演绎方式,把舞剧的演出、票房、口碑提升到了国内舞剧市场的新高度。

舞剧是舞台剧的一种,是以舞蹈作为主要表达手段的舞台艺术。作为一门独立的艺术形式,中国舞剧于20世纪30年代才初见端倪。从某种意义上说,是经过"外来艺术"的引进和吴晓邦、戴爱莲、梁伦等新舞蹈艺术先驱的探索,才形成了相对完整的中国民族舞剧艺术。在舞剧的实验性新兴期,其创作大都将继承发展戏曲舞蹈与借鉴苏联芭蕾舞剧的经验相结合。1950年,欧阳予倩、戴爱莲等运用芭蕾形式和技法创作的《和平鸽》,标志着新中国第一部舞剧作品的问世。自20世纪50年代末开始,以舞剧《宝莲灯》为起点,中国舞剧创作进入了第一个辉煌期。《宝莲灯》的舞蹈语汇融中国民间舞蹈、戏曲舞蹈于一体,借鉴西方尤其是苏联的舞剧创作观念,将其整合成一种表达方式,由此"树立了我国古典民族舞剧一种比较完整的样式"。20世纪90年代以后,中国舞剧的原创精神得到了伸张,探索领域与品种、风格也出现宽广和多样化的趋势,出现了《红梅赞》《霸王别姬》等名篇佳作。2019年,《永不消逝的电波》用生活细节勾勒出上海解放前夕的时代画面,点燃了中国舞剧市场。

表12-3 2010—2019年国内上映的部分舞剧

节目名称	上映时间	出品单位
《水月洛神》	2010年	郑州市歌舞剧院
《孔子》	2013年	中国歌剧舞剧院
《朱鹮》	2014年	上海歌舞团
《沙湾往事》	2014年	广州歌舞剧院
《关公》	2015年	中国歌剧舞剧院、北京舞蹈学院、洛阳歌舞剧院
《昭君出塞》	2016年	中国歌剧舞剧院
《杜甫》	2016年	中国歌剧舞剧院
《李白》	2017年	中国歌剧舞剧院

---

① 郭懿,黄凯迪.打破藩篱 融合创新——评舞剧《永不消逝的电波》音乐[J].舞蹈,2020(3).

续表

节目名称	上映时间	出品单位
《花木兰》	2017年	中国歌剧舞剧院
《霸王别姬》	2018年	上海歌舞团
《花界人间》	2018年	广西演艺集团
《永不消逝的电波》	2018年	上海歌舞团
《大国芬芳》	2018年	四川省歌舞剧院

【案例三：昆曲《眷江城》】

2020年3月，著名编剧罗周以"九转货郎儿"为曲调创作完成了一组《眷江城》套曲，随后，江苏省演艺集团昆剧院集结石小梅、龚隐雷、施夏明等老中青三代演员进行献唱，获得了良好的传播效果。在此基础上，经由江苏省京剧院和江苏省演艺集团昆剧院以"一戏两排"的模式分头创作，最终诞生出以抗疫故事为题材的《眷江城》剧本。2020年10月，《眷江城》正式上演，获得了社会一致好评。《眷江城》的出现及火爆让大家看到昆曲的更多可能。作为一部以抗疫故事为题材的现代新编版昆曲，《眷江城》具有非凡的意义，为戏剧类文化资源产业化提供了思考。

1. 内容：抗疫故事融入昆曲创作

《眷江城》将"亲情线、爱情线、生命线"三线合一，体现了母子间"为爱承担，为爱隐瞒"的责任与使命。罗周以抗疫中的真实故事为原型，塑造了男主人公的人物形象：刘益朋是鼓楼医院的一名医生，为了不让身在武汉的母亲担心，他"瞒"着母亲奔赴武汉一线，而在餐饮店工作的母亲则"瞒"着儿子坚持工作；刘益明"瞒"着女友丁玲奔赴抗疫第一线，丁玲也"瞒"着刘益明奔赴武汉做战"疫"报道。母与子的"瞒"、恋人之间的"瞒"，是为爱而"瞒"，为了责任和使命而"瞒"。昆曲运用现代文化资源在题材上进行创新，以古老的昆曲书写当下，古今对话，碰撞出了观众易于接受的昆曲剧目，谱写出了平凡人的英雄史诗。

2. 语言：文辞曲调尽显昆曲特色

《眷江城》"九转货郎儿"套曲共分九个主题：总题、封城、捐赠、社区、医务、媒体、志愿者、基建、祈福。其文辞极其优美。一套"九转"表现出了九种场景、九个画面，从武汉封城到社区、全国捐助、医护人员、媒体人员，生动再现了江城武汉抗击疫情的方方面面，绘成一幅抗疫长卷。如"二转""封城"，"顷刻间隔断了车马……有几多飘蓬游子寄天涯"。封城令下，全国响应，人们霎时间全部宅在家中，但还有些人客居外地无法回家，寥寥几句将封城后全国上下响应的情景勾勒出来。"四转""社区"，"零星地闻三声犬吠……行穿了弯曲曲绕曲曲长短道。喷甘醴瘴驱毒消、叩门户、叩门户详稽细考……"非常形象地描绘了社区工作人员披星戴月、挨家挨户清查的景象。《眷江城》在创新中，仍保留昆曲"字字精、句句美"的语言表达，将原来晦涩难懂的语言转化为精练的白话文字表达，不仅能让观众听懂昆曲，能感受到曾经是"阳春白雪"的雅乐，还能使昆曲保留其原有的魅力。

3. 主题：传统剧目传递当代精神

著名昆曲表演艺术家、非遗传承人，江苏省戏剧家协会主席、江苏省演艺集团总经理柯军曾说道："疫情期间，无数逆行者奔向一线，有些甚至用生命保护了大家的安危，希望演员们能把真情实感演出来，把这样的精神传递下去，这也是文艺工作者的使命和担当。"《眷江城》除去亲情线与爱情线之外，另有一条生命线，即患者小乔从序幕敲盆呼救到第三个楔子里痊愈、献血，直至抗疫胜利。这是《眷江城》在昆曲艺术上的创新之处，罗周借用元杂剧的结构，在传奇中加入楔子。小乔这条生命线看似与主线无关，实则彼此联通。楔子中除患者小乔外，还有赵顺、阿昌等各行各业的人，这些富有旺盛生命力的角色，展现了在危急的疫情之下为自己和他人的拼搏与坚守。罗周曾说道："我们每一个人，都不是孤独地活在这个世上；正因彼此之关联、之扶持、之爱护，这个世界，无论遭遇多少跌宕颠沛，都令人这样深切地……爱着它。"透过新编昆曲，以艺术的形式保留下现实的抗疫故事，更是保留下当代人们携手并肩、共克时艰的时代精神。

《眷江城》是第一次用古老昆曲展现当下故事，也是近30年来中国昆曲艺术舞台上展现的第一部现实主义题材原创剧目。《眷江城》记录的不仅仅是一个个真实而鲜活的抗疫事迹，也是普通人在危难之际，勇敢地站出来，超越自我，携手抵御灾难的壮举。剧中每个平凡而又不平凡的个体，展现出中华民族代代传承的"舍小我，为家国"的英雄情怀。《眷江城》作为传统戏曲的先锋尝试的成果，为此后传统戏曲的创新性发展提供了经验。

【知识拓展】

昆曲是我国现存较古老的戏剧形态之一，也是中国较古老的戏曲声腔、剧种之一，有"百戏之祖"之称。昆曲作为东方美学的典型代表，综合了戏剧、文学、服装、音乐等多个门类，在2001年被联合国教科文组织列为第一批"人类口头和非物质遗产代表作"。在国际上，昆曲更是与意大利歌剧、英国莎翁剧相提并论，被业内视为"雅乐"。在传统观念里，昆曲属于阳春白雪，十分"高冷"。昆曲的唱腔委婉悠长、含蓄典雅，水磨调流丽悠远，听之足以动人。这个看上去似乎在现代社会逐渐被遗忘的传统文化，并没有像人们预想的那样与"90后""00后"完全绝缘。

【案例四：相声《德云斗笑社》】

《德云斗笑社》是在粉圈效应以及相声产业化过程中孕育而生的一档相声综艺，2020年8月27日起每周四晚在腾讯视频更新。整个节目是以德云社班主郭德纲开启一场内部考核，德云社的青年相声演员们参与挑战任务，并围绕着任务创作一段新相声，最终选出"德云新一哥"的形式展开的。节目一经播出便取得了不错的反响：各平台播放量累计超11亿，期均弹幕数近35万；播出仅两个月就进入云合数据2020年度综艺榜TOP 10；持续6天登上云合全舆情榜单榜首；豆瓣峰值8.3分、知乎峰值8.6分等。《德云斗笑社》是继《吐槽大会》《脱口秀大会》《认真的嘎嘎们》之后唯一一档非"综N代"综艺，是以年轻态的相声为主体的喜剧IP节目，不仅给观众带来了喜剧的差异化体验，还促进相声受众的年轻化，推动相声的发展与传承。

1. 斗笑中的相声文化

《德云斗笑社》的逻辑设计与相声文化高度吻合。众所周知,相声演出有一个经典开场:表演者登台,一阵掌声之后,第一句词儿是"我先来给大家做个自我介绍"。《德云斗笑社》延续相声的表达方式,以"家宴"的形式介绍演员。通过辈分最小的秦霄贤为引子,由他进入宴席给自己算座:先确定"上座"郭德纲的位置,再依次按"云鹤九霄"的字辈,数自己的座位。由此展现出作为中华传统曲艺的相声在一定程度上沿袭了传统文化里家族宗法制的习俗,有着严格的辈分高低和师承关系。

对年轻人而言,相声是既熟悉又陌生,而《德云斗笑社》则为路人观众提供了一个全面认识相声演员及相声文化的窗口,助力相声文化"破圈"。《德云斗笑社》每期节目开头都由阎鹤祥的一段单口切入主题,直接将观众拉入相声的表演场景中。同时,节目中还出现了一些著名相声段子的起源、行话的介绍,如第一期节目中的"找梁子、选房子",通过演员们根据不同房间的摆设,猜测自己第二天的表演内容,自然而然地带出了"梁子"一词的真实含义,由此产生了相声的故事梗概;或是由岳云鹏化身讲解员向观众阐明一些难以用场景解释的相声名词。此外,相声文化的各种知识点都穿插在节目中,像最基本的量活使活、捧哏分类,到白沙撒字、太平歌词、柳活等,起到了非常好的科普作用,让观众在听懂相声的基础上更加了解相声文化。

2. 斗笑中的平凡生活

《德云斗笑社》节目始终以角逐"德云新一哥"为主线贯穿始末,这与普通人的职场竞争有许多相似之处。"云鹤九霄"的师兄弟们,为了获得优先选择权,或是给对方挖坑,或是暗自结盟,这些情节都是现实生活的写照,使得当代年轻"打工人"会心一笑。因为相声表演总要拿自己说事儿,或者拿"捧哏的爸爸们"说事儿,节目所传递的内容便与受众有共鸣之处,勾起观者强烈的代入感,再以相声的"说学逗唱"技巧引人发笑。"好笑"是《德云斗笑社》吸引观众的亮点,而"成长"的话题则是留住观众、让相声"破圈"的关键。节目展现选手从"丑小鸭"到"白天鹅"的成长过程,在一定程度上反映出了平凡人努力的模样,让观众见证了成长,参与了他人的一段人生,从而产生情感上的共鸣。如师兄弟之间各种"下绊子"、相互挤对调侃、"塑料兄弟情"的戏谑,看似彼此间"坑蒙拐骗"的背后,实则充满了催泪的点滴:他们心疼师弟被"网暴",他们愿意保护彼此不受伤害,他们为掩护搭档而甘愿自己吸引"火力",他们甘愿为师弟"量活"。这种将"不好意思直接表达关心和关爱的浓浓的人情味全部藏进了'尖酸'"中,使得观众透过他们看到现实中自己的影子,引发思考,产生共鸣。

3. 斗笑中的相声创新

从形式上看,《德云斗笑社》将相声这门传统艺术从小剧场搬到了荧幕,展现出传统相声表演打破线下演出壁垒、整合团队特色、从线上获取观众的一种探索。整个节目不但有传统真人秀的内容,如游戏互动、纪实跟拍、竞演、双重空间采访等,也有纯粹的相声舞台表演的部分,如节目一开始的虚拟现实剧场。这样的融合使观众既能整体感知相声的那些程式化的包袱内容，又能以更加简洁生动的方式体验相声中惊喜式的爆梗。与此同时，《德云斗笑社》还以当下火热的偶像团体综艺的模式展现德云社的内部氛围，让观众对相声演员有了新的认知渠道，拉近与观众的距离，有利于相声文化的普及与传播，从而促使相声破圈。从画风上看，《德云斗笑社》融入了漫画的形式，通过略带夸张的人物形象和凸显"中二"气质的对白，把普通职业描绘得趣味十足，或是将原有的贯口训练以更为夸张的动作所替代，以更形象的方式凸显相声演员扎实的基本功，为观众构建了一个想象力"爆棚"的相声世界。

在如今快餐式的娱乐场中，相声这一国家级非物质文化遗产要想走得更远，相声演员偶像化确实不失为一种好方式。通过新兴娱乐手段的加持，使相声这一传统文化不仅能影响更多原本对相声文化并无了解、也不关注的年轻人，还使有着百年历史的相声有了文化焕新的机会，即与新娱乐手段的结合，碰撞出新内容与新形式。相声百年的文化精髓要想传承，光靠相声演员自身改变是远远不够的，还需加强相声演员的艺德树立。作为公众人物、新生代偶像派，相声演员应做到"德"在"艺"前，艺德若不堪，则必被舞台抛弃。

【知识拓展】

相声是一种以说、学、逗、唱为形式的民间说唱曲艺，有着上百年的历史。在今天，相声已经成为国内艺术文化不可或缺的一部分，并逐步走向"粉圈化"。在相声产业中形成了四种粉丝流派，并在一定程度上推动传统相声戏曲艺术的传播，促进了相声产业化的发展。一是追求质感，喜欢古早味的"复古女孩"。她们只听经典的、传统的相声，如马三立、常连安、刘宝瑞、苏文茂、侯宝林、马季、师胜杰等老一辈艺术家的作品，溯源传统相声节目《曲苑杂坛》，推动传统经典相声的传承与发展。二是不仅喜欢看热闹，而且还爱看门道的"科普女孩"。她们细致地了解相声基本知识、各派师徒关系，甚至深入研究京派相声与卫派相声的区别。科普女孩喜欢把相声相关知识科普给同龄人，这有利于年轻人了解相声文化，扩大相声的受众。三是只听苗阜和王声相声的"喵汪女孩"。苗阜和王声的相声内容取材于愚公移山、哪吒闹海、精卫填海、夸父逐日这些耳熟能详的老故事，通过方言的方式演绎，在笑闹中进行文化的传播，有利于通过相声这一娱乐形式普及中国传统文化常识及内容。四是听相声听出追星感，促进相声产业化的"德云社女孩"。德云社和"德云社女孩"将已有百年历史，本就是一种传统文化资源的相声，通过商业化的思维及粉丝效应逐渐"破圈"，使得相声行业被愈来愈多的人熟知喜爱，促进相声的传承与发展。

第十三章

文化资源与旅游产业

旅游是有关旅行和游览的社会经济活动。旅游产业是以旅游为核心的产业,与文化资源关系紧密,一方面,文化资源为旅游产业提供资源基础,是旅游产业生存和发展的重要依赖;另一方面,旅游产业不仅为文化资源保护提供媒介渠道,而且旅游开发形成的旅游产品又在一定程度上成为新型文化资源。近年来,随着社会经济的发展,旅游产业不断发展壮大,在推动社会就业、满足消费需求、促进经济发展等方面发挥着重要作用。当前,文旅融合在新技术推动下不断深入,呈现出集群化、生态化、多元化等趋势,产生了一大批诸如"酒店+剧本杀"等文旅融合新产品,逐步推动旅游产业跨越式发展。

一、旅游及旅游产业相关概念

什么是旅游?在不同的场合下会有不同的理解,它可以是一项活动、一种现象,也可以是一种产业。我国早期关于旅游的释义中"旅"和"游"是两个独立的词汇。在《辞海》中,"旅"具有在外做客、外出的意思,"游"则有行走、游玩、游览、游历、游荡、逍遥等意思。"旅"和"游"两字最早连在一起使用的历史可追溯到南朝沈约所做的《悲哉行》中"旅游媚年春,年春媚游人"的诗句。此后,"旅游"一词在诗词中开始有了较多使用。在西方,"tour"(旅游)一词来源于拉丁语"tornare"和希腊语"tornos",意为"车床或圆圈;围绕一个中心点或轴的运动"。从词源的本意来看,"tour"(旅游)一词在某种意义上能反映出现代旅游的空间特征,即旅游是一种以常住地为原点的空间位置移动的过程。

关于旅游的内涵目前呈现出众说纷纭、莫衷一是的状态。有从旅游目的出发定义的,有从流动的角度定义的,还有从旅游时间、非营利性、相互关系、技术性、主体愉悦性等角度进行阐释的。在国外的研究当中,Goeldner 和 Ritchie 将旅游定义为"旅游者、旅游供应商、东道地政府、东道地居民以及东道地环境间的关系与互动而引发的各种过程、活动和结果"。在我国的相关研究中,于光远(1986)较早对旅游做出了定义,认为"旅游是现代社会中居民的一种短期性的特殊生活方式,这种生活方式的特点是异地性、业余性和享受性"[1]。在众

---

[1] 于光远.掌握旅游的基本特点 明确旅游业的基本任务[J].旅游时代,1986(1).

多的定义中,较为普及的是由 1942 年瑞士学者汉泽格尔和克拉普夫提出的"艾斯特定义",即"旅游是非定居者的旅游和暂时居留而引起的现象和关系的总和。这些人不会导致长期居住,并且不涉及任何赚钱的活动"。1993 年世界旅游组织对旅游的定义为:"旅游是人们出于消遣、商务以及其他目的,短期(历时不超过一年)离开自己的惯常环境,前往他们想去的地方进行的旅行活动以及在该地的停留访问活动。"在 2017 年我国发布的《中华人民共和国国家标准:旅游业基础术语》中,旅游被定义为因非就业和迁徙目的离开其惯常环境,且连续不超过一年的旅行和短期居停。

如何对旅游下定义?学者们大都根据自己的研究需要对旅游的内涵做出了解释。但总的来看,旅游作为一项极为复杂的社会活动,包含了三个基本要素,即旅游者、旅游资源、旅游媒介(旅游业),且具有异地性、短暂性、旅和游的相依性、综合性、非营利性、娱乐性等特征。随着旅游活动的普及,旅游已成为现代人的一种重要的生活方式。根据旅游的地理范围、目的、组织形式不同,旅游又可具体分为国内旅游与国外旅游、远程旅游与近程旅游、事务旅游与消遣旅游、团体旅游与散客旅游等类型。

旅游活动的规模化发展加快了专门为旅游活动提供便利服务的经营活动,从而产生了旅游业。旅游业是一个综合性概念,目前对旅游业概念的界定还未形成统一的认识。1971 年,联合国贸易与发展会议对旅游业的定义为:"旅游部门或旅游业……从广义上可以表述为生产全部或主要由外国游客或国内旅游者消费的产品或服务的工业和商业活动的总和"[①]。《中华人民共和国国家标准:旅游业基础术语》将旅游业定义为向旅游者提供旅游过程中所需要的产品和服务的产业集群。学者李天元将旅游业定义为"以旅游消费者为服务对象,为其旅游活动的开展创造便利条件并提供其所需商品和服务的综合性产业"。雷晓琴指出:"旅游业就是以旅游者为对象,为其旅游活动创造便利条件并提供其所需商品和服务的综合型产业"[②]。总体来看,旅游业是集食、住、行、游、购、娱等活动为一体的综合性产业,产业活动的实现依赖于同相关行业和部门的通力合作和协调发展,其与相关产业的关联性较强。

二、我国旅游产业的发展历程

旅游业在我国的出现最早可以追溯到 20 世纪初期的上海,距今已有近百年的发展历史。在近百年的发展历史中又大致可以分成四个发展阶段:萌芽初创期、事业管理期、产业发展期和文旅融合期。

(一)萌芽初创期:1923—1948 年

1923—1948 年是我国旅游业的萌芽初创期。1923 年,上海商业储蓄银行旅行部设立,预示着旅游业在我国的诞生。1924 年春,该旅行部组织了国内首次旅行团观光活动,次年春成功组织了首批赴日旅游活动。为加快发展,1927 年,该旅行部向政府申请营业执照,并更名为中国旅行社,成为中国最先进行商业旅行活动的旅行社。之后,随着业务范围的不断扩展,中国旅行社开始在全国各大城市及海外设立办事机构。1947 年,中国旅行社参加了在伦敦举办的首届世界旅游博览会。这一时期除上海的中国旅行社之外,在全国范围内还

---

① 龚鹏.旅游学概论[M].北京:北京理工大学出版社,2016.
② 雷晓琴,谢红梅,范丽娟.旅游学导论[M].北京:北京理工大学出版社,2018.

出现过一些以经营旅行活动为主要业务的地方性旅行社,但规模都不是很大。再加上当时内忧外患的国情,中国的旅游业未能全面发展起来。

(二) 事业管理期:1949—1977年

1949—1977年是我国旅游业的事业管理期。新中国成立后,受各方面因素影响,我国的旅游业发展处于一个非常态的阶段,旅游部门及相关旅游设施主要是以完成政治接待任务为目的而非营利。1949年新中国成立后,福建厦门成立了第一家国营旅行社——华侨服务社,主要负责接待海外华侨回国探亲及进行观光旅游等相关事宜。随着自费来华的外国人的逐渐增加,1954年,国内第一家经营国际旅游业务的旅行社——中国国际旅行社成立。为加强对旅游工作的领导和管理,1964年,中国旅行游览事业管理局正式成立,作为国务院的直属机构,主要负责外国自费来华旅游者的管理工作、领导各地中国旅行社的相关业务、组织我国公民出国旅行,以及负责与旅行事务相关的联络和宣传工作。据统计,1965年,我国国旅系统接待外国来华游客21235人次,实现创汇200余万美元。随后,我国旅游业进入停滞状态。进入20世纪70年代,随着中美、中日邦交的正常化,中国的旅游业开始恢复,西方来华旅游人数出现增长。1973年,中国华侨旅行社总社恢复运营,并于次年更名为中国旅行社总社。总的来看,这一时期由于严格管控和市场发展条件的缺乏,我国旅游业发展十分缓慢。

(三) 产业发展期:1978—2008年

1978—2008年是我国旅游产业的快速发展期。自1978年进入改革开放以来,我国旅游业迎来了全面振兴发展的时期。伴随着社会主义市场经济体制的建立与发展,我国旅游业先后经历了1978年至20世纪80年代中期以入境旅游为主的发展阶段,20世纪80年代中期至1996年入境旅游和国内旅游并行发展阶段,1997年至2008年入境旅游、出境旅游、国内旅游并重、全面发展等几个阶段。

改革开放初期,我国的旅游业开始从政治接待向赚取外汇转变,对入境旅游的游客及相关旅游活动予以较高的关注。到了20世纪80年代中期,随着人们生活水平的提升,国内游客对旅游消费的需求开始被激发,国内旅游市场活跃起来,专门经营国内旅游的旅行社随即产生。这一时期旅游业接待人数和创汇收入指标还被正式纳入《中华人民共和国经济和社会发展第七个五年计划(1986—1990)》。进入20世纪90年代,我国旅游业的产业化性质进一步明确,出国旅游逐步宽松。1991年,国家印发的《关于国民经济和社会发展十年规划和第八个五年计划纲要》中首次明确将旅游业定性为产业,并将其列为第三产业中需要重点加快发展的内容。1997年,《中国公民自费出国旅游管理暂行办法》出台,至此我国开始进入以入境旅游、出境旅游、国内旅游并重、全面发展的阶段,出境旅游开始成为我国旅游业的第三大业务。据统计,2001年,国际旅行社的数量已由1997年以前的9家发展到1310家。到2002年,出境旅游目的地已达19个。此后我国旅游业进入一个快速发展的阶段,无论是旅游收入还是旅游者的规模,都保持着良好的增长势头。据统计,2008年,全国旅游收入达1.16万亿元,全年共接待入境游客1.30亿人次,实现国际旅游外汇收入408.43亿美元,国内旅游人次达17.12亿,旅游收入达8749.30亿元,出境旅游人次达4584.44万,中国已成为名副其实的旅游大国。① 但受国际金融危机的影响,我国旅游业的发展面临重大挑战。

---

① 根据《2008年中国旅游业统计公报》整理而成。

(四) 文旅融合期:2009 年至今

自 2009 年起,我国的旅游业进入文化与旅游融合发展阶段。2009 年,文化部和国家旅游局联合印发了《关于促进文化与旅游结合发展的指导意见》,其作为我国第一份有关文旅融合的政策文件,为文旅融合发展开启了大门。之后,为进一步推动旅游业发展,相关部门又陆续出台了一系列政策文件。如《关于进一步加快发展旅游业促进社会主义文化大发展大繁荣的指导意见》《旅游质量发展纲要(2013—2020 年)》《关于推进文化创意和设计服务与相关产业融合发展的若干意见》《关于推动特色文化产业发展的指导意见》《关于促进旅游业改革发展的若干意见》等。2016 年,国务院发布《"十三五"旅游业发展规划》,明确提出了中国旅游业提质升级、高质量发展的新要求。2018 年 4 月,文化部与国家旅游局合并为文化和旅游部,开启了我国旅游业发展新时代。2019 年,国务院办公厅及文化和旅游部又先后出台了《国务院办公厅关于进一步激发文化和旅游消费潜力的意见》《关于促进旅游演艺发展的指导意见》等在内的多项政策,不断将文旅融合发展引上快车道。与此同时,随着"全域旅游""冰雪旅游""夜间经济"概念的相继提出,以及大运河、长城、太行山全域旅游规划的相继出台,文旅融合正成为未来我国旅游产业发展的重点。

三、我国旅游产业的发展现状[①]

(一) 产业整体发展势头稳步向好

近年来,随着居民旅游消费水平的提升和产业发展结构的不断优化,我国旅游产业开始进入以提质增效、转型升级为主要特征的高质量发展阶段,旅游市场潜力不断得到释放。《2019 年文化和旅游发展统计公告》显示,2019 年,国内旅游人次达 60.06 亿,同比增长 8.43%(见图 13-1);国内旅游收入达 57251 亿元,同比增长 11.65%(见图 13-2);入境旅游人次达 1.45 亿,入境旅游收入达 1313 亿元,出境旅游人次达 1.55 亿(见表 13-1);全年实现旅游总收入 6.63 万亿元(见图 13-2)。A 级旅游景区全年接待总人次达 64.75 亿,实现旅游收入 5065.72 亿元,旅游业各类指标发展稳中有进。

图 13-1　2015—2019 年国内旅游人次及增长率

---

① 根据《2019 年文化和旅游发展统计公告》整理而成。

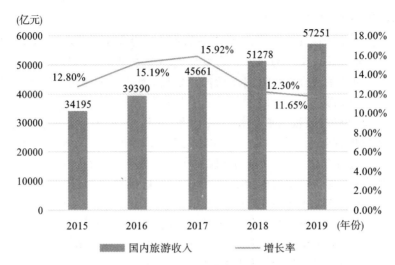

图 13-2 2015—2019 年国内旅游收入及增长率

表 13-1 2011—2019 年旅游业主要发展指标

年 份	国内旅游人次（亿）	国内旅游收入（亿元）	入境旅游人次（万）	入境旅游收入（亿美元）	出境旅游人次（万）	旅游总收入（万亿元）
2011	26.41	19305.00	13542.00	484.64	7025.00	2.25
2012	29.57	22706.00	13241.00	500.28	8318.00	2.59
2013	32.62	26276.00	12908.00	516.64	9819.00	2.95
2014	36.11	30312.00	12850.00	1053.80	10728.00	3.37
2015	39.90	34195.00	13382.00	1136.50	11689.00	4.13
2016	44.35	39390.00	13844.00	1200.00	12203.00	4.69
2017	50.01	45661.00	13948.00	1234.17	13051.00	5.40
2018	55.39	51278.00	14120.00	1271.03	14972.00	5.97
2019	60.06	57251.00	14531.00	1313.00	15463.00	6.63

（二）旅游市场下沉趋势日益明显

随着中西部地区旅游市场开发、旅游基础设施建设等方面的市场环境更趋完善，文旅企业向中西部和三四线城市下沉的趋势更加明显，我国的旅游热点地区也正从东部地区向中西部地区扩展。携程《2019 国民旅游消费报告》显示，我国旅游消费人群开始向更为广阔的三、四线城市扩散。伴随着我国旅游产业在全国范围内的逐步铺展，三、四线城市及相关地区的旅游消费需求也在不断增长，带动了我国整体旅游消费市场的升级和旅游产业相关市场的规模的壮大。

（三）新业态掀起旅游消费新高潮

随着供给侧结构性改革的不断深化，与旅游业相关的新业态、新产品、新服务不断涌现。

近年来,以红色旅游、夜间旅游、冰雪旅游、避暑旅游、研学旅游等类型为代表的旅游方式成功地掀起了新一轮旅游消费的新高潮。各地红色文化遗址、红色旅游小镇等多元化红色旅游产品受到游客追捧,尤其是"80后""90后""00后"逐渐成为红色旅游的中坚力量。红色旅游的社会经济效应不断释放。银联商务数据显示,2019年国内重点红色旅游景区游客消费金额同比增长25.6%左右。夜间旅游潜力巨大,中国旅游研究院夜间经济调查数据显示,游客夜间消费总额占全天整体的28.6%,逛公园、逛夜市、逛街"三逛"领衔户外夜间休闲活动。在冬奥会的带领下,已有超过30个城市出台了冰雪旅游专项规划或涉及冰雪旅游的意见、专项规划。此外,研学旅游、避暑旅游等旅游形式也在迅速发展当中。

(四)科技创新助力旅游业转型升级

新技术在旅游产业中的运用是实现旅游产业转型升级的动力源泉。近年来,以大数据、云计算、人工智能、5G等为代表的信息新技术在文化和旅游领域的创新应用,极大地推动了旅游产业的转型升级。例如:深圳欢乐谷、龙虎山景区率先尝试运用5G技术和VR技术,开创了景区体验式旅游的新形式,丰富了景区体验式旅游的内涵;重庆、云南等地运用大数据技术对景区管理机制及管理方式进行优化升级,为数字景区的发展树立典范。当前,新技术的运用正成为各地旅游供给方创造旅游新需求、开发旅游新热点、创造旅游新体验的重要工具,将会进一步提升游客的旅游体验,推动旅游业转型升级。

总的来看,我国旅游产业的发展呈现出产值快速增长、规模不断扩大、影响力持续深入的基本特点。旅游消费需求不断扩大,旅游收入与旅游人次不断增长,旅游活动内容不断升级,旅游产业在经济增长中所占的比重不断提升。旅游产业的不断升级与发展,对我国旅游开发水平及运营水平提出了新的要求,满足游客日益增长的对于旅游中文化体验的消费需求,是当前我国旅游产业发展面临的重要问题。未来,随着特色旅游项目的持续开发及数字化技术在旅游产业中的运用,旅游与文化的融合创新将成为推动我国旅游产业迈上新台阶的重要动力。

四、文化资源的挖掘与旅游产业的开发实践

文化与旅游的融合发展,是优势互补、相得益彰、互惠共赢的过程。[①] 通过旅游开发,文化资源所蕴含的文化内涵可以用旅游产品的形式进行呈现。同时,文化资源在经过旅游开发之后也能够使其主题得以升华,对旅游开发起到"点化"和"整合"作用。近年来,随着文化与旅游的深入融合,文化与旅游的关系正逐步从"体用二分"过渡到"体即用""用即体"的"体用一致"的新阶段。当前,数字经济以其强大的渗透性、泛在性优势深刻影响着文旅融合发展路径,如何利用新技术实现文旅深度融合及协同成为当前的热点。下面根据文化资源结合旅游产业发展的实际情况,选取了几个具有代表性的案例进行简要介绍。

【案例一:敦煌的旅游开发】

敦煌地处甘肃、青海、新疆三省(区)的交汇处,位于河西走廊的最西端,是古代丝绸之路的重要节点城市,现存各类文物景点265处,其中世界文化遗产3处,全国重点文物保护单位4处。敦煌的旅游开发主要是以敦煌现存的众多文化遗产和

---

① 黄永林.文旅融合发展的文化阐释与旅游实践[J].学术前沿,2019(11).

文物古迹为基础展开,景点分为东西两线,东线主要景点是莫高窟景区和鸣沙山月牙泉景区,西线主要景点有敦煌古城、西千佛洞、河仓城、玉门关、汉长城遗址、雅丹魔鬼城、阳关等。丰富独特的文化资源给敦煌的旅游带来了巨大的经济效益。据统计,2020年,敦煌全市接待游客658.44万人次,旅游总收入80.3亿元。其中,接待国内游客657.68万人次,入境游客0.76万人次。

1. 历史文化资源:敦煌旅游产业的资源基础

作为古代丝绸之路的节点城市,敦煌拥有丰富的历史文化资源,这为敦煌旅游开发奠定了坚实的资源基础。自西汉元鼎六年(公元前111年)敦煌置郡至今,敦煌已经走过了2000多年的时光,其间见证了张骞出使西域、汉武帝北击匈奴、佛教传入中国、玄奘西行等众多重大历史事件,源远流长的历史构筑起了敦煌丰富的文化底蕴。悠久的历史为如今的敦煌留下了丰富的文化遗产,如莫高窟、玉门关遗址、悬泉置遗址等3处世界文化遗产,玉门关、阳关两处著名关隘遗址,以及鸣沙山、月牙泉、三危山等景观,并形成了名声远播的"敦煌八景",即两关遗迹、千佛灵岩、危峰东峙、党水北流、月泉晓彻、古城晚眺、绣壤春耕、沙岭晴鸣等八处景致。丰富的历史文化资源为敦煌文化旅游的开展提供了有力支持,灿烂的历史及其为敦煌留下的文化遗产成为敦煌旅游开发的一大宝库。出于对文化遗产和文物古迹的保护,目前,敦煌对历史文化资源的旅游开发主要以观光旅游为主。即便如此,敦煌灿烂的文化及丰富的历史文化资源还是为敦煌的旅游发展带来了巨大的经济效益,吸引了大批游客慕名前来参观。

2. 地方特色活动:敦煌旅游产业的创新延伸

从历史中走来的敦煌不仅仅是岁月风尘和千古回响的代表,更是用古老身躯努力迸发新活力的先驱。当前,除了观光旅游外,如何推动敦煌文化资源及文化内涵的创新性表现也是敦煌旅游开发中面临的新问题。为破解这个发展难题,敦煌基于丰富的文化遗存,积极组织开展了"丝绸之路"和"边塞文化"等文化旅游活动,推出了龙舟大赛、中秋拜月、月泉祈福、陶笛吹奏、汉服走秀、敦煌曲子戏等独特文化项目,将敦煌的文化与样貌融入体验活动中,让古老的敦煌文化拥有全新的身躯。与此同时,敦煌还主动与《极限挑战》《丝路印迹》《酒泉历史文化》等摄制组进行对接,借助影视节目的录制活动将敦煌的文化脉搏注入其中,通过电视媒体对旅游活动的宣传作用及影响力,推动敦煌游客群体的多元化和年轻化。值得一提的是,近年来敦煌积极创新活动形式,通过举办2020"敦煌礼物"文化创意设计大赛、2020中国特色旅游商品展、首届中国国际文化旅游博览会等活动,不断对敦煌文化进行深挖和创新,为游客及公众展示了属于敦煌的独特魅力和迷人风采。

【知识拓展】

穿越千年的乐声

莫高窟的壁画不仅反映了我国古代的文化审美,还拥有很多关于音乐的信息。莫高窟壁画上的乐器近年来受到越来越多的关注。编号为220的洞窟之中,乐伎手持各种管弦乐器,成为表现敦煌乐舞的经典代表。为开发敦煌莫高窟壁画中的音乐文化,甘肃丝绸之路文化创意工场有限公司将敦煌壁画中的乐器进行了仿制,并成功使壁画中的乐器重现于世。2018年9月,在第三届丝绸之路(敦煌)文化博览会上,第四批敦煌壁画仿制研发乐器首次公开亮相。100余件乐器齐聚敦煌,乐器奏响,声声旋律穿越时光,使得中国古代灿烂的音乐文化重现于世人面前。2019年,在维也纳中国新年音乐会上,琵琶、箜篌、筚篥、胡琴、鼓、琴、瑟等来自敦煌的声音回响在维也纳市政大厅礼堂中。身着彩裳、手持古乐器的演奏者们仿佛穿越时空,将敦煌壁画中描绘的音乐盛宴带到了丝绸之路的另一端。沉睡了千年的宝藏如今被唤醒,再现敦煌文化往日的辉煌。

3. 现代数字技术:敦煌旅游产业的技术支撑

近年来,数字化技术的发展给旅游业带来了巨大的冲击,以数字化形式呈现的文化资源更是一骑绝尘冲在数字文旅发展的最前端。面对来势汹汹的数字化大潮,敦煌的旅游开发没有犹豫,紧随数字化发展的脚步,在数字文旅方面开辟了属于自己的一片天地。早在20世纪80年代末,敦煌研究院就提出了"数字敦煌"构想,即利用计算机技术和数字图像技术,建设数字化的敦煌壁画信息库和文物高级智能数字图像,以期实现敦煌石窟文物的永久保存、永续利用。经过多年的不懈努力和探索创新,"数字敦煌"项目取得了丰硕成果,并被广泛运用到考古测绘、美术临摹、文物保护、展览展示、文化弘扬等各个领域。2020年新冠肺炎疫情期间,在线下旅游活动受到剧烈冲击的情况下,敦煌研究院积极与腾讯开展合作,推出了"云游敦煌"小程序。游客可通过3D图案画、AI演奏会等有声版系列壁画,在家中动动指尖就能"云游敦煌",一时间成为敦煌旅游开发的又一大热点。截至目前,"云游敦煌"小程序已拥有409万用户,在线接待游客1697万人次。与此同时,敦煌研究院还建成了"数字敦煌"资源库,实现了30多个精美洞窟的数字化网络共享;在国内外举办了28场次的数字化成果展览。敦煌这些数字化的尝试和创新,不仅体现了数字化技术在文旅开发中存在的巨大潜力,同时还为同类旅游开发单位探索了一条可行的道路,展现出了其巨大的价值。

【知识拓展】

"云游敦煌"

敦煌博物院联合腾讯开发的"云游敦煌"小程序,不仅把千年壁画一举搬到拥有10亿级用户的微信和QQ小程序上,创造性地推出"今日画语"吸引用户,还首创可配音的"敦煌动画剧",吸引超过350万用户"云游敦煌"。"云游敦煌"将敦煌石窟壁画分类呈现,开发出质量上乘的用户参与共创内容。在微信和QQ上,用户可以查找"云游敦煌"或扫描小程序码直达产品,从艺术类型、朝代、颜色等维度探索壁画,近距离领略敦煌石窟的艺术风采。

【案例二：秦淮灯会的旅游开发】

秦淮灯会又名金陵灯会，是一项流行于南京地区的特色民俗文化活动，2006年被列入第一批国家级非物质文化遗产名录。作为南京民众延续和传承民俗文化的重要空间，秦淮灯会是秦淮文化的重要组成部分，也是南京对外交流的城市文化名片和民俗文化品牌。1985年，南京市恢复了历史上的秦淮灯会，迄今已成功举办了35届，并入选"2019非遗和旅游融合开发优秀案例"。截至2019年，秦淮灯会已累计吸引观灯人次1.3亿，游客口碑直接传递达3.69亿人次。

1. 围绕传统彩灯构建核心产业生态

秦淮灯会的核心在于灯，在于传统彩灯为秦淮河带来的流光溢彩的景象和面貌。秦淮彩灯是我国传统灯彩艺术的重要流派，它形式多样、色彩明快、线条饱满，不仅是南京地区最具代表性的民间工艺之一，也是江南地区春节文化审美的一种集中体现。首先，在彩灯技艺方面，彩灯的制作技艺是秦淮彩灯的独特之处。现代的制作技术相较于传统的工艺升级了数倍，但只有通过双手编制出来的秦淮彩灯，才带着从古老时代走来的江南文化气息。透过秦淮彩灯技艺，南京城的民间艺术、历史记忆、风土人情等内容得以在秦淮灯会期间得到集中展现，秦淮灯会所蕴含的民间文化、历史文化等文化内涵也得以有了一个合适的展示舞台。其次，在彩灯形式方面，秦淮灯会的彩灯形式众多、种类丰富，从传统的单体灯如荷花灯、狮子灯、兔子灯、金鱼灯、蛤蟆灯、元宝灯，到各种组合灯彩、大型花灯，再到反映城市建设、山林景观的各种灯彩，其品类达四百多种，它们在秦淮灯会现场为游客描绘出一幅穿越古今的秦淮胜景。游客通过欣赏夫子庙、秦淮河、老门东、大报恩寺等地的秦淮彩灯，一览南京的风情，加深对秦淮河历史与文化的了解，深化对秦淮灯会文化内涵的认知。同时，秦淮灯会及其文化内涵背后所蕴含的经济及社会价值，亦在游客游览的同时逐步显现。

2. 围绕彩灯制作延展产业上下链条

彩灯留住了秦淮灯会穿越古今的美景和独特样貌，彩灯制作技艺则用工匠的双手将彩灯中的文化内涵与人间烟火代代相传。彩灯的明艳诉说着它瑰丽的过往，彩灯制作的技艺则凝结着朴素的文化底蕴。将彩灯制作环节加入秦淮灯会之中，不仅是秦淮灯会对彩灯制作这种非物质文化遗产的一种创新性开发，更为秦淮灯会本身注入来自广大人民、来自现实生活的烟火气息，丰富了秦淮灯会的游客"触感"。秦淮彩灯的制作过程集中国传统的编扎、绘画、书法、剪纸、皮影、刺绣、雕塑等手工技艺于一体，其制作材料主要有竹子、树木、藤条、麦秆、兽角、金属等；彩灯光源主要从用松脂、动植物油、漆、石蜡、煤油等燃料发展到利用电光源；表面透光材料有各色透光纸、丝帛、画纱、棉布，也有合成绸缎、塑料薄膜、特制玻璃等材质，这些在一定程度上带动了彩灯上下游产业的协同和发展。每年灯会期间，会有100多位彩灯艺人现场销售各类手扎彩灯，秦淮灯会还在夫子庙大成殿后开辟了民间艺术大观园，现场展示南京的国家级非物质文化遗产及风筝、剪纸、彩灯等10余项南京传统民间工艺品的现场制作。游客可以在赏灯的同时，现场观看彩灯的制作过程，从制灯工匠精湛的技艺中领略秦淮彩灯的魅力和风采。

3. 围绕民俗活动丰富产业形态内容

秦淮灯会是南京民间由来已久、传承甚广的一项民间活动。在秦淮灯会举办期间,游客除了可以观灯,还可以观看众多南京地区的民俗文化活动表演,比如秦淮灯会把南京地区其他的民间文化艺术门类,如南京剪纸、空竹、绳结、雕刻、皮影、兽舞、秧歌、抖嗡、踩高跷等纳入其中,使之成为构成秦淮灯会、丰富游客旅游体验的又一重要内容。在2019年秦淮灯会期间,主办方组织了亮灯仪式、跟我学扎花灯、家家张灯结彩迎新年、非遗精品展示展演、秦淮灯会老照片征集、童眼看灯会、全国灯彩摄影大赛等民俗文化活动,为游客带来了一场属于民俗活动的文化盛宴。此外,当地还打造了国内首部大型原创沉浸式戏剧《上元灯彩图》,剧中包含了大量展现南京夫子庙、秦淮河风土人情的代表性元素,让人有"身临其境夫子庙"的真切感受。对于本地人来说,"过年不到夫子庙观灯,等于没有过年;到夫子庙不买灯,等于没过好年",这是在"老南京"中流传的民俗。人们用灯传情、以灯祈福,表达对光明、幸福的追求和对美好生活的向往,折射出对年俗蕴含的厚重文化内核的珍视与留恋。对于游客来说,在观灯之余,可以和南京居民一起,参加丰富多彩的民俗活动,共同感受南京的"年味",体味江南地区独特的民俗风情和文化底蕴。

【案例三:肇兴侗寨的旅游开发】

侗寨即侗族的村寨,侗寨是我国贵州省侗族的主要生活聚落。肇兴侗寨位于贵州省黔东南苗族侗族自治州黎平县东南部,是全国较大的侗族村寨之一,有着丰富多彩的原生态民族文化和优美的堂安梯田等自然风光,有"侗乡第一寨"的美誉。2007年,《时尚旅游》和美国《国家地理》进行了"全球最具诱惑力的33个旅游目的地"的评选活动,肇兴侗寨名列其中。近年来,肇兴侗寨的旅游开发为我国少数民族文化资源旅游开发树立了典范。2018年春节长假期间,肇兴景区共接待游客20万人次,实现旅游综合收入1.5亿元。

1. 民族建筑:文化资源产业化的实体要素

作为以民族文化为主要资源的肇兴侗寨,其特色民族建筑是当地进行旅游开发的基础资源,是其展示自身特色文化、展现特色民族风情的重要载体,是构成肇兴侗寨文化环境的主要组成部分。肇兴侗寨被誉为"侗乡第一寨",不仅仅因为肇兴是侗族的主要分布地,更因为肇兴侗寨在最大程度上保持了传统侗寨的原始面貌。肇兴侗寨主要由风雨桥、寨门、鼓楼、戏台、芦笙坪及侗族干栏式民居构成。其中鼓楼、戏台、风雨桥等是侗寨最具代表性的民族建筑,是村民集会、娱乐、议事的重要场所。肇兴侗寨通过对鼓楼、戏台、风雨桥等民族建筑进行保护和规划,使鼓楼、戏台、风雨桥等侗寨建筑成为重要的旅游景观,游客在游览时可以同当地侗人一样在风雨桥休息、聊天,在鼓楼感受侗族人民精湛的建筑技艺,在戏台欣赏侗族歌舞,聆听侗族大歌的天籁之音。

2. 民俗活动:文化资源产业化的精神要素

对民俗活动的关注、提取及开发,是肇兴侗寨开展民族文化旅游的重要环节。一方面,富有特色而淳朴的民俗活动为侗寨的文化旅游开发带来了深层的文化内涵；另一方面，侗寨的文化内涵在侗族人民的日常生活和民俗活动之中也得到了充分展现。肇兴作为歌舞之乡，寨上有侗歌队、侗戏班，每逢节日或宾客临门，侗族群众欢聚于鼓楼、歌坪，举行"踩歌堂""抬官人"等民族文娱活动。比如，春冬季节一般是侗族人结婚办酒之季，游客常常和侗寨居民一起参加春节祭萨踩歌堂，看侗戏；八月十五中秋节那天，侗寨会举办传统的"泥人节"，大家一起下田抓鱼，整个寨子一起感受丰收的喜悦，晚上又燃起篝火狂欢；秋收季节，人们开田放水，在田边烤鱼，参与收获节庆，晚上一起行歌坐月、燃起篝火狂欢；每隔一年在中秋节前后，当地会举行隆重的芦笙会，芦笙会举办之时，主、客竞相吹奏比赛，笙歌阵阵，热闹非凡，极为壮观。游客通过参与"泥人节"、芦笙会等民俗活动，体验和感受到土生土长、原汁原味的少数民族风情。同时，基于民俗活动开发的旅游体验项目，又逐渐成为肇兴侗寨民俗文化资源的独特呈现方式。

3. 侗族大歌：文化资源产业化的核心支撑

如果说选取一种最能代表肇兴侗寨的民族特色和风情、最能展现肇兴侗寨的生活场景和精神面貌的一件事物，那非侗族大歌莫属。侗族大歌是流行于贵州省黔东南地区侗族聚居区和广西壮族自治区三江侗族自治县的传统音乐，讲述了侗族人民历经艰险的生存故事，是侗族人民口传心授的古老历史、文化现象与文化活动，反映了侗族人民同自然山川和谐共处的传统文化，展现了侗族人民最真诚、最纯粹的民族文化和精神风貌。值得一提的是，侗族大歌"众低独高"、复调式多声部合唱方式是中外民间音乐所罕见的。这种独特的音乐形式一般在两个时间段集中呈现：一是每年的农历十一月初一，这是侗族的传统年节，也是侗族人民纵声侗族大歌的日子；二是集体交往和接待远方客人时，演唱侗族大歌代表着侗族村寨最热烈的欢迎仪式。侗族大歌的世代保留，本身便为肇兴侗寨保存了一项蕴含有丰富文化内涵的文化资源，将侗族大歌融入肇兴侗寨的民族旅游开发，更使其成为推动肇兴侗寨旅游开发的一个强大动能。游客通过观看侗族大歌大赛，切身感受侗族大歌的魅力，实地体会侗族文化的风采，使旅游活动中的文化体验得到进一步的提升。

【案例四：清明上河园的旅游开发】

清明上河园坐落于今河南开封，是依照北宋著名画家张择端的传世之作《清明上河图》为蓝本建造而成的主题公园，集中展现了宋朝市井文化、民俗风情、皇家园林和古代娱乐，是中原地区最大的仿宋古建筑群。1998年清明上河园正式建成并对外开放，到今天已运营了二十多年。整个园区特色鲜明、参与体验感强，是名副其实的"现实版千年名画"。近年来，园区营业收入不断创新高，2019年，清明上河园游客接待量达352万人次，经营收入达4.8亿元，仅实景演出《大宋·东京梦华》门票收入一项即突破1亿元。

1. 宋韵场景：深挖东京汴梁历史

清明上河园的旅游开发依托于其所在城市——开封的历史文化内涵。开封的宋文化不仅为清明上河园的旅游开发提供了现实资源基础，还直接为清明上河园的旅游开发提供了丰富而深厚的文化底蕴。清明上河园作为宋文化的旅游开发项目,充分吸收和利用了开封的宋文化影响力,很好地实现了对开封宋文化资源的开发利用。开封是一座拥有深厚文化底蕴和历史的城市,也是国家首批历史文化名城,拥有4100余年的建城史,先后有夏、魏国、后梁、后晋、后汉、后周、北宋、金等朝代在此定都,其中宋朝风貌和宋代文化是开封城较重要的文化符号之一。清明上河园通过对这些宋文化符号的运用,成功地在景区内还原了大宋东京汴梁的历史风貌,实现了旅游经济效益和社会效益相统一。与此同时,传世名画《清明上河图》也为清明上河园的旅游开发提供了大量的文化资源和文化符号。清明上河园以《清明上河图》为蓝本,按照画中呈现出的东京风貌进行复原,最大限度地保留了画中呈现的北宋都城街景面貌和风格,高度还原了画中呈现的北宋都城汴京的建筑样貌、街道规划以及交通设施等情况,让游客漫步其中产生"一朝步入画卷,一日梦回千年"的感觉。

2. 民俗活动:再现宋代民间生活

在我国悠久的历史长河中,宋文化的形象不仅仅是文人雅士云集、琴棋书画飞扬,更是城市经济发展、市民生活丰富的代表。对宋代民俗活动的开发,是清明上河园旅游开发的一项重要工程。面对宋文化中鲜明的市民文化特点,清明上河园在还原历史和文化场景的过程中下足了功夫,做到了在还原建筑样貌的前提下对建筑物本身的功能性还原。这种历史场景的还原,在清明上河园营造的"宋都"环境下更显其价值和特点。如"勾栏瓦肆"在北宋时期便是民间重要的娱乐场所,诸如吞剑、民间戏法、杂耍等传统的市井技艺,从北宋开始就是"勾栏瓦肆"的常驻项目。如今景区将这种传统的民间戏法再次放回到它最真实的场景中去,让民间杂耍等技艺在重新焕发生机的同时又完美地和周边环境融为一体,共同呈现出一幅完整的民俗文化场景。除此之外,清明上河园还将各类旅游演艺活动的场景进行了巧妙安排,如将皇家乐典《宋廷·梦乐》表演安排在"皇宫大殿"中,将斗鸡表演安排在剧场中,将"岳飞枪挑小梁王"表演安排在跑马场中,等等。文化建筑、文化活动、文化场景三者有机结合,不仅给各类民俗活动营造了适宜的表演环境,更从整体上丰富了清明上河园的文化旅游维度。游客在各种传统场景下观看或体验传统民间技艺和民俗活动的过程中,将单纯的旅游观光活动转换成了一场丰富的文化体验活动,带动了游客在游览景区的过程中自然地体会和感悟北宋的社会文化和民俗文化。

3. 实景演出:丰富游客游览体验

对一个主题公园类型的文化旅游景区而言,真实的场景还原和丰富的文化活动在旅游开发中占据重要位置。但是,走马观花式的游览并不能给游客带来丰富而立体的旅游体验,景区所依托的文化内涵及文化资源也无法得到相应的展现,相应的旅游效益的实现也会受到影响。鉴于此,创新宋文化资源在旅游开发中的具体方式,就成为清明上河园所需关注的重点。依托于各景观及景区整体的文化氛围和文化底蕴,清明上河园创新性地开发了实景演出,并使其成为清明上河园开发宋文化的一大特色文旅活动。实景演出以《大宋·东京梦华》实景演出最为突出。《大宋·东京梦华》是由梅帅元策划、张仁胜执导的一场大型水上宋文化演出项目。该演出运用《虞美人》《醉东风》《蝶恋花》《满江红》等八首耳熟能详的宋词,勾勒出北宋都城东京的历史画面,重现了北宋王朝鼎盛时期的历史场景。整个演出依托景区的宋代景观,运用宋代的词赋,以水上实景演出的形式讲述北宋的兴衰故事。

【知识拓展】

全国非遗与旅游融合发展优秀案例评选活动

非物质文化遗产(简称非遗)是文化资源的重要组成部分,是进行文化旅游开发中可依托的重要资源,在文化与旅游融合发展的过程中占有重要地位。从2019年开始,由文化和旅游部非物质文化遗产司支持,中国旅游报社开始依托中国非物质文化遗产博览会,开展全国非遗与旅游融合发展优秀案例评选活动。旨在通过遴选发布一批非遗与旅游融合发展优秀案例,发挥其示范带头作用,开拓文旅融合的新思路,丰富旅游业态,提升旅游文化内涵,充分发挥旅游业的独特优势,为非遗保护传承和发展振兴注入更大内生动力。案例类型涉及传统节庆类非遗旅游、非遗进景区、非遗旅游线路、非遗主题场馆或空间与旅游融合等多种形式。现已公布两批30个非遗与旅游融合发展的优秀案例,在一定程度上代表了我国非物质文化遗产与旅游融合发展的实践现状,对推进非物质文化遗产与旅游的融合发展具有较高的参考价值。

第十四章

文化资源与创意设计服务业

创意是新的思想观念和行为意识,设计是适宜的计划和表达。创意设计服务业是以创意设计为核心,服务社会经济发展的产业。根据《文化及相关产业分类(2018)》,创意设计服务业分为广告服务、设计服务。创意设计服务业与文化资源关系密切,文化资源是创意设计服务业的创意来源,是创意设计服务业的内容基础,创意设计服务业又是文化资源展示的渠道和手段,二者彼此促进、相辅相成。近年来,创意设计服务业经过不断的探索和发展,逐步发展壮大,形成了独特的产业生态,显示出强大的融合性、渗透性、关联性,能够与多个产业进行跨界融合。当前,以数字经济为代表的新型经济发展模式,极大地促进了创意设计服务业的快速发展,加快了创意设计服务业的跨界融合。

一、创意设计服务业相关概念

"创意"一词最早是根据英文"creative"翻译过来的,也可译为"创造",是指具有创新的意识和思想。"创意"或"创造"观念最早产生于古希腊时期,它所蕴含和表达的是一种与客观世界完全不同的精神内在和外在实体。而"设计"一词的概念更为多样,阿西莫夫认为"设计是高风险、高不确定的决策过程",是"多方案的选择"。葛雷嘉利认为设计的最终目的在于产品,设计的精神浓缩在"令人满意"之中。

创意设计是指充分发挥设计者的创造性思维,将科学、技术、文化、艺术、社会、经济融会在设计之中,设计出具有新颖性、创造性和实用性的产品或服务的实践活动。其所形成的产品或服务在功能或外表、使用方式或表达思想上具有独特的属性。创意设计服务业是创意经济发展到一定程度的产物。作为文化产业的一大基本类别,创意设计业在提升传统产业附加值,助推经济高质量发展中发挥着重要作用。日本自20世纪50年代以来,着重发展创意设计服务业,有力地促进了经济发展。英国于20世纪末重点发展创意设计服务业,制定了很多创意设计服务业的行业标准。美国、德国等发达国家也在20世纪末重点布局创意设计服务业。

在创意设计分类方面,《文化及相关产业分类表(2018)》将广告服务、设计服务两大领域包括在创意设计服务业这一大类中。其中广告服务新增了互联网广告服务,设计服务则包括建筑设计服务、工业设计服务、专业设计服务。

国内外的创意设计服务业分类体系中都包含设计。英国主要强调了服装设计;我国香港地区主要突出的是设计服务,包括时尚设计、图纸设计,以及家具、鞋、玩具等的设计,涵盖内容较为广泛;我国台湾地区把设计和时尚设计视为两个相互独立的行业,设计即设计创意思考,属于不可见的创意思维,而时尚设计则主要与服装行业的创意有关。

【知识拓展】

数字创意产业

数字创意产业是现代信息技术和文化创意产业逐渐融合而衍生出的一种产业形态,其基础是创意和内容,借助技术的力量进行生产、传播与消费。尼古拉斯·尼葛洛庞帝在其著作《数字化生存》中对数字创意产业领域进行了界定,用三个重叠的圆圈来描述计算机业、出版印刷业和广播电影业,数字创意产业就是三个圆圈的交叠之处,是创新最活跃、成长最快的领域。数字创意产业具有多重面孔,比较接近的概念有数字内容产业、数字娱乐产业、数字文化产业、新媒体产业、网络版权产业、数字出版产业等,同时与体验经济、"宅经济"等概念也有较多交集。国家统计局发布的《战略性新兴产业分类(2018)》明确数字创意产业主要覆盖四个领域:数字创意技术设备制造、数字文化创意活动、设计服务和数字创意与融合服务。数字创意产业的核心领域有网络新闻、网络音乐、网络文学、网络视频(含短视频)、网络动漫游戏、网络直播等。近年来,数字创意产业的总体市场规模逐年攀升,在良好的政策环境下,龙头企业已形成较强竞争力和就业吸纳能力,并呈现出集群发展特征。"十四五"时期,数字创意产业的新技术应用与新商业模式将进一步涌现,形成新的消费热点;数字创意产业规模和质量将双重跃升,形成新的发展格局;数字创意产业将由浅层融合向深度融合发展;数字经济的生态将进一步完善。为促进我国数字创意产业的持续快速有序发展,不仅要从宏观方面加强数字治理的规范化,确保数字创意产业的引领性、推动数字创意产业的全球化,继续深化"放管服"改革,还要在微观层面持续推进创新驱动,形成大中小企业协同的梯次发展格局,积极建设数字生态。

(根据《"十四五"时期数字创意产业发展趋势与促进对策》[1]整理而成)

(一) 广告服务业

广告是有计划地通过媒体向所选定的消费对象宣传有关商品或劳务的优点和特色,唤起消费者注意,说服消费者购买使用的宣传方式。[2] 传统广告媒介包括电视、广播、报纸、杂志。与报纸、杂志等平面广告相比,电视广告将视觉和听觉相结合,具有播放及时、收视率高、覆盖面广的优势,一度成为商业企业、城市宣传、旅游景点投放的首选媒介。互联网被称为四大传统媒体之外的"第五媒体",广告商可通过互联网发布广告,通过影响互联网受众使

---

[1] 李文军,李巧明."十四五"时期数字创意产业发展趋势与促进对策[J].经济纵横,2021(2).
[2] 孙有为.广告学[M].北京:世界知识出版社,1991.

之接受某品牌或者某产品。2015年,国务院发布《国务院关于积极推进"互联网+"行动的指导意见》,将互联网与社会经济各领域的融合发展摆在经济发展的重要位置,标志着互联网对社会产生的影响又上升到了一个新阶段。广告商可根据其特点的不同,选择合适的互联网广告形式进行发布,使互联网广告成为广告销售的重要投放媒介,逐渐占据了大众传播的中心位置。

(二)设计服务业

设计服务业是随着分工的深化和科技的进步而逐步从制造业独立出来的新兴产业形态。《文化及相关产业分类(2018)》中对"设计服务"的范畴进行了界定,主要包括建筑设计服务、工业设计服务、专业设计服务。其中,建筑设计是指设计一个建筑物或建筑群要做的工作。它要解决的问题,包括建筑物内部各种使用功能和使用空间的合理安排等相关技术的综合协调。建筑除了基本的物质功能外,还具有某种精神力量,而建筑的立意就是蕴含在建筑物之中的某种精神上的东西,建筑设计就是要将某种精神赋予建筑,使建筑具备某种文化属性。工业设计最原始的概念是指服务于制造业的产品设计。世界设计组织将工业设计界定为"解决创新问题的战略性过程"。工业设计实际上是一个跨学科的专业,用创造力来提出解决问题的方案,用创新将技术、产品、客户联结在一起,从而使经济和社会领域创造出更高的价值。专业设计服务包括时装、包装装潢、多媒体、动漫及衍生产品、饰物装饰、美术图案、展台、模型及其他专业设计服务,涉及服装、动漫、建筑、旅游等多个领域,它不是一个纯粹的设计行业,而是与各行业协同发展,为相关产业创造附加值的门类。

二、我国创意设计服务业的发展历程

(一)广告服务业发展历程

1. 新中国成立之前的广告

(1)奴隶社会。据《周记》记载,在那时,凡是进行交易都需要"告子士"。商周时期,交易要以铭文形式铭刻于青铜器之上,出现了广告的早期萌芽,青铜器就成了那个时代的"广告媒介"。战国时期的商业较为发达,与之相适应的广告活动也较为活跃。《韩非子·外储说右上》上记载了当时最为典型的幌子广告,司市在市门上悬挂旗帜,宣告市场开业,招徕交易者前来赴市。至晚,降下幌子,关门闭市,意味着交易的结束。

(2)封建社会。封建社会广告的大发展和繁荣是在宋代。在宋代,技术的进步推动了农业生产效率的提高,促进了手工业和商业的繁荣,出现了中国古代社会发展史上存在的几乎所有广告形式,诸如灯笼广告、悬物广告、幌子广告、招牌广告、招贴广告、印刷广告、插图广告等。[1] 迄今为止发现的世界上最早的印刷广告,是北宋时期济南刘家功夫针铺的铜板印刷广告,现代广告设计、创意、文案等都可以在这则广告中体现,标志着当时的广告已经有了较高的设计和制作水平。

(3)近代社会。鸦片战争后,随着西方文化和传播技术的传入,中国近代广告打破了原本的封闭状态,开始引进国外先进的技术和方法。中国近代广告最大的突破是印刷媒介和电子媒介的引入,即报纸和广播电台的出现,扩大了广告传播的内容和范围。1835年,英国

---

[1] 卢山冰.中国广告产业发展研究:一个关于广告业的经济分析框架[M].西安:陕西人民出版社,2005.

传教士马礼逊与华人梁亚发等共办《察世俗每月统记传》，开创华文印刷新纪元。到1895年，中国各地先后出现了50余种报刊，其中就有著名的上海《强学报》《时务报》等刊物。辛亥革命后，原由外国人主办的报刊陆续开始由中国人自己主办，出现了大量私人、民间经办的商业性报刊。外来殖民组织和移民群体也在中国创办了一些广播电台，出现了报纸广告、广播广告、霓虹灯广告等现代广告形式。

总之，新中国成立前，我国广告长期处于起步阶段，广告的概念从无到有，人们对广告的认识逐渐清晰，广告在服务社会经济和日常生活方面做出了不小的贡献，取得了一定的成绩，但广告业并没有形成独立的产业链条，常常依附于某些产业或经济形态，成为宣传的工具。

2. 新中国成立之后的广告

1）恢复阶段：1949—1965年

这一阶段，广告一直在经济发展和"姓社姓资"的争论中缓慢发展。《北京日报》《解放日报》《文汇报》《大众日报》等报纸从新中国成立之初开始创刊或复刊，并陆续刊登广告。北京、上海、南京、天津等广播电台在新中国成立不久就开设了广告节目。1957年，商业部派观察员赴布拉格参加由13个国家参加的国际广告工作者会议。此次会议总结了我国社会主义广告的特点，即"政策性、思想性、真实性、艺术性"，中国的广告发展出现了好的趋势。但是很快由于20世纪60年代初国内和国际矛盾的复杂化，使本应开始发展的中国广告业陷入了停滞状态。

2）停滞阶段：1966—1978年

这一阶段，广告受到了前所未有的破坏，这一时期我国与国际广告界的交往也几乎断绝。广告被斥为资本主义的产物，取消了许多老字号的招牌，撤除和砸毁了霓虹灯广告，涂掉墙壁和路牌广告而改成政治语录和口号。这一时期，我国的广告理论研究和活动基本停滞，与当时国外广告理论与实务的大发展、大创新形成了鲜明的对比。

3）探索时期：1979—1991年

这一阶段，广告理论和活动在探索中前进。1979年1月28日，上海电视台播出了上海药材公司的参桂补酒广告，是改革开放后中国的第一条电视广告。1981年，《中国广告》在上海问世，这是国内第一家专业广告杂志。从此以后，又相继出版了各类杂志和期刊。广告公司也在这个阶段纷纷出现。1979年，北京广告公司成立。1980年，湖南创办了长沙广告公司。随后，各地的广告公司和协会相继建立。这一时期，国内广告市场在探索中得到了迅猛发展。从经营情况来看，全国广告经营单位从1982年的1623户增长到1985年的6052户，广告从业人员由1.8万人发展到6.38万人，广告营业额从1.5亿元上升到6.05亿元。

4）发展时期：1992—2011年

这一阶段，广告进入了快速发展时期。1992年之后，打破了"总量控制"的中国广告业取得了突飞猛进的发展。随后，我国广告主管部门推出了适合国际惯例、行之有效的广告发布审查制度和广告代理制度，加快广告业向专业化和国际化方向发展。1993年，国务院把广告列入十大重点支持产业，此后陆续颁布了《关于加快广告业发展的规划纲要》《中华人民共和国广告法》，促进我国广告业步入法制化、健康化发展道路。这一时期，互联网广告在广告市场的独特性日益显现，广告产业的整体发展格局发生了新的变化。2009年，互联网广告增速超过了整体广告产业的增速。艾瑞数据显示，2011年，互联网广告的市场规模增长到一个新的量级,达到511.9亿元,比报纸广告市场高出了58.3亿元。同年,中国移动广告市场规模达到35.1亿元。①

5)转型阶段:2012年至今

这一阶段,广告进入了转型发展时期。随着数字时代的到来,数字技术逐渐成为我国广告业的核心支撑,人工智能、大数据、云计算、AR、VR等新技术逐渐改变着我国广告业的发展方向。广告业的市场结构、市场行为、市场绩效随着数字经济发展发生了巨大变化。据央视市场研究媒介资讯显示,电视广告2015年首次出现负增长,下降6%,且在之后3年连续呈现下降趋势;电台广告自2013年起增速放缓,平均增幅保持在2%左右;杂志广告自2013年首次下跌后,年均跌幅达到24%;其中下跌最严重的当数报纸广告,2012—2017年连续大幅下跌,且2017年的广告收入仅为2012年的1/5;互联网广告自2011年起年均增幅超过40%,实现了跨越式发展。②

(二)设计服务业发展历程

1. 起步阶段:1912—1949年

这一阶段,艺术设计处于起步阶段。20世纪50年代以前,中国处于半殖民地半封建社会,在资本主义工商业有限的发展速度下,在倡导使用国货的口号下,萌发了"图案"和"工艺美术"的概念和形式,这是西方设计理念第一次"嫁接"的结果。从整体上看,当时中国艺术设计发展状况受工商业发展水平的制约,在资金、生产和技术水平都十分低下的条件下,难以进一步激发出现代艺术设计的驱动力。

2. 发展阶段:1950—1979年

这一阶段,艺术设计进入崭新发展时期。首先,对传统手工艺进行了大规模的保护和恢复,通过举办展览、普查、访问民间艺人,挖掘、收集和整理了大量工艺美术的珍贵史料、生产资料和工艺品种。其次,确立了"工艺美术"的专业概念,并建立了专业型的高等学府。这一时期的中国艺术设计思想定位于"工艺美术",并将其作为民族文化加以继承和发展。1949年以后,工艺美术成为手工业管理局、轻工业部所属范围。工艺美术教育以"实用、经济、美观"为目标和方向,按照计划经济的需要,满足人们衣食住行的基本生活需求,但长期与世界先进设计文化脱离,处于尴尬的境地。

3. 振兴阶段:1980—2012年

这一阶段,现代设计开始振兴,设计服务业兴起。真正的中国现代设计运动是从1980年以后开始的,主要标志是20世纪80年代初引进工业设计理念。到了80年代中后期,设计领域出现了环境与居室设计、广告与传媒设计、时尚与服装设计、产品与市场营销、企业形象系统设计等。20世纪90年代以后,设计领域出现了数码设计、产品界面设计、符号与语义综合设计、绿色环保设计,以及交互设计、会展设计等,标志着现代设计服务业由诞生逐渐走向成熟。人们产生了美化生活的强烈意识,人们对品质的追求不断提高,追求新潮、个性、品位已经成为设计在21世纪发展的必由之路。同时,传统文化被人们重新认识,发挥着美感的作用。设计家及其作品在广东深圳、上海浦东、辽宁大连等沿海城市迅速崛起,为中国设计的进步提供了榜样。

---

① 根据艾瑞咨询官网整理而得,参见 https://www.iresearch.com.cn/。
② 姚曦,翁祺.中国广告产业四十年的回顾与思考[J].新闻爱好者,2019(4).

4. 腾飞阶段:2013年至今

这一阶段,设计服务业进入腾飞阶段。党的十八大以来,设计服务业发展突飞猛进,在多项设计领域取得了质的突破,建筑设计方面,中国建筑业将建筑设计作为建筑领域的重要抓手,不断强化建筑设计的质量,以BIM(建筑信息模型)为代表的高端建筑设计不断刷新中国建筑设计的新成绩。在工业设计方面,随着中国制造业的不断进步,尤其是高铁、大飞机、工程器械等设施设备制造工艺的不断提升,工业设计中的许多理念和思想也得到了充分实践,在许多领域已经赶超西方平均水平。在专业设计方面,近年来,随着互联网的迅速发展,时装、包装装潢、多媒体、动漫及衍生产品、饰物装饰、美术图案、展台、模型等专业设计,借助网络媒介传达着新的设计风格和理念。同时,借助5G、大数据、云计算、区块链等手段实现专业设计技艺的突破,一些复杂的计算机设计程序成为专业设计的常用工具,推动着专业设计不断迈向新台阶。

三、我国创意设计服务业的发展现状

(一)创意设计服务业整体发展现状

一是产业收入不断增加。近年来,创意设计服务业收入规模整体呈现增长趋势。从收入增长率来看,2018年,全国创意设计服务企业营业收入达11069亿元,同比增长16.5%,高于全国文化及相关产业企业营业收入的增速,创意设计服务业已成为我国文化产业中较重要的增长极之一。2019年,全国创意设计服务企业营业收入12276亿元,占全国文化及相关产业企业营业总收入的14.2%。2020年前三季度创意设计服务企业营业收入达10276亿元,占全国文化及相关产业企业营业总收入的15.5%。① 在文化传播渠道、文化娱乐休闲服务、文化辅助生产和中介服务等产业收入受到新冠肺炎疫情的影响而下降时,创意设计服务业仍然保持增长。2016年,我国规模以上创意设计服务企业收入占文化企业总收入的12.3%。到2020上半年,这一比重上升至15.5%,比2016年提高了3.2个百分点。说明近年来,我国创意设计服务业在文化产业中的地位也在不断提升。② 与此同时,创意设计行业内的交互设计、UI设计、用户体验设计、游戏设计等一大批新兴设计门类也呈现出迅猛发展态势。

二是政策环境不断优化。国家十分重视创意设计服务业发展,中央和地方出台了多项政策,积极为创意设计服务业营造良好环境。2014年,国务院出台《关于推进文化创意和设计服务与相关产业融合发展的若干意见》,确立了"统筹协调,重点突破""市场主导,创新驱动""文化传承,科技支撑"等三项基本原则,这是第一次就创意设计与相关产业融合发展出台系统性文件,标志着文化创意和设计服务与相关产业融合发展已经成为国家战略,对推动国民经济转型升级和促进文化产业科学发展具有重要指导意义。地方政府出台了许多发展创意设计服务业的政策,比如深圳出台了《关于推动深圳创意设计高质量发展的若干意见》,提出"到2035年,全市创意设计全口径服务收入超过3000亿元,创意设计师人才增加到15万名,创意设计产业有效支撑制造业转型升级,深圳创意设计品牌具有较好国际美誉度",极大地促进了深圳创意设计与实体经济深度融合,提升了城市综合实力和市民生活品质,在新时代打响了"深圳设计"城市品牌。这些政策都为创意设计服务业发展营造了良好的发展环

---

① 数据来源于国家统计局。
② 根据《中国文化及相关产业统计年鉴2020》整理而成。

境,推动了创意设计服务业朝着高质化、多元化、融合化发展,有助于破解文化产业发展的瓶颈,打破不同产业间的壁垒,强化不同产业间的关联,不断催生出新技术、新工艺、新产品,满足消费者的新需求。

(二)广告服务业发展现状

近年来,广告业在营业收入、市场主体、业务结构方面发展迅速。在营业收入方面,2018年,我国广告营业额为7991.48亿元,比2017年同期增长15.88%。其中,互联网广告的营业额为3694.23亿元,占整体营业额的46.2%,远超传统媒介广告营业额的占比,中国广告产业的发展进入互联网广告主导时期。在市场主体方面,2018年,广告经营单位已超137万家,远超2012年的37.8万家,经营单位在数量和质量上较2012年有明显提升。在业务结构方面,发布业务远超设计、制作和代理业务,在整体营业额中占比达54.9%,发布业务的增长主要与互联网广告程式化购买的普及有关。

目前,广告服务业发展呈现出如下趋势。一是行业秩序不断完善。随着《工商总局、国家标准委关于加强广告业标准化工作的指导意见》的发布,广告业标准化规范正在形成,行业秩序不断完善,在标准制定、推广实施和监督管理等方面取得了新的进展。二是科技重塑产业形态。传统媒介在科技的推动下,正在经历着"互联网化",传统媒体与互联网的界限逐渐模糊,相互融合的趋势越来越明显。与此同时,大数据技术已经成为互联网广告的重要工具,互联网广告的投放更加精准。三是内容营销引领潮流。数字时代,内容为王。互联网广告时代,广告行业正在进入纵深发展阶段,以内容为核心、创意为支撑、科技为手段的内容营销获得快速发展。

(三)设计服务业发展现状

1. 建筑设计业

近年来,建筑设计业在营业收入、市场拓展方面取得了一定的成绩。在营业收入方面,近年来,我国建筑业快速发展,促使建筑设计企业不断进步。2018年,设计板块主要上市公司营收共计225.53亿元,同比增长13.81%。在市场拓展方面,建筑业广阔的市场空间为建筑设计行业及企业的发展创造了良好的市场机遇,绿色建筑技术、节能环保设计、智能化楼宇设计越来越广泛地应用于工程实践中,加快了建筑设计业市场拓展步伐。[①]

目前,建筑设计业发展呈现出如下趋势。一是市场需求不断增加。雄安新区的建设、"一带一路"倡议的提出、公共文化服务体系的完善、乡村振兴战略的持续发力,带动了建筑设计市场需求的增加。此外,随着我国城镇化率的不断提高,城镇化建设的需求也增加了公共建设需求。二是理念技艺不断更新。随着"人居"概念的深入人心,人们对所处环境的要求不断提高,创意和设计的重要性在建筑设计行业的地位不断改变。同时新技术的开发也突破了建筑设计发展的瓶颈,推动了行业的转型升级。三是国家重视不断加强。随着城市化和工业化的发展,城市建筑注重绿色环保,打造生态城市,使得国家对建筑设计的重视程度不断提升,许多城市规划将建筑设计纳入重要环节。

2. 工业设计业

近年来,工业设计业在市场规模、市场主体、从业人员方面取得了一定的成绩。在市场

---

① 参见中华人民共和国工业和信息化部官网。

规模方面,工信部相关数据显示,截至2017年,我国工业设计行业市场规模增长至接近1200亿元。并预测在2023年我国工业设计行业市场规模将突破5000亿元,达到5083亿元左右。在市场主体方面,截至2017年底,我国拥有完整工业设计研发部门的企业和专业工业设计公司近14000家,企业数量快速增长,园区数量也不断增加。全国已建成专业化工业设计产业园区超60家,将工业设计作为主营业务的文化创意类和制造服务类产业园区超过1200家。在从业人员方面,有关工业设计的就业规模和院校数量持续增加,目前,全国工业设计从业人员已超过60万人,600多所高等院校开设了工业设计专业。①

目前,建筑设计业发展呈现出如下趋势。一是整体仍处于起步阶段。从目前来看,我国工业设计行业的发展整体仍处于起步阶段,产业规模小,设计品牌企业尚未形成,产业的整体竞争力及国际竞争力较弱。二是企业发展动力不足。企业的创新意识不足,同时面临着税负高、融资难、资金缺乏等问题,这一系列问题导致我国设计企业发展动力不足。三是行业集中程度较低。就行业集中度来看,行业的CR4(行业前四名份额集中度指标)为18.95%,反映出我国工业设计企业行业集中度较低,行业内还未形成有较大影响力的综合性企业。

四、文化资源与创意设计服务业的关系

现代设计与传统文化资源有着不可分割的依存关系,可以说,中国传统文化与创意设计是相辅相成、相互影响的。一方面,传统文化是现代设计的发展源泉。设计是将一种抽象的设计理念转化为具体可感的产品的过程,而现代设计者是从文化中获取创作灵感,并将其具体化。中国传统文化有着厚重的历史积淀和丰富的文化内涵,可以为现代设计、广告创意提供丰富的素材。例如新石器时期的彩陶文化、殷商时期的青铜文化、春秋战国时期的帛画、汉代砖石画像、唐宋诗词绘画、明清瓷器等都是中国传统文化的代表,这些传统文化中的美学思想、艺术手法、造型设计都具有鲜明的民族性,现代设计工作者可以深入挖掘其中的内涵,提升设计的艺术品质。另一方面,现代设计同时也是文化积淀的一种形式。文化是人们按照一定尺度去改变环境、发展自己的活动及其成果。从这个意义上来说,设计的过程本身就是一种创造文化的过程。在借鉴传统文化的审美理念、创作规律的基础上,对传统文化符号进行一定的整理与加工,将前人的创作经验和理念融入现代设计,对设计进行自我完善,将传统文化和现代文化融合,创造出一种新的文化。

(一)文化资源与广告创意

广告创意是在了解产品、市场、竞争和受众期望的基础上,发挥创造力和想象力,运用联想、想象、幻想、抽象等方法,组织和加工已有知识和材料,形成一定意念和形象的过程。②而文化资源作为一种凝聚了人类智慧的知识资源,能够为广告创意提供素材来源。当前广告设计良莠不齐的原因是缺乏新意、忽视原创,究其根本原因,则是文化创意的缺失。数字化网络时代也对广告提出了新的要求,受众接收着海量的数据信息,因此广告创意要想博得眼球,就要对广告的内容进行有意识的创新,与受众完成更深层次的交流。

1. 文化资源在广告视觉中的应用

文化资源在广告视觉中的应用,这是运用文化资源较为初级、表面的阶段,向消费者展

---

① 参见中华人民共和国工业和信息化部官网。
② 王玉霞.广告学原理与策划[M].北京:北京理工大学出版社,2017.

现文化元素,形成对受众的视觉冲击。如一些房地产广告,这些广告通常具有色彩的协调性以及楼盘风格的匹配性。近年来,传统文化元素在广告中得到大量运用,尤其在一些房地产广告平面设计中,设计者喜欢融入一些传统文化元素,添加一些中国传统园林的图片,最大限度地体现楼盘绿化环境的优美。还有一些广告宣传片,在其中加入水墨画元素、剪纸元素等。这些广告有了传统文化的加持后,能够从视觉上立即与科技风、漫画风等其他广告风格区别开来,让原本充满商业气息的广告因为文化元素的运用多了一丝人文艺术的气息,提高了广告的文化调性。

2. 文化资源在广告内容中的运用

文化资源在广告内容中的运用,是有选择性地提取其中的元素,并以一种适当的形式融入广告创意中,能够推动文化资源的创造性转化。如在内蒙古自治区举行的第十四届全国冬运会,其会徽突出了内蒙古特色,以蒙古文"冬"字字形为创意基础,整体呈现出一种旋转升腾的"势",体现了追求积极向上、倡导全面增强体质的主旨。同时,流畅的线条与草原哈达飘舞的姿态神似,展现了冰雪运动的节奏和动感。除此之外,现代广告设计业也开始不断运用中国传统手工艺中的元素进行创意发挥,如鎏金、手工凸边、传统纹饰等,让平面广告变得更为立体,提升了广告设计的审美感受。

3. 文化意境在广告内涵中的应用

文化意境在广告内涵中的应用,注重整体文化意境的表达,此种方式与前两种方式相比更为高级、深刻,也是难度最大的一种广告创造过程。这种广告创意通过对整体场景的描绘突显意境之美,通过视觉方面的设计让人们联想到该文化意境的具体所指,与人们内心深处的需求达成共鸣,让人心生向往,这就是文化创意的魅力所在。如"世外桃源"这一意境就取材于陶渊明的《桃花源记》,文中描绘了一个不存在的世外桃源,在那里生活祥和、没有世俗的纷争。现代人处于高速发展的洪流中,常常会向往拥有一片诗意的栖居地,将"世外桃源"这一意境运用于广告创意中,将文化转变为一种生活方式,让人们心生向往。

4. 互联网时代的广告创意

互联网时代的广告创意,广告产业的主营业务范围已经从单纯的广告内容扩展至整个品牌的运营。"互动"是互联网最显著的特征,当广告创意在不同程度上呈现出同质化现象后,消费者对于视觉上的感受已经逐渐淡化,广告创意需要体现互动性才能在网络传播中产生更好的效果。如 2020 年 3 月,由人民网和腾讯看点推出的一款号召全国人民一起为武汉加油的"做一碗温暖的面"H5 广告,瞬间成为网友们向武汉集体告白的平台。在 H5 界面中,在限定的 10 秒钟内,用户通过快速滑动屏幕就可以模拟做面,并会在页面终端显示"在××市为武汉做了××碗热干面"的文字叙述。而一键生成的结果页,除了明显的用户所在城市、制作总数和战绩对比等文字数据以外,设计者还巧妙地加入了长江大桥、黄鹤楼、武汉大学、樱花树、户部巷等具有武汉明显城市特征的文化元素,在与用户互动的同时也传播了武汉的城市文化。这样的互动形式赋予了用户使命感和召唤,让参与者有一种"平凡的我也在为武汉加油鼓劲"的强烈使命感。

(二) 文化资源与设计创意

1. 文化资源与建筑设计

1) 文化资源与传统建筑

中国传统建筑深受中国传统文化的影响。中国传统文化概括起来可以分为儒、道、释三大源头,其中占主导地位的是儒家思想,儒家思想重人际伦理规范的文化特色在中国建筑文化中得到了突出表现。如强调"尊者居中"、等级严格的"礼治"思想,在传统建筑中就体现为中轴对称、均齐布置的风格。如古代北京城以宫城为中心的向心式格局和自永定门到钟楼长达7.8千米的城市中轴线,体现了伦理秩序与帝王礼制。如四合院中严谨的空间序列说明"尊卑有序",家长居于正房,长、次子居于东、西厢房,仆从只能居于外院。

2) 文化资源与现代建筑

中国现代建筑也深受中国传统文化的影响。随着社会的发展与进步,中国传统文化中的一些元素的使用领域不断在延伸,从服装设计、包装设计、创意产品逐步延伸至室内装饰、大型建筑设计。现代建筑设计师通过对传统文化元素的提炼与运用,从传统建筑的造型和色彩中汲取灵感,加之对现代文明的借鉴,探索出能与建筑艺术和审美意识相契合的中国现代建筑。中国当代建筑设计中对传统建筑文化的传承主要有传统建筑文化的再现、传统建筑符号的运用以及对建筑文化中象征和隐喻的运用三种模式。

2. 文化资源与工业设计

传统工业设计产品,其结实耐用是人们关注的重点。随着时代的变化,人们的生活水平不断提升,根据马斯洛需求层次理论,人们对工业设计产品的需求不仅仅只是结实耐用,更加关注工业设计产品的艺术性,尤其是关注其本身所蕴含的文化资源,如一些工业设计产品用传统的花纹或者图画来进行装饰等。在工业设计产品中,传统文化内容受到追捧,这提升了工业设计产品的经济附加值,产生了较好的社会经济效益。

五、创意设计服务业案例

【案例一:奥美集团与《未来,不期而遇》】

1948年,"现代广告之父"大卫·奥格威创立了奥美集团,主要为众多世界品牌提供全方位的传播服务。如今,奥美集团已经跻身全球八大广告事业集团之一,拥有分布在100个国家和地区的359个分支机构。随着营销环境和科学技术的不断发展,奥美集团在探索创意与智慧营销的道路上走在了行业前沿,在这方面的经典案例有融合现代科技和传统文化带来的"莫高窟虚实融合之旅"、打破次元壁的"华为5G功夫"营销战等。奥美集团在城市形象塑造与宣传推广方面也取得了重大成就。2018年,奥美集团正式成为西安城市形象塑造与传播合作伙伴,为其提供城市宣传和推广整合传播策略,成功树立起西安市"世界城市"与"文化古都"的形象。

针对博物馆最需要解决的目标客户群单一与固定问题,2019年9月,奥美集团为台北故宫博物院量身打造了广告片《未来,不期而遇》。该广告片讲述了一个个平凡参观者在博物院中发生的故事,以及他们参观时的心理状态等。该广告片的亮点在于:一方面用极其厉害的洞察和创意,颠覆了人们对博物馆的全部想象;另一方面以年轻人更容易接受的方式传播博物馆文化,间接科普了展品知识和科技特色。广告片的亮点大多源于深厚文化的现代解读,是现代科技对文化资源潜力的深度挖掘,成功实现了文化资源的产业化。

1. 通过文化"交互"增添体验趣味

与常规的博物馆宣传片不同的是,这支宣传片将主角从文物转换到人与空间的实践中。台北故宫博物院给出的项目目标为:拓宽客户群,让平日里对博物馆兴趣不高的人群,愿意到现场一探究竟。奥美集团给出的解决方案为:从整体空间上对博物馆进行包装设计,将博物馆打造成能够为各种人群提供奇妙体验的趣味空间。具体来说,就是将约会、买菜、玩耍等日常行为与博物馆空间进行融合,让台北故宫博物院摇身一变,从博物馆成为以文物为主题的大型多功能休闲中心,每个人都能在其中找到自得其乐的方式。如影片展现了一个调皮的小朋友陈柏伦,画外音说是带他去看变形金刚。电影镜头一转,原来此金刚是"四大金刚",对于这个金刚,陈柏伦看得津津有味,此时片中字幕显示"陈柏伦7岁,明·十五世纪青铜鎏金南天王立像大约600岁"。"宝妈"方筱玲也推着婴儿车来参观博物馆,她想的是今晚吃什么,最后看到了一块像肉一样的石头,心中仿佛已经有了答案,字幕显示"清·肉形石大约300岁,方筱玲37岁",等等。

2. 通过文物"下凡"激发个人想象

整部广告片,对于馆藏文物只是轻描淡写地介绍其名称和年龄,而对文物的史料信息不做解释,参观者只能依靠自己的想象对馆藏文物进行解读。博物馆里的文物跳脱出历史书中对其的限定,变成了人们可以发挥个人想象的物品,成功"下凡"。具体来说,通过文物"下凡",在空间中制造出人与物、人与人的故事,让空间充满个性与趣味。游客在博物馆中发现,原来文物可以激发煮饭灵感,可以开启魔幻讨论,还能遇见爱情,人们对博物馆单调、无趣的刻板印象瞬间消解。比如72岁的林月梅,用手触碰着文物的质感,唤醒她对青年时期在台北故宫博物院中与爱人畅游的记忆。总之,《未来,不期而遇》展现出了人与物之间的无限趣味,使得人与文物之间的界限感消失,引发的结果是参观者对文物及博物馆的归属感增强。

【案例二:苏州博物馆新馆】

苏州博物馆新馆(以下简称"新馆")位于苏州历史古城街区的中心,与世界文化遗产拙政园仅有一墙之隔,由著名建筑师贝聿铭主持设计,是我国"十五"期间的重点建设项目。作为建筑艺术设计典型,苏州博物馆新馆一直在传统符号与现代精神相融中探索前进。贝聿铭先生在充分吸收苏州传统园林和中国传统建筑手法的同时,试图在传统和现代之间找到平衡点,苏州博物馆新馆在外观造型、色彩运用、文化意象隐喻上都体现了这一平衡。在文化与设计融合方面,苏州博物馆新馆为建筑设计的现代化和民族化提供了优秀的范例,也为文化资源产业化提供了思考和借鉴。

1. 外观:善用传统中式建筑元素

从新馆的墙体外观造型来看,贝聿铭先生采用了徽派建筑中的特色——马头墙元素。贝聿铭先生没有像一些现代建筑一样完全照搬传统民居的这种屋顶结构,使建筑与传统符号元素显得格格不入,而是对传统的马头墙进行了一些改变,沿用了传统符号的特征,通过抽象变通的运用,将现代建筑中的几何体结构与苏州古建筑中传统的斜坡屋顶结构进行结合与重构,形成了独具特色的"贝氏马头墙"。将西方古希腊、古罗马神庙中的三角立方体、哥特式三角形、立体主义极简艺术与苏州传统建筑中潜在的三角形,以及建筑中的方形空间交织在一起,做到了"西中有中,苏中有西"。此外,新馆的外观从整体上看呈几何形,颇具现代性,但是其微妙之处在于,从新馆任意房间的窗户向外看都会发现新馆的坡度与苏州传统民居的坡度几乎不差分毫。现代几何体与苏州古建筑中传统的斜坡屋顶的概念交织在一起,构成了"苏中有西,西中有苏"的独特韵味。

2. 色彩:巧用苏州传统民居黑白灰

从色彩的运用来看,黑白灰已经成为苏州的文化色,苏州传统民居均以粉墙黛瓦为基础色调,体现了中华民族勤劳朴实、"道法自然"的精神特质。贝聿铭先生保留了这一黑白基础色调,外墙和内墙都以纯净的白色作为主色调,仅在空间的转折处用灰色线条进行勾勒。在此基础上,运用现代新式材料,如用花岗岩取代青瓦对屋面材料进行变化,整体梁架结构运用钢化材料再用木材为其镶边,新式材料在确保建筑不易腐蚀、开裂的同时,保留了传统文化信息,体现了其古为今用的独到之处。将新馆整体建筑和馆内空间的颜色归纳为黑白灰三种色彩,不仅是贝聿铭对苏州传统文化的凝练,也是其对中国文化和空间设计的融会贯通,成为继承传统文化的一种独特的艺术解决方式。

3. 意境:妙用传统文化意象隐喻

新馆将传统山水画的意象运用到实体建筑中来。贝聿铭先生以拙政园的外墙为"画底",以石为画,并用曲桥来进行隔断,塑造出空间上的距离感。如此一来,将中国传统山水画的平面效果进行了建筑设计上的立体展示,营造出传统绘画的意象。此外,新馆中也有中国园林设计中对"一池三山"的隐喻。进入新馆的水池,并未发现水池周围有类似山体的建筑物出现,然而走到池中的廊桥上展望新馆全貌时,发现新馆三个三角形的大厅高出一般展厅,且其中一个展厅与大堂空间环绕着水面,呈近似"L"形的环抱状态。用展厅将假山取代,重现了传统私家园林中假山与水面的关系。城市的建筑体现城市的历史文化以及与周围环境之间的关系,是设计的原则之一,这是贝聿铭先生在设计时十分重视的点。贝聿铭先生运用他特有的现代主义手法,对苏州当地文脉进行全新的诠释,通过设计手段,对传统符号元素进行转译,并运用现代材料增加了建筑实体的实用性与可持续性,用现代设计理念增加建筑的艺术美感,为中国建筑的现代化指明了方向。

【案例三:超级文和友】

2019年度红点设计大奖颁奖盛典在柏林音乐厅举行,长沙知名餐厅超级文和友获得了年度最佳设计奖。红点设计大奖由德国著名设计协会创立,在设计界颇负盛名,致力于选拔来自全球各地、涵盖各行各业的创意优秀作品,被誉为"工业设计界的奥斯卡",是世界上知名设计竞赛中较具影响力的竞赛之一。值得一提的是,超级文和友不仅在空间场景设计上别具一格,而且关注在地文化、注重IP打造,让文化资源实现了产业化。

1. 场景:怀旧复古与消费体验深度结合

超级文和友营造的消费场景,让消费者仿佛回到20世纪80年代的长沙街巷。超级文和友长沙海信广场店,横跨7个楼层,占地20000平方米,场馆内有现代城市中已经看不到的迪斯科舞厅、录像厅、电话亭、旱冰场等真实场景,还有老式的电冰箱、电视机、拳皇街机和老挂历,甚至还有缆车穿行。评审团对超级文和友的评语为:"这家餐厅的室内设计,包括每个独立细节的呈现,都重现了一座旧时代亚洲风格的城市(长沙),与其他全球趋同、大家熟悉的购物中心比,这是一个非常成功的选择。顾客在这里感受并经历真实氛围,再现他们在情感上缅怀过去的体验。"每个细节,包括损坏的电缆和无法使用的空调都被精心重塑。不同于广为熟知的购物中心,游客可以在这里体验真实而愉悦的氛围,使他们在情感上与过去的生活建立联系。在体验经济时代,作为一个以餐饮为核心的商业综合体,超级文和友十分重视业态的创新和场景的打造,以文化赋能商业空间,打造消费场景。不仅关注消费者在餐饮区的整体消费体验,在餐饮消费中增加学习、享受等体验内容,模糊购物、就餐和游览的边界,而且在空间内穿插不同业态,如文具店、洗发店、零食铺等,与传统餐饮空间中的"点餐吃饭"逻辑不同,给人以"逛吃玩乐"的反逻辑餐饮空间体验。

2. 品牌:文化资源与企业品牌深度融合

超级文和友通过文化资源与企业品牌深度融合,不断扩大品牌影响力,努力开发文化资源。

第一,文化共生,传统手艺得到传承。入驻长沙超级文和友的毛姨鸡爪、李嗲豆腐脑、正哥牛肉串等均是长沙本地小吃,广州店同样也邀请了阿婆牛杂、炒螺明、陈添记鱼皮、风筒辉等与当地人能够产生情感共鸣的本土小吃店。文和友通过其成熟的品牌孵化经验,帮助这些个体户实现品牌化、企业化,并且为这些传统技艺培养传承人,以便其传承与发展。

第二,搭建平台,强化品牌文化个性。文化输出也是超级文和友打造超级IP的重要板块,通过自建文和友臭豆腐博物馆、文和友文化艺术馆等,整合了一批又一批区域内外艺术家、文化社团、文化从业者等。超级文和友还围绕品牌形象,衍生各种文创产品。

第三,跨界融合,构建复合经营业态。文和友公司主体的商业模式,如果要找一个对标的话,就是迪士尼的商业模式。这一点他们创始团队也在反复提及。通过生产文化内容来获取流量,以此来架构全产业链,文和友臭豆腐、文和友油炸社、文和友大香肠等文和友旗下小吃子品牌已经超过几千家。并且,超级文和友打造了一种多店复合经营的商业模式。

【案例四:泡泡玛特的盲盒营销】

从字面意思来看,盲盒指的是没有任何样式提示的、以纸盒包装而成的迷你玩具的总称。其最早起源于日本,后来逐渐风靡于二次元文化盛行的亚洲及北美部分地区。天猫官方数据显示,2019年"双十一"期间,共卖出了200万个盲盒,销售额超8000万元,其中消费主力军为"95后"。中国潮玩第一股——泡泡玛特于2020年12月11日在港交所上市,总市值现已超过1000亿港元。在众多盲盒生产商中,为何独有泡泡玛特突出重围?艺术家的原生创作力以及品牌之间的IP合作或许是泡泡玛特成功的独门秘诀。

1. 自主创作＋IP 文化：合理配置产业要素

泡泡玛特的设计师通过自主创作，将不同的设计灵感传递给大众，从而产生不同的盲盒系列。艺术家仅仅提供二维草图，后续的角色设计、三维设计、模型加工和市场投放等，由泡泡玛特一手包办。比如 Kenneth 马戏团系列，该系列的设计创意来自设计师 Yoyo 的绘本《马戏团朋友》，潮玩设计师只需要专注于作品，产品质量和效率交给公司把控。为了让更多的粉丝可以拥有别样精彩的心灵世界和人生，泡泡玛特从未停歇过探索和努力的脚步，其官方不断挖掘、签约有能量、有独特设计风格的设计师，不断为泡泡玛特的盲盒世界添兵添将。自 2016 年 7 月起，泡泡玛特联手香港地区知名潮流玩具设计师 Kenny，已推出 Molly 星座系列、运动系列、十周年系列、圣诞系列、职业系列、水果系列等系列公仔，每一个系列都给众多潮流玩具爱好者带来不同的惊喜。在公司内部，一支近百人的创意设计及工业开发团队，专门与艺术家配合创作 IP，与 IP 文化的合作为泡泡玛特带来了巨大的流量。高人气 IP、盲盒玩法加上全渠道网络，泡泡玛特得以创建潮玩帝国。相关公开数据显示，泡泡玛特运营着 85 个 IP，包括 12 个自有 IP、22 个独家 IP 以及 51 个非独家 IP。自有 IP 贡献的收益比重最高。与别家 IP 不同的是，泡泡玛特是一家没有故事的 IP，但或许因为这样，才让泡泡玛特不被定义，有了更多可能。

2. 文化＋潮玩：打造企业特色产品

2018 年推出的 Molly 宫廷瑞兽系列即是根据故宫博物院部分瑞兽形象进行的衍生创意设计，以一种全新的潮流方式进行演绎，让更多青少年了解宫廷瑞兽所蕴含的吉祥意义。自古以来，瑞兽作为一种古老的图腾文化，是中国文化中具有独特魅力的部分，它源于古人对保护神的崇拜，具有其特别的寓意。人们在社会生活中也对其进行了广泛的应用，尤其是在建筑当中的体现，比如皇家宫殿建筑中就将其体现得淋漓尽致。Molly 宫廷瑞兽系列不仅在外观上融合了宗教、美学等知识，展现出瑞兽特有的形象，而且每一个神兽所蕴含的寓意在每款公仔的形象设计中也有体现，比如灵动感十足的瑞鹿 Molly 设计，其头上的花纹是四合如意纹，在中国传统文化中，四合如意纹寓意天下太平、平安如意、和和美美。除了宫廷瑞兽系列，泡泡玛特还推出了西游记系列、与苗族传统相结合的 PUCKY 苗族龙宝宝、结合民间传说《白蛇传》打造的 Molly 白娘子杭州限定吊卡，以及融合天津"杨柳青年画"元素的天津城市限定款 Molly 等。泡泡玛特将传统文化与潮流文化深度融合，打造了全新的传统文化传播渠道，让潮玩成为传统文化的新载体，让更多的人接触到"国潮"的魅力，为弘扬与丰富中国传统文化提供了新思路。

【知识拓展】

盲盒是惊喜，还是"惊吓"？[①]

近日，有商家被曝将盲盒作为"清库存"工具；一些"宠物活体盲盒"也引发巨大争议。对此，中消协提醒大家谨慎购买，上海消保委则建议加强行业监管和立法立

---

① 参见 https://mp.weixin.qq.com/s/vksoTkixg5oa-546_qm8Vg。

规。盲盒之所以受追捧,就在于它总能给消费者带来惊喜。但如果"惊喜"变成"惊吓",盲盒就背离了初衷,甚至给消费者权益造成损害。盲盒虽"盲",消费者的眼睛却是雪亮的。往盲盒中掺沙子,只会逼着消费者用脚投票。任何新模式、新产品,都不能背离为消费者创造价值的王道。只会玩概念、搞炒作,甚至投机取巧,终究不能行之长远。面对百花齐放的商业创新,监管部门也需及时对热点、痛点做出反应,让消费者选得放心、买得安心、用得舒心。

世界设计之都

加入联合国全球创意城市网络的城市被分别授予七种称号:"文学之都""电影之都""音乐之都""设计之都""媒体艺术之都""民间艺术之都""烹饪美食之都"。其中,"设计之都"的竞争最为激烈。在中国,深圳、上海、北京和武汉四座城市已经加入创意城市网络,共同致力于发挥创意产业对城市经济和社会的推动作用,促进与世界各个城市之间在创意产业发展、专业知识共享和建立创意设计产品国际销售渠道之间的交流合作。

深圳于2008年被指定为联合国教科文组织创意城市。作为改革开放的桥头堡,深圳被认为是中国现代设计理念的诞生地。2010年2月10日,联合国教科文组织总干事依琳娜·博科娃向上海市市长韩正发函,正式批准上海加入联合国教科文组织创意城市网络,颁发给上海"设计之都"称号。创新和创意,已经成为上海综合竞争力的重要资源,成为决定上海未来发展的重要因素。2012年,北京继深圳和上海后,加入联合国教科文组织创意城市网络,成为"设计之都"。北京成为联合国教科文组织创意城市网络的一员,被授予"设计之都"称号,其最鲜明的两个特征为"科技创新"与"文化创新"。2017年11月1日,经联合国教科文组织评选批准,武汉市正式入选2017年全球创意城市网络,成为"设计之都"。

参考文献

一、著作

[1] 梁漱溟.东西文化及其哲学[M].北京:商务印书馆,2010.
[2] 包亚明.文化资本与社会炼金术——布尔迪厄访谈录[M].上海:上海人民出版社,1997.
[3] 丹增.文化产业发展论[M].北京:人民出版社,2005.
[4] 范建华.中国文化产业通论[M].昆明:云南人民出版社,2013.
[5] 高宏存.文化资源产业化研究[M].北京:国家行政学院出版社,2010.
[6] 韩英,付晓青.文化产业概论[M].福州:福建人民出版社,2012.
[7] 胡惠林,李康化.文化经济学[M].上海:上海文艺出版社,2003.
[8] 胡惠林.我国文化产业政策文献研究综述:1999~2009[M].上海:上海人民出版社,2010.
[9] 王文章.非物质文化遗产概论[M].北京:教育科学出版社,2008.
[10] 蒋三庚.文化创意产业研究[M].北京:首都经济贸易大学出版社,2006.
[11] 牛淑萍.文化资源学[M].福州:福建人民出版社,2012.
[12] 刘吉发,岳红记,陈怀平.文化产业学[M].北京:经济管理出社,2005.
[13] 刘吉发,金栋昌,陈怀平.文化管理学导论[M].北京:中国人民大学出版社,2013.
[14] 吕庆华.文化资源的产业开发[M].北京:经济日报出版社,2006.
[15] 李树榕,王敬超,刘燕.文化资源学概论[M].南京:东南大学出版社,2014.
[16] 田川流.艺术管理学概论[M].南京:东南大学出版社,2011.
[17] 胡郑丽.文化资源学[M].北京:光明日报出版社,2016.
[18] 万崇华,许传志.调查研究方法与分析[M].北京:中国统计出版社,2016.
[19] 王晨,章玳.文化资源学[M].南京:南京大学出版社,2014.
[20] 姚伟钧.文化资源学[M].北京:清华大学出版社,2014.
[21] 陆地.中国电视产业启示录[M].上海:上海交通大学出版社,2007.
[22] 王广振.动漫产业概论[M].福州:福建人民出版社,2013.
[23] 汪宁.中外动漫史[M].上海:上海人民美术出版社,2007.
[24] 龚鹏.旅游学概论[M].北京:北京理工大学出版社,2016.
[25] 王玉霞.广告学原理与策划[M].北京:北京理工大学出版社,2017.

[26] 赵尔奎,杨朔.文化资源学[M].西安:西安交通大学出版社,2016.
[27] 恽如伟,陈文娟.数字游戏概论[M].北京:高等教育出版社,2012.
[28] 张胜冰.文化资源与文化产业[M].长沙:湖南文艺出版社,2008.
[29] 唐世鼎.中国特色的电视产业经营研究[M].北京:中国国际广播出版社,2009.
[30] 张燕,谭政.影视概论教程[M].2版.北京:北京师范大学出版社,2016.
[31] 赵农.中国艺术设计史[M].西安:陕西人民美术出版社,2004.
[32] 齐格弗里德·克拉考尔.电影的本性——物质现实的复原[M].邵牧君,译.北京:中国电影出版社,1981.
[33] 马林诺夫斯基.文化论[M].费孝通,译.北京:中国民间文艺出版社,1987.
[34] 费尔南·布罗代尔.文明史纲[M].肖昶,等译.桂林:广西师范大学出版社,2003.
[35] 爱德华·泰勒.原始文化[M].连树生,译.上海:上海文艺出版社,1992.
[36] 尼尔·格兰特.演艺的历史[M].黄跃华,等译.太原:希望出版社,2005.

二、期刊

[1] 范周,杨矞.改革开放四十年中国文化产业发展历程与成就[J].山东大学学报(哲学社会科学版),2018(4):30-43.
[2] 宫留记.布迪厄的社会实践理论[J].理论探讨,2008(6):57-60.
[3] 胡惠林.文化治理中国:当代中国文化政策的空间[J].上海文化,2015(2):5-13,125.
[4] 花建.经济全球化与中国文化产业的资源开发战略[J].上海社会科学院学术季刊,2001(1):129-138.
[5] 龚滔.改革开放以来我国动漫消费的发展变化及特征[J].湖湘论坛,2020,33(3):102-109.
[6] 侯光明,刘正山.中国电影工业化的现状与发展新思考[J].中国电影市场,2020(1):6-9.
[7] 李常庆,李红澄.新媒体环境下中国动漫产业的转型与发展[J].出版广角,2018(13):15-18.
[8] 李弋,欧阳宏生.中国电视融合发展理念的四次浪潮述评[J].当代电视,2020(6):98-101.
[9] 刘汉文,陆佳佳.2019年中国电影产业发展分析报告[J].当代电影,2020(2):15-26.
[10] 刘磊,孙天晨.近年来国产动画电影的民族化探索与重思(2014—2019)[J].电影文学,2021(1):43-48.
[11] 刘正山.中国电影产业70年创新发展经验回顾及转型升级研究[J].中国电影市场,2019(10):48-53.
[12] 陆晓曦.英国文化管理机制:"一臂之距"[J].山东图书馆学刊,2012(6):37-41.
[13] 任晟姝.新世纪20年中国电影产业发展流变[J].文艺论坛,2020(3):123-128.
[14] 汪月波.论音乐产业[J].人民音乐,2017(2):76-79.
[15] 王高峰.基于管理学角度的文化遗产保护研究[J].东南文化,2012(5):18-24.
[16] 王海冬.法国的文化政策及对中国的历史启示[J].上海财经大学学报(哲学社会科学版),2011(5):10-17.

[17] 王建芹,李刚.文旅融合:逻辑、模式、路径[J].四川戏剧,2020(10):182-184,200.
[18] 吴焜,李林.从腾讯新文创到中国新文创——新文创的国家战略思考[J].出版广角,2019(12):6-8.
[19] 向勇.特色文化资源的价值评估与开发模式研究[J].北京联合大学学报(人文社会科学版),2015(2):44-51.
[20] 谢友宁.日本文化遗产安全管理探微[J].遗产与保护研究,2016(1):60-63.
[21] 严荔.论文化资源产业化开发[J].现代管理科学,2010(5):85-87.
[22] 杨红彬.全媒体视域下广播电视台融合发展路径探究[J].中国广播电视学刊,2020(4):85-87.
[23] 杨丽霞.英国文化遗产保护管理制度发展简史(下)[J].中国文物科学研究,2012(1):95-96.
[24] 杨仪.国产动漫中的价值观承载与传播探索[J].电影评介,2019(12):100-102.
[25] 伊丽媛.中国音乐产业研究二十年[J].音乐研究,2019(2):104-111.
[26] 尹鸿.关乎人文 化成天下——改革开放40年的中国电影[J].北京电影学院学报,2018(2):5-10.
[27] 张金岭.社会治理视域下的法国公共文化服务[J].学术论坛,2016,39(11):156-162.
[28] 张君昌,张文静.新中国70年广播电视发展成就与经验启示[J].传媒,2019(20):8-14.
[29] 张良.论国家治理现代化视域中的文化治理[J].社会主义研究,2017(4):73-79.
[30] 周斌.新中国70年电影产业的变革与拓展[J].武汉科技大学学报(社会科学版),2020,22(6):690-697.
[31] 周建新,胡鹏林.中国文化产业研究2020年度学术报告[J].深圳大学学报(人文社会科学版),2021,38(1):54-66.
[32] 周星,周超.日本文化遗产保护的举国体制[J].文化遗产,2008(1):133-143.
[33] 左祺琦.地方传统文化与网络游戏融合发展初探[J].中国出版,2021(4):24-26.

三、报纸

[1] 陈奕奇,陈文华.让优秀传统文化赋能游戏产业[N].深圳特区报,2020-08-11.
[2] 姬政鹏.传承中华文化基因 展现中华审美风范——新中国70年国产动画电影创作回顾[N].中国电影报,2019-09-04.
[3] 焦波.美国的文化立法[N].中国文化报,2015-06-22.
[4] 刘思敏,苏小燕.旅游演艺:传统文化传承和创新之活化载体[N].中国旅游报,2014-04-30.
[5] 田小军.游戏产业提速 催生版权保护新模式[N].中国新闻出版广电报,2021-02-25.
[6] 文化立法和文化法治选题小组.数说文化立法:蓄积势能 驶入快车道[N].中国文化报,2018-03-20.

四、网络资料

[1] 蔡武:充分发挥政府在公共文化资源配置、管理协调中主导作用[EB/OL].http://

www. gov. cn/wszb/zhibo616/content_2619823. htm,2014-02-24.

[2] 关于实施中华优秀传统文化传承发展工程的意见[EB/OL].(2017-01-25)[2020-02-01]. http://www. gov. cn/zhengce/2017-01/25/content_5163472. htm.

[3] 中国互联网络信息中心. 中国互联网络发展状况统计报告[EB/OL].(2020-04-28)[2021-01-20]. http://www. cnnic. cn/gywm/xwzx/rdxw/20172017_7057/202004/t20200427_70973. htm.

后记

"文化资源学"是文化及文化产业等相关学科的基础教学内容。2012年所在工作单位推动"文化资源与文化产业"交叉学科建设,我承担了"文化资源学"课程的教学工作,因教学需要萌生了编写相关教材的想法,希望能从学科建设、教学需要的实际出发,编撰一本理论结合实践,具有可读性、较为系统的文化资源学实用性教材。教材编撰工作从2014年开始,先后完成了资料搜集、框架搭建、案例整理、初稿撰写等,后因其他工作耽搁了下来,直至2019年才又重拾起来。在新的产业发展和学科建设背景下,我重新确定了写作框架,将教材整体分成"理论"与"案例"两个部分,按国家新的产业分类选择重点案例。

本书由我进行整体构思并确定框架,承担主编和统稿工作,我的博士生杨亚茜承担副主编和统稿工作。参与本书搜集资料和承担部分撰写任务的在校同学分工如下:"上篇"六章,杨亚茜、高威。"下篇"第七章,杨亚茜、牛爽;第八章,尹彬彬;第九章,张锦龙、孙鹏举;第十章,赵家璇;第十一章,杨亚茜、孔明珠;第十二章,陈雨蒙;第十三章,张锦龙;第十四章,江梦婷。已毕业的同学姚寅歌、黄璐、陈曦、吴心玫、黄晓春等均有参与前期工作。我的博士生高威承担了全书统校工作。教材编撰工作既耗时又费力,十分感谢各位同学的辛苦付出。

感谢华中科技大学出版社编辑老师的大力支持和帮助,他们给予了很多有益的修改建议,使得本书的写作质量得到了进一步提升。由于时间和能力所限,书中难免存在疏漏和不妥之处,恳请读者朋友们批评指正。

2021年5月于武汉